PETER WIRTH

GRUNDZÜGE DER BYZANTINISCHEN GESCHICHTE

GRUNDZÜGE

Band 29

PETER WIRTH

GRUNDZÜGE DER BYZANTINISCHEN GESCHICHTE

1976
WISSENSCHAFTLICHE BUCHGESELLSCHAFT
DARMSTADT

CIP-Kurztitelaufnahme der Deutschen Bibliothek

Wirth, Peter
Grundzüge der Geschichte von Byzanz. —
1.Aufl. — Darmstadt: Wissenschaftliche Buchgesell-
schaft, 1976.
(Grundzüge; Bd. 29)
ISBN 3-534-00704-2

Bestellnummer 704

Satz: Maschinensatz Gutowski, Weiterstadt
Druck und Einband: Wissenschaftliche Buchgesellschaft, Darmstadt
Printed in Germany
Schrift: Linotype Garamond, 9/11

ISBN 3-534-00704-2

INHALT

VORWORT

Vorliegende, gedrängte Skizze der byzantinischen Geschichte unternimmt es, einem breiteren interessierten Publikum die wichtigsten Ereignisse der äußeren wie inneren Geschichte der byzantinischen Kirchenhistorie, Wirtschaftsgeschichte sowie die bedeutendsten Schöpfungen mittelalterlicher griechischer Rechtsgeschichte vorzustellen. Naturgemäß bildet bei der Themenstellung die Auswahl des gebotenen Materials ein entscheidendes Problem. Es galt, Akzente zu setzen, wie umgekehrt, auf alles Beiwerk minder bedeutsamer geschichtlicher Begebnisse und Abläufe zu verzichten. Insbesondere wurde die Darstellung bewußt entlastet von der Erklärung des verwirrenden hierarchischen Gefüges einer Überfülle staatlicher Ämter und Würden, die sich zudem im Laufe der Jahrhunderte in ihrem Rang und Inhalt nicht selten auf oder ab bewegten. Desgleichen schien es unsinnig, den Leser mit der ganzen Vielfalt ausgeklügelten byzantinischen Steuerwesens zu konfrontieren. Auszuklammern war auch eine Würdigung der Größen der literarischen und philosophischen Welt, die auf ihr Zeitalter und spätere Jahrhunderte einen nicht selten tiefgreifenden Einfluß nahmen. Ihre Charakterisierung bleibt das Anliegen einer Literatur- oder Geistesgeschichte. Die byzantinische Geschichte bildet nach ihrer Staatsform weithin eine monarchisch regierte Ära. Wir versuchten gleichwohl nicht eine Kaisergeschichte vorzulegen, sondern nach Möglichkeit alle geschichtlich wirkenden Kräfte zu ihrem Recht kommen zu lassen. Allerdings setzt einem derartigen Bemühen vielfach das Schweigen der Quellen eine ungewollte Grenze. Die Berichte der Geschichtsschreiber sind weithin zugeschnitten auf Taten und Leben der regierenden Monarchen, des Hofes und der führenden Geschlechter innerhalb der Aristokratie. Der Bauer draußen auf dem flachen Lande, der

Handwerker in der Stadt, ganz allgemein die breite Schicht des Volkes bleibt in den nahezu zwölf Jahrhunderten byzantinischer Geschichte mit geringen Ausnahmen anonym. Wir haben versucht, bedeutsame Entwicklungen und geschichtliche Wendepunkte durch einige wenige unterbrechende Rubriken sinnfällig hervorzuheben. Selbstverständlich kann hier nur ein ganz geringer Ausschnitt geschichtlicher Ereignisse und Prozesse innerhalb des größeren Ganzen byzantinischen Lebens, Wissens, Glaubens, Leidens und Strebens angesprochen werden. Eine Begegnung mit dem Phänomen Byzanz, seinen literarischen Leistungen und künstlerischen Schätzen entlohnt die Mühe des Eindringens in seine sprachliche und symbolische Welt um ein Vielfaches.

I. SPÄTANTIK-FRÜHBYZANTINISCHE ÄRA. DAS CHRISTIANISIERTE OSTRÖMISCHE KAISERREICH

Einleitung: Der Begriff 'Byzanz' versteht sich als Synthese von Griechentum, Christentum und römischem Staatsgedanken. Byzanz, byzantinische Geschichte, das bedeutet aus weltgeschichtlicher Perspektive ehrfurchtsvolles Bewahren des großen Vermächtnisses der griechischen Antike auf dem Felde von Philosophie, Naturwissenschaft, epischer, dramatischer und lyrischer Literatur. Byzanz bedeutet einen tausendjährigen Machtfaktor in der Politik des europäischen und asiatischen Raumes. Es ist die Arena ehrgeiziger theologischer Dogmatik, die ums Komma ringt, sich philologisch leidenschaftlich in die Diskussion von ἐξ und δι' υἱοῦ (s. S. 103. 157) stürzt, welche die Bogomilen auf dem Scheiterhaufen verbrennt. Es ist der Tummelplatz menschlicher Desperados, die inneren Halt in Mantik und Astrologie suchen. Es ist das Spannungsfeld zwischen aufklärerisch freimütigem Philosophieren und mystisch dunkler religiöser Kontemplation. Der Treueid gegenüber der Dynastie steht neben dem politischen Meuchelmord, welcher der Palaiologenherrschaft den Weg frei macht. Dem äußeren Glanz des Weltreiches im 6. Jh. unter Kaiser Justinian I. tritt das Bild eines völlig verarmten Hofes in der Zeit Johannes' VI. im 14. Jh. gegenüber. Die mehr als tausendjährige Epoche zählt den Magnaten byzantinischer Feudalherrschaft ebenso zu ihren festen Größen wie den unfreien Hörigen. Neben den reichen Kaufmann der Handelsmetropolen treten die Zunft der Handwerker und das städtische Proletariat. Gipfelleistungen hauptstädtischer Bildung kontrastieren mit Analphabetentum auf dem flachen Lande. Die byzantinische Ära ist gleichermaßen eine Epoche großer politischer, wirtschaftlicher, kultureller und kirchlicher Spannungen. Sie bildet eine Ära monastischer Versunkenheit in Gebet und Betrachtung, auf dem Berge Athos, in den Klöstern Kleinasiens oder auch in den Einsiedeleien Ägyptens, von den Tagen der Wüstenväter bis in die Tage der Osmanenstürme. Nur allzu oft und billig wurde das Phänomen Byzanz aus einem oberflächlichen Vergleich mit den vorangehenden Zeitaltern der klassischen griechischen Antike, der hellenistischen Ära und aufblühender römischer Weltmacht mit dem Prädikat 'dekadent' abgewertet. Ein tieferes Eindringen in die geschichtlichen und künstlerischen Denkmäler dieser Zeit läßt den dieser Epoche eigenen hohen kulturellen Stellenwert entdecken. Auch das lange Zeit übliche Urteil über die byzantinische Geschichte als eines Zeitalters bloßen Beharrens, der Verstrickung in längst überlebte Traditionen und starrer Lebensfremde ist ein glattes Fehlurteil. Diese Ära hat in ihren politischen Strukturen, in ihrer gesellschaftlichen Entwicklung, ihrer Sprachgeschichte, in Literatur und Kunst, Prozesse durchlaufen, die Zeugnis ablegen von der ihrer Kultur innewohnenden regenerierenden Kraft, die sich in nichts negativ unterscheidet von dem Impetus anderer Kulturen der mittelalterlichen europäischen Welt. Byzanz bietet eine reiche Palette menschlichen Glanzes, Könnens, Wissens ebenso wie die tiefsten Elends, Abgrunds und Versagens. Seine welthistorisch kaum ermeßbare Bedeutung als Vermittler zwischen griechischer Antike und abendländischem Humanismus steht für immer außer jedem Zweifel: auf dem Wege der Menschheit vom Feuer des Prometheus hin zu den Entdeckungen des Atomzeitalters ist Byzanz eine nicht wegzudenkende Brücke.

Chronologische Konturen der byzantinischen Ära: Das Ende der byzantinischen Epoche fällt zusammen mit der Eroberung Konstantinopels durch die Osmanen am 29. Mai 1453. Was danach für wenige Jahre oder ein paar Jahrzehnte noch frei von türkischer oder abendländischer Fremdherrschaft verblieb, waren einige wenige Inseln in der Ägäis und etliche Landstriche und Städte auf Morea (der einst Peloponnes genannten Halbinsel). Kaiser Konstantin XII. war im Kampfe um die Hauptstadt selbst in vorderster Linie gefallen. Nicht die Despoten von Mistra haben nach 1453 den Anspruch auf Sukzession auf dem byzantinischen Kaiserthron erhoben. Vielmehr waren es bald die Großfürsten von Moskau, welche die Idee des römischen Kaisertums, deren russische Prägung die neuzeitliche Forschung treffend mit dem Schlagwort 'Moskau, das dritte Rom' bezeichnet, wiederaufgriffen und sich dabei in erster Linie als Schutzherren der verwaisten orthodoxen Christenheit empfanden – ein Anspruch, zu dem sich später, in dem vom Ideengut des Panslawismus tief beeinflußten 19. Jh., der Gedanke der politischen Schutzherrschaft über den damals noch von den Osmanen weithin unterjochten Balkan gesellte.

Schwieriger ist die Antwort auf die Frage nach dem Beginn des byzantinischen Zeitalters. Das römische Weltreich, freilich seit Theodosios I. für dauernd in west- und oströmisches Reich getrennt, existierte noch bis zum Jahre 476, als die Reste der westlichen Reichsteile in den Stürmen der germanischen Völkerwanderung untergingen. Zumindest bis zu diesem Datum ist die Geschichte der östlichen Reichsteile des Imperium Romanum adäquater als oströmische denn als byzantinische Geschichte zu titulieren. Als Kaiser Konstantin im Jahre 324 den Grundstein zu der neuen Hauptstadt des römischen Weltreiches legte, das er nach jahrzehntelangen Kämpfen zwischen den 'Diadochen' Kaiser Diokletians in seiner Gesamtheit wiedervereinigte, tat er dies sicher nicht in dem Bewußtsein, damit den Markstein für eine neue, nach dem geographischen Schauplatz, dem Boden der uralten griechischen Kolonie Byzantion am Bosporus nunmehr 'byzantinische' Ära zu schaffen. Konstantin hat sich zeitlebens, auch wenn er dem alten Rom mit der neuen Reichsmetropole an der Meerenge zwischen Europa und Asien ein neues Rom gegenüberstellte, zweifellos immer als Römer und römischer Kaiser empfunden. Geht man von dem Gesichtspunkt der Organisation des spätrömischen Reiches aus, der Notwendigkeit, der inneren Auflösung und äußeren Bedrohung entgegenzuwirken, so ist zweifellos schon in dem Wirken Kaiser Diokletians eine tiefe Zäsur innerhalb der Spätantike zu erkennen. Vieles von dem, was Kaiser Diokletian verfügte, hat auch die späteren Jahrhunderte im Osten entscheidend beeinflußt. Wenn aber die Substanz byzantinischer Kultur aus den drei großen Komponenten Griechentum, Christentum und römischem Staatsgedanken entscheidend geprägt wurde, so ist der eigentliche Trennungsstrich zwischen heidnisch-römischer Antike und griechisch-christlicher, byzantinischer Ära unzweifelhaft in der Zeit Kaiser Konstantins zu ziehen. Denn unter ihm wird das Christentum zur Staatsreligion. Radial von seinem neuen Mittelpunkte beherrscht, formte sich der östliche Besitzstand des Imperium Romanum, seit dem Jahre 395 von den westlichen Provinzen für dauernd getrennt, seither in betont eigenständiger Entwicklung zu jenem historischen und kulturellen Gebilde, das als byzantinischer Staat und byzantinische Kultur in die Geschichte der Menschheit eingegangen ist.

Historische, kulturelle und ethnologische Grundlagen der byzantinischen Geschichte: Die neue Reichsmetropole erhielt nach ihrem zweiten Gründer nunmehr den Namen *Konstantinopolis*, d. i. 'Konstantinsstadt'. Sie lag zwar auf dem Boden einer römischen Reichsprovinz in Thrakien, zugleich aber auf nach Sprache und kultureller Tradition seit alters griechischem Boden, insofern die offizielle Amtssprache noch bis ins 7. Jh. das Lateinische blieb, während sich als Literatur- und Umgangssprache der einheimischen Bevölkerung ausgedehnter östlicher Reichsteile seit den Tagen des Hellenismus nahezu uneingeschränkt das Griechische behauptete. In weiten Gebieten des Reiches verständigte man sich aber auch mit Hilfe orientalischer Sprachen, insbesondere des Syrischen und Koptischen. Alte und zeitgenössische orientalische Kulturen gewannen einen starken literarischen, künstlerischen und religiösen Einfluß, darunter namentlich geistige Strömungen Persiens und Ägyptens, die schon in den voraufgegangenen Jahrhunderten römischer Weltherrschaft als kulturell stark formende Kräfte gewirkt hatten. In zunehmendem Maße strahlte aber auch das Abendland seit den ersten Kreuzzügen, daneben, freilich schwächer, die nördlichen

Nachbarn auf dem Balkan, im Osten die Türken immer wieder vermöge unablässiger politischer und wirtschaftlicher Berührungen auf die byzantinische Kultur neue Anregungen aus. Sie äußern sich innerhalb des gesamten weiten Feldes der Zivilisation, so etwa in der byzantinischen Huttracht des 13. Jh., die sich die türkische zum Muster nimmt. Ähnlich wie man von der Metropole des Habsburgischen Reiches oder auch von dem zeitgenössischen New York als von einem Schmelztiegel der Nationen spricht, kann dies auch für Byzanz gelten. Es ist gar nicht von der Hand zu weisen, daß die große slawische und awarische Einwanderung auf dem Balkan in den griechischen Kernlanden zu einer Vermischung mit dem griechischen Bevölkerungselement geführt hat. Damit ist Fallmerayer, der um die Mitte des 19. Jh. überspitzt eine Theorie der völligen Slawisierung mittelalterlichen Griechentums entwarf, teilweise recht zu geben. Einschränkend ist indes hinzuzufügen, daß die griechische ethnische Substanz immer wieder die Kraft besessen hat, fremde Eindringlinge und Einwanderer zu assimilieren. Ähnliches gilt, wie schon angedeutet, für die sprachliche Situation: das Griechische hat sich auch als offizielle Reichssprache im 7. Jh. durchgesetzt. Der römische Staatsgedanke, der in seiner christlichen Umformung den byzantinischen Kaiser als Stellvertreter und Statthalter Christi auf Erden betrachtete, blieb bis zum Ende des griechischen Kaiserreiches lebendig. Auch noch im 14. und 15. Jh. benennen sich die Byzantiner als 'Reichsvolk' *Rhomaioi*, d. i. 'Römer'. Der byzantinische Kaiser bleibt in der politischen Fiktion der Griechen des Mittelalters der Herrscher über die gesamte Oikumene, Konstantinopel, gleich Rom, die ewige Stadt, die unter dem besonderen Schutze Gottes steht und dadurch für die Feinde uneinnehmbar ist. Weit stärker als durch die einende politische Idee ist der Vielvölkerstaat Byzanz über die Jahrhunderte hinweg durch das gemeinsame, tief in den Herzen wurzelnde Bekenntnis seiner Untertanen zur christlichen Orthodoxie zusammengehalten worden. Das Bündnis zwischen weltlicher und geistiger Gewalt hat ungeachtet zahlreicher Bewährungsproben allen inneren Auflösungstendenzen widerstanden.

Feudale Strukturen: Den Feudalismus hat das byzantinische Reich vom römischen Weltreich geerbt. In der römischen Kaiserzeit hatten sich mehr und mehr mächtige Grundherren in den Besitz gewaltiger Ländereien auf Kosten einer verarmten, verängstigten, steuerlich bedrückten Kleinbauernschaft gesetzt – eine Entwicklung, die beispielsweise auf Sizilien freilich schon zu Zeiten der römischen Republik ansetzt. Parallel zur Feudalherrschaft läuft die der gesamten Antike vertraute Institution der Sklaverei; Sklavenhandel, Sklavenmärkte, Ausnutzung der billigen Arbeitskraft von Unfreien bildeten für die griechisch-römische Antike ein widerspruchsloses Faktum des Alltags. Mächtige Grundherren hat es in der frühbyzantinischen Epoche vor allem im landwirtschaftlich reichen Ägypten gegeben. Die awarische und slawische Einwanderung auf dem Balkan und das Eindringen der Perser, später der Araber im orientalischen und anatolischen Raum haben diese privilegierte Schicht weithin weggefegt. Aber immer wieder bildeten sich neue aristokratische Oberschichten, die insbesondere aufgrund ihrer Verbindungen zum jeweils regierenden Kaiser bzw. Herrscherhaus neuerdings in den Genuß weitgestreuter Ländereien gelangten. Nur wenige Herrscher haben sich der Entwicklung zur Feudalisierung entschieden widersetzt: im 9. Jh. besonders Kaiser Leon VI. (gest. 912). Sieht man von dem genannten Kaiser ab, so waren es die makedonische Dynastie (867–1056) und die Dynastie der Komnenen (seit 1081), unter denen der Feudalisierungsprozeß die Finanzkraft des Staates bedrohende Höhepunkte erreichte. Innerhalb der Komnenendynastie ist Andronikos I. (1183–85), ein entschiedener Feind der früheren Adelsgeschlechter, dieser Entwicklung entgegengetreten. In der spätbyzantinischen Epoche bringen einige wenige Familien, wie die Sippe der Kantakuzenoi, derart gewaltigen Landbesitz an sich, daß weite Teile des Reiches nur noch eine Art Familienapanage verkörpern. Mit den Siegern des Vierten Kreuzzugs gelangen schließlich auch Erscheinungsformen abendländischen Feudalismus' mit der Gründung fränkischer Prinzipate und Baronien auf den Boden Mittelgriechenlands, Moreas und der griechischen Inselwelt.

Unfreie hat es zu allen Zeiten byzantinischer Geschichte gegeben, insbesondere auf dem flachen Lande in Abhängigkeit von weltlichen Grundherren oder Klöstern. Auch das Christentum hat hier keine entscheidende Änderung mit sich gebracht. Es wechselten nur die Herren. Gleichwohl wäre es verfehlt, aus den einer einseitigen Betrachtungsweise günstigen Quellen generell die Existenz einer freien Bauernschaft hinwegzuleugnen. Freie Bauern hat es immer gegeben, in entlegenen Provinzen und Landstrichen waren sie sicher vor dem Zugriff weltlicher Grundherren und geistlicher Obrigkeiten. Neben ihnen begegnet eine Fülle von Abhängigkeiten, vom Status des 'Paroiken', d. h. 'Zinsbauern' oder 'Katners' bis hin zur völligen persönlichen Unfreiheit. Kaiserliche und kirchliche Urkunden enthüllen eine reiche Skala von Fronen und Dienstleistungen, zu denen nicht unerhebliche Teile der Bevölkerung sich verpflichtet sahen. Das berühmte Wort „Stadtluft macht frei“ mag mit Einschränkungen auch für Byzanz gelten. Hinter den schützenden Mauern der Hauptstadt und Provinzmetropolen konnten im Schatten der politisch mächtigen aristokratischen bzw. zeitweise soldatischen Führungsschicht Handel und Gewerbe zu nicht selten erheblichem Wohlstand gedeihen. Ein sozialgeschichtlicher Quer- bzw. Längsschnitt sollte die bereits angedeuteten umwälzenden politischen Katastrophen, wie sie die Völkerwanderung, die slawische Landnahme, die Perserkriege, die Jahrhunderte währenden Araberkriege, der Einbruch der Seldschuken, der Vierte Kreuzzug, das Vordringen der Osmanen und Serben bedeuten, nicht übersehen. Sie alle haben tiefe Zäsuren gesetzt und bestehende Strukturen hinweggefegt. Das Gesamtbild bleibt in jedem Falle schlaglichtartig, da unsere Geschichtsquellen im allgemeinen die Kaisergeschichte oder die Geschichte der führenden aristokratischen Schicht, nicht aber Leben und Schicksal der breiten Bevölkerung zum Gegenstand haben.

Faßt man den Begriff 'Feudalismus' mit etlichen neuzeitlichen Forschern weiter und rechnet zu seinen Erscheinungsformen auch die vom Kaiser verfügte Vergabe von kleinen Landgütern an Soldaten, die damit ihren Lebensunterhalt in Friedenszeiten bestritten und die finanziellen Voraussetzungen für ihre militärische Bewaffnung erhielten, so hat es nicht erst seit dem Aufkommen der sog. *Pronoia* – ein System der Landvergabe an Soldaten, das ungeachtet nur spärlicher Quellen in jedem Falle im 12. Jh. aufgekommen zu sein scheint –, sondern auch schon in früheren Jahrhunderten ein ähnlich funktionierendes wirtschaftliches Rückgrat byzantinischer Reichsverteidigung gegeben; denn die spätantiken Grenzverteidigungstruppen der *limitanei*, welche später vielfach durch germanische Foederaten abgelöst wurden, haben in den sog. *akritai*, d. h. 'Grenzkämpfern', die in den Stratiotengütern der byzantinischen Themen ihren Lebensunterhalt fanden, eine Nachfolge gefunden.

Ursachen und Prinzipien der römischen Reichsteilungen: Die geographischen Umrisse des byzantinischen Kaiserreiches in seiner frühen und mittleren Ära bis zum Tode Kaiser Basileios' II. (1025) finden sich latent schon in der Reichsteilung in ein west- und oströmisches Reich unter Kaiser Diokletian vorgeprägt. Diokletian ist innerhalb der römischen Geschichte nach Kaiser Augustus die bedeutendste Herrscherpersönlichkeit gewesen. Aber wie gewaltig unterschied sich ihre geschichtliche Situation: Augustus wirkte, am Morgen der römischen Kaiserzeit, als Schöpfer einer streng monarchischen Regierungsform. Ein junges und gesundes Volk, durchdrungen von einer tief religiösen wie zugleich ahnenbewußten Ethik, war mit unbändiger Kraft darangegangen, eines der gigantischsten Weltreiche der Geschichte aufzubauen. Schon bald waren in der Folgezeit die alten römischen Tugenden (*virtutes*) als Wertbegriffe untergegangen. Anstelle des *princeps*, wie noch Augustus seine Stellung im Staate umschrieb, war die dynastische Erbfolge ohne Rücksicht auf vorhandene oder fehlende politische Fähigkeiten getreten. Doch war es weniger die Institution des Kaisertums, die das römische Weltreich im 3. Jh. in eine schwere Krise stürzte, als vielmehr der Verfall der antiken städtischen Kultur, der wirtschaftliche Niedergang und nicht zuletzt die Bedrohung der Grenzen des Imperiums von außen her. Diokletian ist der große

Reorganisator der römischen Reichsverwaltung, deren Fäden zentralistisch beim autokratisch regierenden Kaiser zusammenlaufen. Seine Reformen stehen unter dem Zwange der inneren und äußeren Gefahren für Einheit und Erhaltung des römischen Weltreiches. Ein von Rom aus operierender Verwaltungsapparat hatte sich als kopflastig und zu schwerfällig erwiesen. Das Reich wird nunmehr nach dem Willen Diokletians von zwei *Augusti* regiert. Beide wählen sich einen fähigen *Caesar* zu, der durch die Adoption in ein verwandtschaftliches Verhältnis tritt, nach dem Rücktritt des jeweiligen Augustus an dessen Stelle aufrückt und dabei selbst wiederum einen neuen *Caesar* für den Osten bzw. Westen wählt. Das Prinzip war ein Ausdruck der Übergröße des Reiches einerseits und zum anderen ein Ergebnis der Erfahrungen dynastischer Unfähigkeit. Diokletian griff erstmals zu einem politischen Instrument, das auch in der Geschichte des byzantinischen Reiches eine außerordentliche Rolle spielte: der Straffung und Festigung des Reiches durch Zerschlagung übergroßen politischen Raumes in Kleinprovinzen. Sie wurden umgekehrt durch übergeordnete größere Verwaltungseinheiten, sog. 'Diözesen', untereinander eng verkettet. Die Sonderstellung Italiens wurde beseitigt, die Unterscheidung zwischen kaiserlichen und senatorischen Provinzen aufgehoben. Die Gesamtadministration war dem Kaiser persönlich verantwortlich. Kaiser Konstantin der Große vervollkommnete dieses ausgeklügelte zentralistische System durch die Überordnung von vier Präfekturen, die ihrerseits mehrere Diözesen, diese wiederum etliche Provinzen umfaßten (*praefectura praetorio per Orientem,* d. i. Prätorianerpräfektur des Ostens mit den Diözesen Ägypten, Oriens, Pontus, Asiana und Thrakien; *praefectura praetorio per Illyricum,* d. i. illyrische Präfektur mit den Diözesen Dakien und Makedonien; *praefectura praetorio Illyrici, Italiae et Africae,* mit Italien, dem lateinischen Afrika, Dalmatien, Pannonien, Noricum und Raetien; *praefectura praetorio Galliarum:* mit Britannien, Gallien, Iberischer Halbinsel und Mauretanien). Die Präfekturen wurden jeweils von einem Prätorianerpräfekten, zuweilen auch kollegialisch von zwei

Präfekten geleitet. Die zivile Verwaltung war von der militärischen getrennt. An der Spitze der zivilen Provinzialverwaltung stand der Statthalter, die militärische Provinzialverwaltung regelte der *dux*. Zwischen den mächtigen Prätorianerpräfekten und den Provinzstatthaltern standen die Vikare der Prätorianerpräfekten als Diözesenstatthalter. Die Großstädte Rom und Konstantinopel waren der Gewalt der Prätorianerpräfekten entzogen. Sie kontrollierte ein Stadtpräfekt (griech.: 'Eparch'), der das Gerichtswesen und die Polizei beaufsichtigte, die Verantwortung für die Versorgung der Stadt mit Nahrung trug und Handel und Gewerbe überwachte.

Die Reichsreform Diokletians und die politische Konzeption Konstantins des Großen: Die geschichtliche Ausgangssituation, die sich für den jungen Konstantin am Beginn seiner politischen Karriere stellte, war, wie angedeutet, vorgegeben in der von dem staatsmännischen Genius Kaiser Diokletians getroffenen vierfachen Gliederung des aufgrund seines gigantischen Besitzstandes administrativ schwerfällig und gegen Einfälle empfindlich gewordenen römischen Reichskörpers. Die Politik der beiden großen Herrscher verlief gewissermaßen diametral entgegengesetzt: hatte Diokletian erkannt, daß eine zentrale Reichsverwaltung von e i n e m Mittelpunkte aus den Bestand des Imperiums von innen her auf das Gefährlichste bedrohte, so versuchte Konstantin sozusagen den Beweis zu führen, daß e i n e starke Hand in der Lage war, die monarchische Idee wahrzunehmen und zu erneuern. Auflösungserscheinungen waren am Beginn des geschichtlichen Auftretens Konstantins nicht nur aus politischer Sicht im Reiche aufgetreten: das alte, festgefügte Weltbild der Römer, ein ruhendes Fundament ihrer Weltanschauung und Sitte, war zerfallen. Die Botschaft des Christentums war im Begriffe, die Reichsbevölkerung für sich zu gewinnen. Die Lücke zwischen beiden Religionen machten sich heidnischer Aberglaube und religiöse Mischformen zunutze, stark beeinflußt von orientalischen Religionen und Kulten. In einer Welt innerer Unsicherheit klammerten sich weite Kreise an Ersatzreligionen, wie den Isis- und Mithras-Kult, huldigten der Astrologie und Nekromantie, dem aus Persien stammenden Manichäismus. In den Kreisen der Intellektuellen verbreiteten sich Unglaube und religiöse Karenz. Diokletian irrte, wenn er glaubte, den morsch gewordenen heidnischen Synkretismus weiter Bevölkerungsschichten gegen die junge Lehre des Christentums durch grausame Verfolgung verteidigen zu können. Die Wirtschaft des Staates hatte im 3. Jh. eine schwere Krise durchstanden. Die agrarwirtschaftliche Entwicklung, die weite Ländereien in zunehmendem Maße in der Hand einiger weniger Großgrundbesitzer konzentrierte, beeinträchtigte nach Warenangebot und Preisen die Versorgung des Reiches und führte über eine vermehrte Landflucht zur Stärkung des unruhigen städtischen Proletariats. Die Verlockungen des Stadtlebens, insbesondere der kaiserlichen Millionenstadt Rom, übten auf die Gesittung weiter Kreise eine verhängnisvolle Wirkung. Der Trend der römischen Kunst des 3. Jh. redet eine deutliche Sprache. Nach der langen Reihe imponierender Herrschergestalten, welche im 2. Jh. n. Chr. noch einmal die augusteische Staatsform im Inneren neu belebten und den von äußeren Feinden bedrohten Staat erfolgreich verteidigten, hatte eine nicht enden wollende Aufeinanderfolge des römischen Throns unwürdiger und unfähiger Usurpatoren, welche die Gunst des Heeres, die Laune eines Augenblicks aus dem Nichts zu höchstem Glanz emporhob, das ihre dazu getan, daß der einer steten Regeneration bedürftige, mächtige Staatskoloß, unbeschadet der Wandlungen der Zeit, unbeweglich in überalterten Strukturen verharrte.

Als Staatsreformer hat Diokletian ohne Zweifel die größte politische Leistung seit Kaiser Augustus erbracht. In harter Entschlossenheit, anstehende, einschneidende politische Entscheidungen durchzusetzen, hat er die Mitsprache des Senats von Rom stark eingeschränkt. Die Macht der in der Vergangenheit stets gefährlichen, für Revolten und Staatsstreiche empfänglichen Prätorianergarde wurde entscheidend vermindert. Eine straff in 101 Provinzen gegliederte Reichsverwaltung, über denen sich umfangreiche Verwaltungseinheiten in Gestalt sog. 'Diözesen' (12) erhoben, verkettete die Reichsteile wirksamer als bisher, erleichterte den Vollzug kaiserlicher Verordnungen, arbeitete vorteilhafter bei der steuerlichen Erfassung der Untertanen und bei der Rekrutierung der in der Auseinandersetzung mit den jungen germanischen Völkern an der Nordgrenze nunmehr erforderlichen größeren Heereskontingente. An der Spitze des Staates thronte der Kaiser, von der Herrscheridee gegenüber den augusteischen Herrschern nach Macht und Glorienschein noch aufgewertet, als *dominus*. Als *Augustus* regierte er den Reichsosten von der Residenz Nikomedeia aus. In kluger Verteilung der politischen Arbeit wählte er sich einen zweiten Augustus in der Person des Maximian zu, der von Mailand aus Italien und Afrika verwaltete. Unter den beiden Augusti standen als Mitherrscher zwei 'Caesaren': Galerius wirkte als Caesar im Herrschaftsbereich Diokletians, kontrollierte von seiner Residenz Sirmium die Diözesen Illyricum und Griechenland, Constantius Chlorus von den Residenzen Trier und York Spanien, Gallien und Britannien. Die dynastische Abhängigkeit der Caesaren wurde durch Ehen mit Töchtern der Augusti verankert. Diokletians Administrativsystem schuf so vier kaiserliche Hofhaltungen, Verwaltungen und Armeen. Seine 'Tetrarchie' schenkte dem kränkelnden alten Reich zwanzig wertvolle Jahre innerer Konsolidation. Die Uniformität der Reichsteile wurde mittels einheitlicher Gesetzgebung, kraft Einführung eines Höchstpreistarifs im Reich zur Konsolidierung der Wirtschaft, mit der Bildung von Berufsgenossenschaften und mit der Bindung der in der Agrarwirtschaft beschäftigten Bevölkerung an die Scholle gefördert.

Als Diokletian sich im Jahre 305 mit Maximian aus dem politischen Leben zurückzog, erneuerte sich, ungeachtet einer ungewöhnlich umsichtigen Regelung der Nachfolge, unter seinen Mitherrschern der Kampf um Vor- und Alleinherrschaft, aus dem schließlich Konstantin als Alleinherrscher siegreich hervorging. Legal rückten nach dem Verzicht der alten Augusti Galerius im Herrschaftsbereich Diokletians sowie Constantius

Chlorus für Maximian nach. Statt der Herrschersöhne wurden bewußt neue Caesaren ernannt, für Afrika, Italien und Pannonien und später auch für Spanien Severus, für die östlichen Teile Asiens und Ägyptens Maximinus Daia. Aber schon im darauffolgenden Jahr 306 wird das ausgeklügelte Sukzessionsverfahren von den Ereignissen überspielt: nach dem Tode des Constantius Chlorus ruft das Heer in York Konstantin zum Augustus aus. In Rom erhebt sich Maximians Sohn Maxentius; auch Maximian kehrt in das politische Leben zurück. Umsonst entsendet Galerius ein von Severus befehligtes Heer wider Maxentius; Severus wird ermordet; der aufrührerische Maximian gerät mit seinem Sohn Maxentius in Streit, wird schließlich von Konstantin gefangen genommen und beseitigt (310). Für Severus rückt seit 308 Licinius als Augustus im Westen nach, im Osten beansprucht der Caesar Maximinus Daia die Würde im Streit mit Galerius. Nach dem Tode des Galerius münden die Kämpfe um die Alleinherrschaft im Westen in die erbitterte Auseinandersetzung zwischen Konstantin und Maxentius (312 Sieg Konstantins an der Milvischen Brücke), im Osten in den Kampf des Licinius gegen Maximinus Daia (313 Sieg des Licinius bei Tzirallum). Die Sieger, Konstantin und Licinius, treffen bei Cibalae und auf dem Campus Ardiensis nahe Adrianopel aufeinander (314). Dem siegreichen Konstantin fällt zum Besitzstand des Westreiches die Diözese Illyricum zu. Die Rivalität zwischen den beiden Reichsteilen währte indes noch ein volles Jahrzehnt, ehe Konstantin mit den Siegen über Licinius bei Adrianopel und Chrysopolis (324) in den Besitz der alleinigen Herrschaft über das gesamte römische Reich gelangte. Das herausragende innenpolitische Faktum der frühen Jahre Kaiser Konstantins bildet seine Zuwendung zum Christentum, das einen Niederschlag in den Toleranzedikten von Rom und Mailand (312 bzw. 313) findet. In die Geschichte eingegangen ist der berühmte Satz *in hoc signo vinces*. Von der Prophezeiung gestärkt, zog Konstantin gegen Maxentius in die Schlacht an der Milvischen Brücke. Die spätere Ära der Alleinherrschaft Konstantins ist überschattet von des Herrschers Sorge, die gewonnene Macht für seine Familie dynastisch zu sichern. In dieser Absicht werden die Söhne des Kaisers Konstantin, die späteren Kaiser Konstantios, Konstantin (II.) und Konstans, zu Caesaren, später zu Augusti ernannt. Die wichtigste administrative Maßnahme des Herrschers war die Neugliederung des Reiches in vier Präfekturen (Oriens, Illyricum, Italia, Gallia), denen wiederum 14 Diözesen und 117 Provinzen unterstanden. Zivil- und Militärgewalt waren getrennt. Am Hofe und im gesamten Reiche wurde ein hierarchischer Beamtenapparat geschaffen. Eine strenge Ordnung titularer Würden schied die verdienten Familien von der breiten Masse. Der Kaiser hob sich durch ein ausgeprägtes Hofzeremoniell, das sich aus der Etikette der römischen Kaiserzeit, aber auch aus orientalischen Herrschervorstellungen nährte, von den Reichsuntertanen ab. Einschneidende Änderungen erfuhr das Heerwesen: die Zahl der Legionen wurde zur Erhöhung der inneren und äußeren Sicherheit von 52 auf 75 erhöht; die Grenzarmeen wurden von den übrigen Heereseinheiten, die als Miliz die Provinzen schützten, getrennt. Die ob ihrer oftmaligen Usurpation gefürchtete Prätorianergarde wurde abgeschafft und durch die Palastwache (*scholae palatinae*) ersetzt. Der Kaiser bekannte sich zur Geldwirtschaft. Der Konsolidierung der Reichswährung diente eine Münzreform (324), welche die Goldmünze, den *solidus*, auf 4,48 g Gold festlegte. Ihr entsprachen 24 *siliquae* (Silbermünzen) und diesen wiederum 288 *folles* (Kupfermünzen). Diese Währung bildete bis zu ihrem zunehmenden Verfalle seit dem 11. Jh. eine Valuta mit Weltgeltung weit über die Grenzen des Mittelmeerraumes hinaus. Mit der Schaffung von Klientelstaaten vor den befestigten Reichsgrenzen, deren Bewohner dadurch befriedet wurden, daß man sie zu Foederaten des Reichs erklärte, die fortan zugleich als Reichsangehörige galten und im Dienste des Kaiserreiches zur Heeresleistung herangezogen werden konnten, griff Konstantin auf ein einst bereits von Kaiser Augustus mit Erfolg gehandhabtes politisches Instrument zurück. Die Frage, ob Konstantin seinem innersten Herzen nach Christ war oder ob er nur das Christentum förderte, weil er sich von ihm Herrscherglück versprach, blieb bis heute letztlich unbeantwortet. Zwar sind in den Jahren seit 330 zunehmend antiheidnische Tendenzen unter dem Herrscher erkennbar, doch zeugt sein Tempelbau für die Göttin Tyche in Konstantinopel von synkretistischen Einflüssen auf das Denken des Kaisers noch in seiner späten Regierungszeit. Ungeachtet dessen hat das Christentum unter Konstantin in der Auseinandersetzung mit den Religionen und Kulten der Zeit den Sieg als vom Hofe geförderte Staatsreligion davongetragen. Die christliche Kirche bildet sich schon in dieser Zeit streng hierarchisch und institutionell heraus. Nach den langen Zeiten erbitterter Verfolgung setzt innerhalb der jungen Kirche eine Epoche schwerer dogmatischer Kämpfe ein, die Kaiser Konstantin mit der Berufung der Synode von Nikaia (325) beizulegen versuchte. Stein des Anstoßes waren die von dem Priester Arius vorgetragenen Ansichten über die angeblich von Gott wesensverschiedene (griech.: *alloiusios*) sogenannte Logosnatur Christi: Arianer und Strenggläubige standen sich unversöhnlich gegenüber. Der Kirchenversammlung von Nikaia ist es nicht gelungen, den Streit beizulegen. Bischof Athanasios von Alexandreia setzt in dem Kampf verschärfte Akzente. Obschon Arius noch vor der Verurteilung durch die Synode von Tyrus stirbt (336), setzen sich die kirchlichen Wirren unter den Kaisersöhnen fort, da sich Konstantin II. und Konstans für die Partei der Athanasianer, Konstantios hingegen für den Arianismus entscheidet. Das Zeitalter Kaiser Konstantins ist auch die Zeit der Entstehung des christlichen Mönchtums, das sich – ob man an die Eremiten in der Einsamkeit der Wüste oder an die Koinobiten (d. h. Mönche mit klösterlicher Gemeinschaft) denkt – für die Flucht vor der Welt entschied – eine Bewegung, aus der der byzantinische Staat, nicht weniger aber auch das gesamte abendländische und orientalische Christentum in seinen verschiedenen Erscheinungsformen über nahezu zwei Jahrtausende hinweg Kraft für die ständige innere Erneuerung der Kirchen und christliche Gesittung gewann. Konstantin hat dem neuvereinten Reiche eine neue Hauptstadt mit der Gründung der 'Konstantinsstadt'

('Konstantinopel') am Bosporus (324, feierliche Einweihung am 11. Mai 330) geschenkt. Wie im 'Alten Rom' formten sieben Hügel das Antlitz der Stadt, gleich wie im Alten Rom tagte ein Senat in der neuen Metropole, die als sogenanntes 'Neues Rom' das Alte Rom mehr und mehr aus seiner Vorrangstellung im staatlichen Leben und politischen Denken verdrängte. Die neue Gründung sollte die Verteidigungskraft des Reiches gegen die äußeren Feinde aufgrund seiner zentralen Lage zwischen den gefährdeten nördlichen und orientalischen Reichsgrenzen stärken. Die neue Hauptstadt löste die von Diokletian geschaffene Reichszentrale Nikomedeia ab; ihre Gründung war aber nicht zuletzt auch Ausdruck der Abneigung des Herrschers gegen das Alte Rom, seine heidnische Oberschicht, seine politischen Ansprüche und sein Leben. Während die Rolle Roms politisch mehr und mehr verblaßte, gewann Konstantinopel politisch und auch als Sitz eines bald zum Patriarchen aufgewerteten Bischofs eine außergewöhnliche Stellung. Im Orient gelangt unter Kaiser Konstantin Jerusalem als der Schauplatz des Wirkens Christi mit dem Sieg des Christentums zu neuer städtischer Blüte; die Stationen des Lebens Christi werden durch den Bau prächtiger Kirchen dem religiösen Bewußtsein nähergerückt.

Der Tod Konstantins des Großen bedeutete das Ende der mühsam wiedererlangten Reichseinheit. Der Kaiser hatte selbst die Reichsteilung testamentarisch genau festgelegt. Es kam anders als der sterbende Monarch ahnte: revoltierende Truppen ermordeten zu Konstantinopel den Neffen des Kaisers, Flavius Dalmatius, der große Teile des Balkans übernehmen sollte. Dem Massaker fielen auch die Brüder des verstorbenen Herrschers zum Opfer, sowie zahlreiche einflußreiche Persönlichkeiten des Hofes. Im Osten folgte Konstantios dem Vater auf dem Thron (337–361). Im Gegensatz zu seinen Brüdern Konstantin (gest. 340) und Konstans, die im Westen residierten, bekannte sich der oströmische Kaiser zum Arianismus. Die Religionspolitik des Kaisers führte zu einer strengen Verfolgung des dem Glauben von Nikaia treuen Episkopats. Zahlreiche Bischöfe verloren ihren Kirchenstuhl, bis der Gegensatz zu dem zeitweise militärisch überlegenen, im Westen regierenden Konstans den oströmischen Machthaber zu einer vorübergehenden Milderung seiner Maßnahmen zwang. Vorkämpfer und Verteidiger der orthodoxen christlichen Partei blieb über viele Jahrzehnte Bischof Athanasios von Alexandreia (gest. 373). Ob seiner unerschrockenen Haltung seines Bischofsthrons beraubt (335), konnte er nur vorübergehend, dank der Einflußnahme des weströmischen Kaisers auf seinen Bischofssitz zurückkehren. Seit 339 lebte Athanasios im Exil zu Rom. Der Gegensatz zwischen oströmischem Arianismus und weströmischer Rechtgläubigkeit trug nicht unwesentlich zum zunehmenden Auseinanderleben der beiden großen Reichshälften bei. Die religiöse Unsicherheit wuchs noch, seit sich von den Arianern eine Gruppe löste, die eine Brücke zwischen Rechtgläubigen und Arianern zu schlagen versuchte und nicht, wie die Arianer, eine grundsätzliche Wesensverschiedenheit von Vater und Sohn, sondern eine Wesensähnlichkeit (griech.: *homoiusios*) verfocht. Nach außen hin war Konstantios in langwierige Kämpfe mit den unruhigen Persern verwickelt, die wiederholt ins römisch beherrschte Mesopotamien eindrangen. Konstans mußte gegen die Franken ins Feld ziehen. Der weströmische Kaiser ging, wie gegen die Arianer, so auch gegen die in Nordafrika entstandene christliche Sekte der Donatisten vor, welche die Wiedertaufe von den Gläubigen forderte. Als sich im Jahre 350 im Westen der Offizier Magnentius zum Kaiser ausrufen ließ, der legitime weströmische Herrscher auf der Flucht in Spanien ermordet wurde (350), rüstete Konstantios zum Rachefeldzug und besiegte den Aufrührer bei Mursa (September 351) in einer blutigen Schlacht. Der Usurpator vermochte sich noch zwei Jahre in Gallien zu behaupten, ehe er, von den eigenen Truppen verlassen, freiwillig aus dem Leben schied. Sein Tod ebnete den Weg zur alleinigen Herrschaft des Konstantios in Ost und West. Damit war aber auch der Arianismus zum Siege im gesamten römischen Weltreich gelangt. Die Reichssynoden von Sirmium und Rimini erhoben die arianische Doktrin zu der im gesamten Reiche gültigen Lehre. In arianischem Kleide haben auch die um diese Zeit bekehrten germanischen Völker das Christentum zuerst kennengelernt; den in Moesien, auf Reichsboden angesiedelten Goten predigte Bischof Ulfila, der berühmte Schöpfer der gotischen Bibelübersetzung, das Christentum. Das 4. Jh. ist gleichzeitig eine erste Blütezeit christlichen Mönchtums. Die Lebensregel der koptischen Eremiten Antonios und Pachomios fand insbesondere in Ägypten lebhaften Zuspruch. Seit Mitte der fünfziger Jahre durchlief der Nachfolger des Konstantios, Julian, ein enger Verwandter des regierenden Herrschers, eine steile politische Karriere: 355 zum Caesar ernannt, wird Julian beauftragt, Gallien gegen die unruhigen Germanenvölker zu schützen. Als ihn das gallische Heer zum Augustus proklamiert, kommt es zum Bruch zwischen Konstantios und Julian. Da der Perserkönig Sapor erneut das römische Mesopotamien mit Krieg überzog, war der innenpolitische Konflikt vertagt. Wenig später, im November 361, wurde mit dem frühen Tode des Konstantios der Weg frei für die Herrschaft Julians.

Heidnische Reaktion – Die politische Konzeption Kaiser Julians: Zu kurz war die Regierungszeit Kaiser Julians (361-363), um die politischen Ideen des Herrschers, die sich in einem historischen Anachronismus ergingen, zur Geltung kommen zu lassen. Ein Enkel des Constantius Chlorus, damit ein Abkömmling einer der führenden Familien der Zeit, war Julian Heide und Römer im vollsten Sinne des Wortes. Nach Jugendjahren in Konstantinopel hatte er einst nach dem Tode Konstantins des Großen auf Befehl des neuen Kaisers Konstantios ins asiatische Nikomedeia ziehen müssen und wurde wenig später nach Marcellum verbannt. Den ursprünglich in christlichem Geist Erzogenen führte die Begegnung mit den heidnischen Philosophen Porphyrios und Jamblich zu jenem inneren Wandel, der ihn ganz in den Bannkreis heidnischen Denkens zog. Seine heidnischen Strebungen verstärkte noch der Einfluß des berühmten Redners Libanios. Der begeisterte Jüngling erblickte in der Erneuerung heidnisch-griechischen Geistes und römischen Staatsgedankens den Inbegriff seiner politischen Aufgabe. Seine

Karriere erreichte mit der Erhebung zum Caesar im Jahre 355 durch Kaiser Konstantios einen ersten Höhepunkt. Julian war um diese Zeit als Heerführer in schwere Kämpfe gegen die Alemannen auf dem Boden Galliens verwickelt. Nach Konstantios' Tod gelangte er auf den Kaiserthron. Julian verfügte sofort einschneidende innere Reformen: das stark von persischem Vorbild geprägte Hofzeremoniell wurde weithin vereinfacht; die Pflege heidnischer Kulte wurde wieder erlaubt. Mit besonderem Interesse versuchte der Herrscher die Stellung der Städte zu stärken, um sie so zur einstigen Blüte der frühen Kaiserzeit zurückzuführen. Die Einnahmen des Fiskus wurden vermindert, steuerliche Lasten neu verteilt, alte Steuerprivilegien aufgehoben. Gerichtsverfahren sollten nach dem Wunsche des Monarchen rascher als bislang ablaufen, Gerechtigkeit ohne Ansehen der Person oberstes Prinzip der Rechtsprechung sein. Neuer Geist hielt Einzug auch im Heere, dessen Disziplin Julian energisch festigte. Seine religiösen Vorstellungen und seine Absicht, die heidnische Religion neuzubeleben, rissen den Kaiser zu einer mehr und mehr scharfen Auseinandersetzung mit dem jungen, vom überwiegenden Teil der Bevölkerung gelebten Christentum hin, die in der scharfen Verfolgung der christlichen Lehre gipfelte. Auf dem Rückzug nach der Niederlage im Kampf gegen die Perser bei Ktesiphon durch Unachtsamkeit verletzt, stirbt der noch junge Herrscher am 26. Juni 363. Der frühe Tod des Monarchen zerstörte das politische Lebenswerk eines weltfremd ideenbesessenen Kaisers, der das Rad der Geschichte mit Gewalt zurückzudrehen versuchte, schon in den ersten Ansätzen. Der Zorn christlicher Historiographen hat den Herrscher als *Julianus apostata* ('Julian der Abtrünnige') in die Geschichte eingehen lassen. Freilich wird ein derartiges begrenztes Pauschalurteil den vielseitigen Ansätzen politischen Wirkens Julians nicht zur Gänze gerecht.

Der Versuch Julians, die überlebte heidnische Weltanschauung als Staatsreligion des römischen Weltreichs neu zu etablieren, wäre sicher auch bei einem längeren politischen Wirken des Herrschers letztlich zum Scheitern verurteilt gewesen. Das Christentum hatte in der Auseinandersetzung mit der alten, brüchigen heidnischen Weltanschauung längst die breiten Schichten für sich gewonnen. Mit Julians Tod war die Konstantinische Dynastie in ihrer männlichen Deszendenz erloschen. Das Heer erhob Flavius Jovianus auf den Schild. Es war eine an den Tatsachen orientierte Entscheidung, wenn Kaiser Jovian (363–364) zu einer dem Christentum freundlichen Politik zurückkehrte. Die Hauptsorge des neuen Herrschers galt dem persischen Krieg. Aber nur um den Preis empfindlicher territorialer Einbußen war mit König Sapor zu einem Frieden zu gelangen, durch den ein bedeutender Teil Mesopotamiens, samt den Städten Nisibis und Singara, verlorenging, dazu mehr als die Hälfte der Satrapien Südarmeniens, die erst Ende des 3. Jh. in römischen Besitz gelangt waren: Rom hatte sich fortan jeglicher Einflußnahme auf die armenischen Angelegenheiten zu enthalten. Die Quellen scheinen sogar von einem jährlichen Tribut an die Perser zu reden, zum Unterhalt kaukasischer Festungen, die das persische und römische Reich gleichermaßen gegen Einfälle aus dem Norden schützten. Der Kaiser selbst hatte die Friedensverhandlungen geleitet; auf der Rückreise aus dem Orient ist Jovian schon im Februar 364 in Anatolien plötzlich verschieden.

Die germanische Bedrohung: Noch im gleichen Monat proklamierte das Heer Valentinian in Nikaia als neuen Kaiser. Aber seine Alleinherrschaft endete schon nach einem Monat: unter dem Druck der politisch übermächtigen Armee sah sich der Kaiser genötigt, seinen Bruder Valens in Konstantinopel zum Augustus auszurufen. Damit war die neuerliche Reichsteilung vollzogen: Valentinian I. (364–375) verwaltete den Westen des Weltreichs, im Osten regierte Valens (364–378). Mit ihm setzt religionspolitisch ein streng arianischer Kurs ein, während Valentinian sich für das Nikäische Credo entschied. Freilich hat unter dem Druck der heraufziehenden außenpolitischen Gefahren der dogmatische Streit nicht wieder jenen politischen Kurswert erreicht, den er einst unter Kaiser Konstantios hatte. Die germanische Wanderungsbewegung nahm unter den beiden Herrschern

Formen an, welche die Nordgrenze des Reiches, ja auch den Besitzstand in Britannien aufs Ernsteste gefährdeten. Wie dort die Sachsen, so waren es an Rhein und Neckar die Alemannen, an der mittleren Donau Sarmaten und Quaden, an ihrem Unterlauf die West- und die ihnen nachrückenden Ostgoten, die das ganze Augenmerk der Politik in Anspruch nahmen. Die neue Situation an den Grenzen forderte eine drastische Erhöhung der militärischen Ausgaben. In der drückenden Steuerlast sah der aufrührerische Prokop, ein Verwandter Kaiser Julians, vergeblich eine Chance, unter Ausnützung der allgemeinen Unzufriedenheit die Macht in Konstantinopel an sich zu reißen (365 bis 366). Valens mußte nur zu bald erkennen, daß er ungeachtet aller finanziellen und militärischen Anstrengungen einer offenen Auseinandersetzung mit den in den Balkan drängenden Westgoten nicht gewachsen war. Ähnlich wie Valentinian in der Kraftprobe mit den Alemannen zog der oströmische Herrscher es vor, mit den Westgoten auf der Grundlage des schon von Konstantin dem Großen vereinbarten Foedus zu verhandeln. Dies schien sich um so mehr zu empfehlen, als im Osten des Reiches, auf dem Boden Armeniens, die Kämpfe mit den Persern neu aufflackerten. Valens erlaubte den Westgoten, sich auf oströmischem Reichsboden, in Thrakien, niederzulassen. Allein, die westgotischen Foederaten setzten nunmehr vom Reichsterritorium aus ihre Raubzüge fort und forderten damit den Kaiser zur militärischen Entscheidung heraus. Im August 378 kam es nahe Adrianopel zu einer gewaltigen Schlacht zwischen Oströmern und den vereinten West- und Ostgoten, in der die Germanen das römische Heer vernichteten, der oströmische Kaiser selbst den Tod fand.

Nach dem gewaltsamen Ende des Herrschers fiel dem weströmischen Kaiser Gratian (375–383), der seit dem Tode Valentinians im Westen regierte, die politische Verantwortung auch für den verwaisten Osten zu. Ihm erschien der fähige Offizier Theodosios, der im Kampfe gegen die Sarmaten in Pannonien einen überwältigenden Sieg davongetragen hatte, der geeignete Nachfolger auf dem Thron von Konstantinopel. Gratian erhob den magister equitum Theodosios im Januar 379 zum Augustus und betraute ihn mit der Verwaltung der östlichen Reichshälfte. Der noch junge Theodosios war von ungewöhnlicher Tatkraft, aber auch von einem nicht selten cholerisch überschäumenden Temperament erfüllt, das ihn wiederholt zu unbedachten Entscheidungen hinriß; andererseits leitete ihn, insbesondere auf dem Felde der Rechtspflege, ein starkes Gerechtigkeitsstreben. Kaiser Theodosios hat mit der endgültigen Absage an den alten Herrscherkult, der dem Kaiser eine gottähnliche Stellung zuerkannte, gleichzeitig eine einschneidende Korrektur an der oströmischen Herrscheridee vorgenommen. Die ersten außenpolitischen Anfänge waren ermutigend: der Kaiser warf die auf dem Balkan weit südwärts vorgedrungenen Westgoten mit Hilfe weströmischer Truppen zurück. Im Spätsommer 380 kam es zu Friedensverhandlungen, an denen auch Gratian teilnahm: die Ostgoten erhielten Pannonien als Siedlungsgebiet. Den Westgoten sprach Theodosios im Frieden von Konstantinopel (382) Thrakien zu. Sie genossen das Recht voller Autonomie, waren von allen Steuern befreit, empfingen Sold, verpflichteten sich dagegen ihrerseits zur Heeresfolge im Dienste des Reiches. Damit war einer erneuten militärischen Konfrontation ein Riegel vorgeschoben. Eine Epoche feindlichen Druckes wurde abgelöst von einer Ära friedlichen Nebeneinanderlebens, zunehmender völkischer Vermischung und während einer Generation anhaltender, starker Germanisierung der balkanischen Reichsteile und des Heeres, womit sich zugleich ein starker politischer Einfluß im oströmischen Reiche verband. Diese befriedende Lösung haben die späteren Ereignisse als richtig erwiesen: um die Wende des 5. Jh. zogen die Goten weiter nach Italien und kehrte Ruhe an den Grenzen des oströmischen Reiches ein. Neben den außenpolitischen Fragen bedrängten den Kaiser schwierige innenpolitische Probleme. Zum einen galt es, nach der Ermordung Gratians des in Spanien zum Kaiser ausgerufenen Maximus (383) Herr zu werden, der die rechtmäßige Sukzession Valentinians II. im weströmischen Reiche in Frage stellte. Theodosios griff in den Bürgerkrieg nach sorgfältigen Vorbereitungen erst im Sommer 388 ein und schlug den Aufrührer bei Aquileia, der in dem Massaker sein Leben verlor. Vier Jahre später ließ sich in Gallien Flavius Eugenius zum Augustus proklamieren und zwang Theodosios erneut, in den Westen zu ziehen. In der Isonzoebene kam es im September 394 zur entscheidenden Schlacht. Eugenius verlor und wurde ermordet. Theodosios war der letzte Kaiser, der mit diesem Siege zugleich noch einmal die westliche und östliche Reichshälfte als Alleinherrscher vereinte. Sein staatsmännisches Wirken, dem die Stürme der Zeit energische Entscheidungen abforderten, mußte angesichts zahlreicher unpopulärer steuerpolitischer Maßnahmen, die unter anderem die Flucht der reichen Schichten aus den kurialen Verpflichtungen bekämpften und auf die erforderlichen, hohen Militärausgaben mit empfindlichen Steuererhöhungen antworteten, auf die Gunst breiter Schichten verzichten. Die finanzielle Belastung der Kleinbauern führt im 4. Jh. zu einer Stärkung des Großgrundbesitzes, in dessen Schutz sich mehr und mehr die Masse der Bauern flüchtet und damit auf den sozialen Status von Unfreien herabsinkt.

Definition der christlichen Lehre: Schon mit dem Tode Kaiser Valens' hatte der letzte Herrscher die politische Bühne verlassen, der den Arianismus förderte. Der streng orthodox gesinnte Theodosios hat mit der Einberufung des 2. Ökumenischen Konzils nach Konstantinopel (381) ähnlich wie im Westen Gratian mit der Anberaumung der Synode von Aquileia einen Schlußstrich unter das Zeitalter der arianischen dogmatischen Streitigkeiten gezogen. Die Kirchenversammlung von Konstantinopel hat zugleich das bis heute gültige Glaubensbekenntnis der christlichen Kirche definiert. Auch gegen die Heiden ging der Kaiser scharf vor, nicht ohne den Widerstand alter römischer Kulte. Der sterbende Herrscher hat in der östlichen Reichshälfte seinen älteren Sohn Arkadios, im Westen den jüngeren Honorius als Herrscher eingesetzt. Die beiden römischen Teilreiche blieben fortan für immer getrennt. Während das Westreich nur wenige Jahrzehnte später in den Stürmen der Völkerwanderung unterging, vermochte sich das oströmische Kaiserreich über die bedrohlichen Gefahren von seiten der germanischen und slawischen Wanderung hinweg zu erhalten und auch in späteren Jahrhunderten wiederholt zu beachtlicher Neublüte zu regenerieren.

Zwei rivalisierende Weltreiche: Der Tod Kaiser Theodosios' I. bildet eine tiefe Zäsur in der römischen Geschichte: die beiden getrennten Reichshälften entwickeln sich zunehmend auseinander – politisch, wirtschaftlich, kulturell und sprachlich. Der oströmische Staat wird nach der Trennung von den lateinisch sprechenden westlichen Gebieten zu einem dominierend griechischen Reich. Arkadios (395–408) stand bei Regierungsantritt erst im 18., Honorius im 11. Lebensjahr. In beiden Reichen bestimmten statt der schwachen Kaiser nunmehr hohe Militärs die politische Geschichte: wie im Westen der germanische Offizier Stilicho, so besaß im Osten der Prätorianerpräfekt Flavius Rufinus am Hofe entscheidenden politischen Einfluß. Die Geschichte beider Reichshälften verlief in den beiden nachfolgenden Jahrzehnten diametral gegenläufig: der Osten vermochte sich nach schweren Kämpfen mit den Westgoten, welche die Balkanhalbinsel mordend und plündernd durchzogen, zu rekonsolidieren. Um den Preis der Ernennung des unruhigen Goten Alarich zum *magister militum per Illyricum* gelangte Arkadios zu einem neuen *foedus* mit den Germanen. Wenig später gaben die Westgoten die Balkanhalbinsel auf und brachen in Italien ein. Der Westen ging im Abwehrkampf gegen die Goten im Jahre 410 ein erstes Mal selbst seines ideellen und administrativen Zentrums mit der Eroberung Roms durch die Scharen Alarichs verlustig; nur der frühe Tod Alarichs und der Weiterzug der Westgoten nach Gallien und Spanien retteten den schwer geprüften und stark geschmälerten weströmischen Staat vor dem Untergang. Für das oströmische Reich eröffnete sich hingegen eine längere Ära außenpolitischer Ruhe. Die Freiheit von äußerer Bedrohung erlaubte es, das Heer zu reorganisieren und sich des germanischen Einflusses in Staat und Militär zu entledigen. Unter Arkadios erfuhr das Ansehen der oströmischen Hauptstadt innerhalb der kirchlichen Hierarchie eine starke Aufwertung: es war die kämpferische Persönlichkeit des Patriarchen Johannes Chrysostomos, die gegenüber den anderen großen Patriarchaten des Ostens dem kirchlichen Thron Konstantinopels eine Vormachtstellung eroberte.

Der junge Thronfolger, Theodosios II. (408–450), war beim Tode seines Vaters erst sieben Jahre alt. Für ihn führte zunächst der mächtige Hofbeamte Anthemios die Regierungsgeschäfte. Auf seinen Befehl wurde Konstantinopel mit einem stark erweiterten, über viele Jahrhunderte unbezwingbaren Mauerwerk umgeben, das die ältere Stadtbefestigung aus der Zeit Konstantins des Großen ersetzte (413). In den Jahren 408 und 409 drangen erstmals hunnische Scharen über die Donaugrenze ins Reich und verwüsteten die Diözese Dakien; doch trugen die Reichstruppen einen überwältigenden Sieg in der Auseinandersetzung davon. Den germanenfeindlichen Kurs, insbesondere im Bereich des Heerwesens, hat die oströmische Regentschaft nach den schlimmen Erfahrungen mit den Goten beibehalten. An den Grenzen trat zunächst über ein Jahrzehnt lang Ruhe ein, bis im Jahre 421 die Perser den alten Streit um Armenien neu entfachten. Schon ein Jahr später kam es zu einem Frieden, der beiden Parteien keinen Vorteil erbrachte. Die inneren Machtverhältnisse hatten sich mittlerweile entscheidend verändert: nach dem Tode des Anthemios war zunächst die ältere Schwester des Kaisers, Pulcheria, am Hofe zu bestimmendem Einfluß gekommen (seit 414). Von strenger Frömmigkeit beseelt, verbannte sie den heiteren Genuß weltlicher Feste aus Konstantinopel. Sie war es, die im Jahre 421 den Thronfolger zur Eheschließung mit Athenais, der Tochter eines heidnischen Philosophieprofessors aus Athen, zu bestimmen wußte. Die Herrschergattin ist unter ihrem christlichen Namen Aelia Eudokia ob ihrer Verdienste um das geistige und kulturelle Leben des Reiches in die Geschichte eingegangen. Aelia Eudokia nahm bedeutenden Anteil, als im Jahre 425 in Konstantinopel eine neue Universität gegründet wurde, die die alte Hochschule der Hauptstadt ablöste und deren Studienprogramm wesentlich erweiterte: Rhetorik, Philosophie und Jurisprudenz gediehen in Konstantinopel zu neuer Blüte. Besonderes Augenmerk schenkte Kaiser Theodosios einer umfassenden Ordnung des Rechtslebens. Der *Codex Theodosianus* faßt die gültige Rechtsprechung auf der Grundlage einer Fülle älterer und neuer kaiserlicher Erlasse handlich zusammen. Diese Rechtskodifikation bildet neben dem *Codex Justinianus* (6. Jh.) und den 'Basiliken' Leons VI. (9. Jh.) die bedeutendste Leistung oströmischer Rechtswissenschaft. Die feudalistischen Tendenzen der Wirtschaft haben sich in der ersten Hälfte des 5. Jh. mit einer weiteren Festigung des Großgrundbesitzes fortgesetzt. Allgemeine Verunsicherung auf dem flachen Lande durch eindringende Germanenhorden, daneben eine stark fiskalistisch ausgeklügelte Steuerpolitik trugen nicht unwesentlich daran Schuld, daß Tausende und Abertausende Kleinbauern sich in den Schutz großer Landherren und damit zugleich in die Unfreiheit, andererseits in die Sicherheit vor steuerlicher Auspressung begaben. In der Hauptstadt gewannen um diese Zeit die einst rein sportlichen Zielen verschriebenen Zirkusparteien der 'Blauen' und 'Grünen' mehr und mehr innenpolitisches Gewicht, als Stimme der breiten Masse, mit der nunmehr auch die Kaiser zu rechnen hatten. Das Griechische erlangt eine beherrschende Stellung innerhalb der Amtssprache der Behörden: im Jahre 439 wird es zur gültigen Sprache auch der Testamente.

Kampf um die Reinheit der christlichen Botschaft: Während in den dreißiger und vierziger Jahren des 5. Jh. das weströmische Reich in schweren Abwehrkämpfen gegen die Vandalen in Afrika, gegen die Westgoten in Spanien und Aquitanien, gegen die Burgunder in Gallien, gegen Angeln, Jüten und Sachsen in Britannien um seinen Bestand rang, traten im Osten auf längere Sicht kirchenpolitische Ereignisse und dogmatische Kämpfe in den Vordergrund, die auf die Prägung der christlichen Botschaft bis auf die Gegenwart bedeutenden Einfluß gewannen: im Jahre 431 versammelten sich Bischöfe und Prälaten der Christenheit in Ephesos, um eine Entscheidung in dem christologischen Streit zu fällen, den der Patriarch von Konstantinopel Nestorios (428–431), ein Anhänger der antiochenischen Theologenschule, heraufbeschworen hatte. Nestorios erblickte in Maria nicht die *theotokos,* d. h. 'Gottesmutter', sondern eine von Gott nur gewählte Gebärerin Christi, eine Ansicht, die getrennte Naturen in Christus voraussetzte. Nestorios ist in dem Streit der alexandrinischen Theologie, als deren Wortführer der große Patriarch von Alexandreia, Kyrill, bei den Konzilsverhandlungen auftrat, unterlegen. Die dogmatische Diskussion um die Person Christi hat den Osten noch auf Jahrhunderte in Atem gehalten. Bald nach der Überwindung des Nestorianismus entstand aus der theologischen Spekulation des Kyrill-Schülers Eutyches, nach der die ursprünglich getrennten Naturen Christi nach der Menschwerdung sich in eine einzige verwandelten, das dogmatische Problem 'Monophysitismus' ('Einnaturenlehre') (dazu S. 28 f. 34. 36. 41 u. ö.).

Der weltgeschichtliche Auftritt der Hunnen: Ein halbes Jahrhundert nach der unerhört blutigen Machtprobe mit den Goten bahnte sich mit dem Wachsen des Hunnenreiches, das seit den zwanziger Jahren des 5. Jh. auf dem Terrain des heutigen Rußland zu einem Großreich erstarkte, für Ostrom eine neue gewaltige außenpolitische Auseinandersetzung an. Die oströmische Diplomatie versuchte der militärischen Kraftprobe vergeblich auszuweichen: Theodosios glaubte den Frieden durch einen für das Reich schmählichen jährlichen Tribut retten zu können. Im Jahre 434 kam es zu einer ersten feindlichen Berührung; sieben Jahre später überrennen die Horden der Hunnen in schreckenerregendem Sturmlauf die gesamte Balkanhalbinsel und gelangen bis in die Umgebung Konstantinopels. Unter dem Eindruck der Ereignisse auf dem Balkan verstand sich Ostrom zu einem raschen Frieden mit den Persern, die im Jahre 441 erneut in Mesopotamien eingefallen waren. Die militärischen Kräfte reichten gleichwohl nicht aus, um gegen den neuen Gegner zu bestehen. Der Friede mit den Hunnen, der um das Jahr 434 in einer ungünstigen Situation eingegangen wurde, hat dem oströmischen Staate einen gewaltigen jährlichen Tribut abgefordert. Als um das Jahr 445 Attila nach der Ermordung seines Bruders sich zum alleinigen Herrscher des inzwischen weit nach Mitteleuropa ausgedehnten Hunnenreiches emporschwang, brach er in einem Augenblick, da der durch Seuchen und Hungersnot geschwächte oströmische Staat seinen finanziellen Verpflichtungen nicht mehr nachzukommen vermochte, einen neuen Krieg vom Zaune: erneut wurde die Balkanhalbinsel schrecklich verwüstet; der Friede war nur um den Preis eines abermals erhöhten Tributs und empfindlicher Gebietsverluste am Donauufer zu erlangen. Wenig später, im Jahre 451, hat die Macht Attilas mit der Niederlage im Kampfe gegen den weströmischen Feldherrn Aëtius auf den Katalaunischen Feldern ihren Zenit überschritten. Zwei Jahre später verstarb der große Hunnenfürst, und sein Reich zerfiel ebenso rasch, wie es in die Geschichte getreten war.

„Deine Regierung sei wie die Markians!“ rief das Volk von Konstantinopel noch gegen Ende des 5. Jh. den Nachfolgern jenes Herrschers zu, der am 25. August 450 auf Betreiben der Schwester des verstorbenen Kaisers Theodosios II., Pulcheria, als neuer Regent ausgerufen wurde. Markian (450–457) hatte sich im Heere hochgedient und stand dem Greisenalter schon nahe. Umsicht und Loyalität bestimmten seine Einflüsse; sein kaiserliches Wirken zog Nutzen aus reicher politischer Erfahrung. Das große Ereignis seiner Herrschaft bildet das 4. Ökumenische Konzil der Christenheit, das der Kaiser im Jahre 451 nach Chalkedon einberief: die Kirchenversammlung, zu der Patriarchen, Bischöfe und Prälaten in großer Anzahl aus allen Reichsteilen, aber auch aus dem lateinischen Westen zusammenströmten, zog einen Schlußstrich unter die dogmatischen Streitigkeiten, die sich an den theologischen Spekulationen des Patriarchen von Konstantinopel, Nestorios, entzündet hatten (dazu S. 27). Das Konzil verurteilte gleichermaßen aber auch jene im Kampfe gegen den Nestorianismus formulierte Doktrin, die dem menschgewordenen Gottessohn statt der zwei Naturen Christi nur eine einzige göttliche Natur zuerkennen wollte.

Bildete das Treffen hervorragender Theologen und mächtiger kirchlicher Persönlichkeiten nach außen hin eine gewaltige Heerschau des politischen Einflusses des Christentums im ost- und weströmischen Reiche, so haben seine Beschlüsse andererseits die noch junge Kirche nicht vor schmerzlichen Entwicklungen zu verschonen vermocht. Der Monophysitismus hat in den orientalischen Teilen des oströmischen Reiches noch über zwei Jahrhunderte hin die Gläubigen entzweit. Der einst spitzfindige theologische Streit wurde zum Politikum, ja unter Kaiser Herakleios sogar zu einem politischen Sprengkörper im Kampf um den Erhalt der Reichseinheit. Noch folgenschwerer erwies sich der nestorianische Streit: erhebliche Teile der syrischen Kirche, die sogenannten Nestorianer, trennten sich von der übrigen Christenheit und gingen bis zur Gegenwart ihre eigenen dogmatischen Wege. Für die Stellung der östlichen Patriarchate Antiocheia und Alexandrien, die dem Monophysitismus gegenüber ihr Wohlwollen bekundet hatten, bedeuteten die Entscheidungen des Konzils von Chalkedon einen erheblichen Prestigeverlust: der achtundzwanzigste Kanon anerkannte die Ranggleichheit der Bischöfe von Rom und Konstantinopel, wobei allerdings dem Bischof von Rom eine gesonderte Ehrenstellung zugesprochen wurde.

Mit dem mählichen Abklingen der Hunnengefahr nach dem Tode Attilas im Jahre 453 eröffnete sich seit langem erstmals wiederum eine Möglichkeit, die Finanzen des Staates zu ordnen. Markian hat Steuer- und Finanzpolitik zum wichtigsten Anliegen seiner Herrschaft gemacht. Die staatlichen Ausgaben wurden trotz Wegfalls des Hunnentributs rigoros gedrosselt. Nicht unwesentlich zur finanziellen Rekonsolidierung hat der Verzicht Markians auf eine offensive militärische Außenpolitik beigetragen. Seine Regierungszeit hat keine glanzvollen Siege über mächtige äußere Feinde zu verzeichnen; wenn der Herrscher nach siebenjähriger Regierung im Jahre 457 seinem Nachfolger einen imponierenden Staatsschatz hinterließ, so war dies ein sichtbarer Ausdruck eines Handelns innerhalb von politischer Vernunft eng abgesteckter Grenzen.

Die Ära isaurischer Vormacht: In der Person Leons I. (457 bis 474) gelangte nach dem Tode Markians mit Hilfe des Heeres wiederum ein Offizier auf den byzantinischen Kaiserthron (Februar 457). Die Schlüsselfigur der oströmischen Politik war zu dieser Zeit freilich der Alane Aspar geworden. Schon sein Bekenntnis zum Arianismus – bedingt durch Aspars germanische Herkunft – mußte die Oströmer schockieren. Dem ersten Jahrzehnt der Herrschaft Leons mangelt sicherlich nicht ohne Zutun Aspars eine eigenständige außenpolitische Konzeption. Umsonst versuchte der Kaiser sich von den gegenüber den Ostgoten eingegangenen Tributverpflichtungen zu lösen: auf die von ihm verfügte Kürzung des Tributs antworteten ihre in Pannonien ansässigen Stämme mit einem erneuten Einfall im Reiche (459). Erst im Jahre 466 gelang es Leon, sich von dem beherrschenden Einfluß Aspars zu befreien: der Kaiser hatte in der Hoffnung auf den Gewinn politischer Handlungsfreiheit isaurische Krieger an den Hof gezogen; das rauhe kleinasiatische Bergvolk schien ihm geeignet, ein völkisches Pendant gegenüber den bis dahin im Heere übermächtigen Germanen zu bilden. Der Befehlshaber der isaurischen Scharen nahm den griechischen Namen Zenon an und ehelichte die älteste Tochter des Kaisers, Ariadne. Allein, statt des erhofften ethnischen Gleichgewichts, durch das die Krone ihre einstige Macht wiederzuerlangen hoffte, dominierte nunmehr anstelle des germanischen isaurischer Einfluß am Hofe. Immerhin schien es jetzt dank der neuen innenpolitischen Kräfteverteilung möglich, dem weströmischen Bruderreiche zu Hilfe zu eilen, dem die Vandalen die afrikanischen Besitzungen entrissen hatten. Als trotz der gewaltigen Überlegenheit der oströmischen Flottenexpedition das Unternehmen scheiterte (468) und Konstantinopel einen für den Vandalenkönig Geiserich schmeichelhaften Frieden schloß, gelangte unter dem Eindruck des außenpolitischen Mißerfolgs kurzzeitig Aspar im oströmischen Reiche zu ungeahnter Macht; sein Sohn Patrikios erhielt die Caesarenwürde, mit der sich der Anspruch auf die Thronfolge verband. Bald jedoch schlug die Stimmung im Reich wieder zugunsten der Isaurier um: die Verwicklung der Alanen in ein Komplott wider Kaiser Leon bot eine günstige Gelegenheit, um sich des germanischen Einflusses endgültig zu entledigen. Während eines höfischen Gelages wurde Aspar meuchlings ermordet (471). Seine Anhänger rächten sich, als der Sturm auf den Kaiserpalast gescheitert war, mit einer furchtbaren Plünderung Thrakiens; die Aufrührer besetzten Arkadiopolis und waren nur um den Preis schwindelerregender Soldzahlungen zum Frieden zu bewegen. In Konstantinopel aber begann mit dem Jahre 471 eine Epoche langwährender isaurischer Vormacht. Nach dem Debakel des Vandalenkriegs zog für das Reich erneut ernste Gefahr von seiten der pannonischen Ostgoten herauf, die abermals weite Gebiete der Balkanhalbinsel brandschatzten. Blieb Kaiser Leons Herrschaft arm an politischen Erfolgen, so setzt sie mit der ersten kirchlichen Krönung eines oströmischen Kaisers durch den Patriarchen von Konstantinopel einen Markstein in der Geschichte des byzantinischen Hofzeremoniells. Allerdings behauptete sich auch in den späteren Jahrhunderten die Erhebung zum Kaiser kraft der Ausrufung durch Senat, Volk und Heer unbeschadet der kirchlichen Segnung als entscheidendes konstitutives Element der Kaiserkreierung. Obschon Zenon seit dem Jahre 471 zur politischen Schlüsselfigur in der oströmischen Kaiserstadt geworden war, schied er gleichwohl als möglicher Nachfolger des Herrschers angesichts allgemeiner Ablehnung aus. Leon I. nahm deshalb den Sohn aus Zenons Ehe mit seiner Tochter Ariadne in Aussicht: im November 473 avancierte der noch unmündige Thronanwärter zum Augustus. Als Leon I. im Januar des darauffolgenden Jahres verstarb, stand indes der junge Leon II. erst im 7. Lebensjahr. Für den ehrgeizigen Zenon war es unter diesen Voraussetzungen ein leichtes, zu seiner eigenen Erhebung zum Augustus das Einverständnis seines Sohnes zu erlangen. Die außenpolitische Situation des Jahres 474 stellte die Regentschaft in Konstantinopel vor schwierige Probleme: während zu Lande die Ostgoten Makedonien und Thrakien verheerten, verwüstete eine vandalische Flotte die adriatische Küste des Reiches; an der unteren Donau fiel ein hunnischer Stamm auf Reichsgebiet ein.

Der junge Kaiser Leon II. starb schon im Herbst 474. Zenon stand damit auf dem Gipfel seiner Macht. Doch schon wenige Monate später raubte ihm im Januar 475 eine Verschwörung, die von der Witwe Kaiser Leons I. ausgegangen zu sein schien, die eben erst gewonnene Krone: so wie einst der Haß gegen die übermächtigen Germanen in Konstantinopel immer wieder aufgeflackert war, so entlud sich nunmehr die isaurierfeindliche Stimmung des Volkes in einem furchtbaren Blutbad. Zenon vermochte mit seinem engeren Gefolge aus Konstantinopel zu entkommen und trat den Rückmarsch in seine Heimat an. Basiliskos, eines der Häupter des Komplotts, einstmals Befehlshaber jener kaiserlichen Flotte, die bei ihrer Expedition gegen das afrikanische Vandalenreich ruhmlos gescheitert war, setzte sich in den Besitz der kaiserlichen Macht. Als Herrscher hat Basiliskos ebenso wie einst als kaiserlicher Admiral versagt. Freilich war es nicht nur seine Unfähigkeit, die ihm allerseits Feindschaft eintrug; wenn der neue Machthaber zu einer drückenden Steuerpolitik greifen mußte, so war das nicht zuletzt dem gestürzten Zenon zuzuschreiben, der die Staatskasse bei seiner Flucht aus Konstantinopel an sich nahm. Einen verhängnisvollen Fehler beging Basiliskos vor allem, als er sich offen zum Parteigänger der Monophysiten erklärte, im Orient die ihres Amtes enthobenen monophysitischen Patriarchen reinstallierte und zu allem Überfluß noch die Konzilsbeschlüsse von Chalkedon aus kaiserlicher Machtvollkommenheit verwarf. Was ihm im Orient Wohlwollen einbringen mußte, erbrachte ihm von seiten der Gläubigen der westlichen Provinzen und des Klerus der Hauptstadt glühenden Haß. Basiliskos überwarf sich binnen kurzem endlich auch mit den Führungskräften der kaiserlichen Armee. Als das Heer, statt Zenon in Isaurien niederzukämpfen, die Partei wechselte, wenig später Zenon umgekehrt mit dem kaiserlichen Heere am Bosporus erschien, zeigte sich in Konstantinopel niemand mehr bereit, die Herrschaft des Basiliskos zu verteidigen. Im August 476 zog Zenon im Triumph in die Hauptstadt ein; war zwei Jahre zuvor sein Regime an der Ungunst der öffentlichen Meinung gescheitert, so erfreute der Herrscher sich nach seiner Rückkehr eines starken Rückhalts für ein dauerhaftes herrscherliches Wirken. Mit seiner zweiten Thronbesteigung eröffnete sich für das oströmische Reich eine Ära innerer Festigung, just in einem geschichtlichen Augenblick, in dem das weströmische Kaisertum mit dem Beginn des Regimes des Germanen Odoaker (23. August 476) endgültig ausgelöscht wurde. Freilich war auch Zenons neue Herrschaft im Inneren zunächst nicht ungefährdet: immer noch verfügten die in Thrakien und Moesien angesiedelten Ostgoten über bedeutenden Einfluß im kaiserlichen Heere. Innerhalb der rivalisierenden ostgotischen Heeresverbände stieg mehr und mehr Theoderich der Amaler zu großem Einfluß empor. Zeigte er sich dem herrschenden Regime zunächst gewogen, so blieben die von Theoderich Strabon befehligten ostgotischen Kontingente lange Zeit entschiedene Gegner Zenons. Strabons Gefolge war wiederholt in Verschwörungen wider die Krone verwickelt. Daneben machten Zenon vor allem ehrgeizige politische Pläne isaurischer Landsleute schwer zu schaffen. Der Patrikios Leontios ließ sich mit der Unterstützung des kaiserlichen Feldherrn Illos in Tarsos als Kaiser akklamieren und regierte von Antiocheia aus vier Jahre über weite orientalische Gebiete des Reiches (484–488). Das Jahr 488 brachte wie im Osten auch für die Westprovinzen eine fühlbare Entspannung: hatte Odoaker zwölf Jahre zuvor nach der Beseitigung des letzten weströmischen Kaisers Romulus Augustulus als König von Italien eine Scheinsouveränität des byzantinischen Kaisers über die einstigen weströmischen Gebiete mit der Annahme des vom Kaiser verliehenen Titels *magister militum per Italiam* anerkannt, so war es später zu einem Zerwürfnis zwischen Zenon und dem germanischen Herrscher gekommen, als Odoaker sich Dalmatien unterwarf. Es war ein meisterlicher Schachzug der byzantinischen Diplomatie, Theoderich den Amaler gegen Odoaker aufzuwiegeln und die Ostgoten zum Verlassen der Balkanhalbinsel und zum Einfall in Odoakers Land zu bestimmen. Theoderich hat die fünf Jahre währende kriegerische Auseinandersetzung schließlich zu seinen Gunsten entschieden und sich zum Herrscher Italiens gemacht (493). Wenig

Erfolg war dem Versuch Kaiser Zenons beschieden, die religiösen Streitigkeiten zwischen der Partei der Orthodoxen und den Monophysiten durch einen kaiserlichen Erlaß, das sog. *Henotikon*, zu schlichten (482). Wenn der Herrscher dem religiösen Dilemma seinerseits damit zu entkommen glaubte, daß er den Begriff einer Natur Christi, beziehungsweise die Zweinaturenlehre aus der Diskussion strich, so täuschte er sich in dem wachen theologischen Bewußtsein der Byzantiner und vertiefte den Zwiespalt nur noch mehr. Der Konsens des Patriarchen Arkadios von Konstantinopel zu dem kaiserlichen Edikt führte erstmals in der Geschichte der Christenheit zusätzlich auch noch zu einem lange währenden ersten Schisma der Bischofsstühle von Rom und Konstantinopel. Gelang es Zenon in schwierigen Zeitläuften die Reichseinheit und den byzantinischen Besitzstand zu erhalten, so hat sein innenpolitisches Wirken die Zeitgenossen enttäuscht. Schuld daran trug nicht nur seine wenig glückliche Hand in der Einflußnahme auf kirchliche Streitigkeiten; bedeutendere innere Reformen blieben aus; seiner Kritiker hat sich der Monarch ohne viel Federlesens entledigt.

Als der Kaiser im April 491 verstarb, gelangte in der Person des höfischen Beamten Anastasios I. (491–518), nach langer Herrschaft nichtgriechischer Emporkömmlinge dunkler Herkunft, wieder ein Grieche auf den Kaiserthron. Um das Jahr 430 geboren, stammte Anastasios väterlicherseits aus Dyrrhachion. Seine Mutter war angeblich Manichäerin, worauf die Quellen seine religiöse Parteinahme für die Monophysiten zurückführen. Großen außenpolitischen Auseinandersetzungen mit den Nachbarn des Reiches ging Anastasios klug aus dem Weg. Insbesondere mied er kriegerische Verwicklungen mit dem Ostgoten Theoderich 'dem Großen', der nach der Beseitigung Odoakers auf dem Boden Italiens ein mächtiges Reich errichtet und Ravenna zu seiner Residenz gemacht hatte. Nach dem Tode Zenons war die kurzlebige isaurische Dynastie erloschen. Die Anfänge der Herrschaft Anastasios' I. kennzeichnete ein scharfer innenpolitischer Kampf gegen isaurischen Einfluß im Reiche. Begünstigt von Anastasios' Vorgängern, waren isaurische Krieger in großer Zahl in die griechische Hauptstadt gelangt; sie erhoben sich gegen das neue, ihnen feindliche Regime; der Aufruhr wurde zerschlagen, sie selbst durch Umsiedlung in entfernte Regionen Thrakiens politisch ausgeschaltet. Die religiöse Haltung des Kaisers kam der Überzeugung der Gläubigen in den östlichen Provinzen entgegen, verursachte jedoch unter den Rechtgläubigen der Hauptstadt sowie der westlichen Provinzen schwere Unruhen, die sich in einer Kette von Erhebungen kundtaten. Der Kaiser begünstigte die Partei der 'Grünen', in deren Gefolgschaft sich Monophysiten und Handelsleute zusammenfanden. Die inkonziliante religiöse Haltung der Krone verhinderte einen Ausgleich mit dem römischen Kirchenstuhl, der seit dem *Henotikon* Kaiser Zenons mit den Herren von Byzanz im Streite lag. Die staatsmännische Leistung Anastasios' I. lag auf wirtschafts- und finanzpolitischem Gebiet. Anastasios veränderte das System der Besteuerung entscheidend: er war es, der das *chrysargyron,* eine erhebliche steuerliche Last für städtischen Handel und Gewerbe, abschaffte. Umgekehrt wurde die ländliche Bevölkerung fortan stärker steuerlich herangezogen, insofern die überkommene Steuer *annona,* welche die Landbevölkerung seit alters in Gestalt von Naturalien zu leisten hatte, nunmehr in Gold zu begleichen war. Auch die Grundsteuer (*chrysoteleia*) war generell in Geld aufzubringen. Die *coemptio,* d. i. der vom Staat angeordnete Zwangsverkauf von Lebensmitteln zu niedrigen Preisen, sicherte den öffentlichen Bedarf an Ernährungsprodukten. Anastasios hat nicht zuletzt das von Konstantin dem Großen geschaffene Münzsystem durch die Regelung der Wertrelation zwischen der geltenden Kupfermünze (*follis*) und der byzantinischen Goldmünze (*solidus*) ergänzt. Seine Finanzpolitik füllte die Kassen des Staates in einem seit langem ungekannten Maße. Anastasios hat so ein finanzielles Fundament geschaffen, das später Justinians Politik überhaupt erst ermöglichte.

Das Schicksal führte in der Person Justins (518–527) einen vormaligen illyrischen Hirten auf den byzantinischen Kaiserthron. Schon in jungen Jahren war er nach Konstantinopel gelangt. Seine Heimat war von den Ostgoten derart verwüstet worden, daß ein ausreichender Lebensunterhalt auf dem Lande auf Jahre nahezu unmöglich schien. In der Hauptstadt trat er ins kaiserliche Heer, durchlief eine erstaunliche Karriere und verwaltete schließlich die Schlüsselposition eines *comes excubitorum* ('Befehlshaber der Leibwache'). Justin, ein Oheim des großen Kaisers Justinian, war schon betagt, als er auf den Thron gelangte. Schon ein Greis, bot der Herrscher noch den Eindruck starker körperlicher Konstitution. Er teilte nicht die feine Bildung höfischer Kreise. Das Reich hatte am Beginn seiner Herrschaft die schweren Stürme der Völkerwanderung, die für die balkanischen Provinzen unermeßliches Leid bedeuteten, hinter sich gebracht. Auch im Osten, an den Grenzen des Perserreiches, herrschte Ruhe. Justins Regierungszeit ist geprägt von innenpolitischer Thematik. Die politischen Parteien der Hauptstadt, die 'Demen', forderten vom Kaiser mehr Gerechtigkeit in der Verwaltung. Religiös war das Reich durch den an der Irrlehre der Monophysiten entzündeten Streit zerrissen. Die Kirchenpolitik steht im Zentrum der inneren Bemühungen des Monarchen: sein Edikt vom Jahre 527 verschärft die Verfolgung aller Christen, die in der menschlichen und göttlichen Person Christi das Vorhandensein nur einer Natur annahmen, erneut, nachdem gegen die Häretiker schon zu Beginn der Regierung Justins grausam vorgegangen war. Die staatlichen Maßnahmen schlugen schwere Wunden in den orientalischen Provinzen des Reiches. Die Übergriffe der Partei der 'Blauen', die Reichsbeamte im syrischen Antiocheia und in Konstantinopel überfielen, veranlaßten Justin zu einem feindlichen Kurs gegen jene Partei, die einst seine Erhebung auf den Thron unterstützte. Justin hatte von seinem Vorgänger einen reichen Kronschatz geerbt. Mit seiner Regierung setzte eine reiche Bautätigkeit ein. Die Staatsausgaben wuchsen unter ihm, noch mehr aber unter seinem Nachfolger Justinian bis an die Grenzen der Möglichkeiten. Freilich war dies nicht das Ergebnis blinder Verschwendung, sondern das bewußte Ziel einer Finanzpolitik, die den Wohlstand im Innern nachhaltig zu fördern und das Reich nach außen hin zu sichern unternahm. Justins gesetzgeberische Tätigkeit beseitigte Lücken im Familien- und Erbrecht und brachte ein wichtiges Edikt zur Bodenbesteuerung. Seine Außenpolitik führte erst gegen Ende seiner Regierung im Streit um Lazika und Georgien zu einem erneuten militärischen Zusammenstoß zwischen Byzanz und Persern. Der von den Byzantinern provozierte Friedensbruch sollte unter Justinian zum ersten Persischen Krieg (528–532) führen. Schon unter der Regierung Justins besaß sein Neffe Peter Sabbatius, den Justin unter dem Adoptivnamen Justinian protegierte, weitreichenden politischen Einfluß. Als Schützling des Kaisers durchlief er eine Karriere, die in der Ernennung zum Caesar gipfelte (525).

Mittelmeerische Weltpolitik – Justinian I.: Justinian I. (527 bis 565), mit dem Beinamen der Große, ist ohne Zweifel nach Konstantin dem Großen bis hin zu den Zeiten der Kaiser Basileios I. und II. der tatkräftigste oströmische Herrscher gewesen. Er war zugleich der letzte Kaiser, der von Konstantinopel aus den Versuch unternahm, den gesamten Besitz des einstigen römischen Weltreiches wiederzugewinnen, eine politische Konzeption, welcher der Herrscher immerhin, läßt man die britannische Insel und das Frankenreich außer acht, nahegekommen ist. Seine umspannenden Ideen hat dann im 12. Jh. Manuel I. Komnenos noch einmal aufgegriffen; er scheiterte allerdings bereits bei dem Versuch, auf Dauer in Italien Fuß zu fassen. An Manuel I. erinnert freilich auch die Maßlosigkeit Justinians außenpolitischer Konzeption, welche die finanziellen Möglichkeiten des Staates weit überbeansprucht hat. Sein Oheim Justin I. hatte ihm den Weg auf den Thron geebnet. Schon unter ihm war der Einfluß Justinians bestimmend. Die Phase der Eroberungen setzte im Jahre 533 ein mit dem Zuge des kaiserlichen Feldherrn Belisar nach Afrika: binnen kurzem wird das Vandalenreich vernichtet. Schon im Jahre 535 kann der Feldherr den Kampf gegen die Ostgoten aufnehmen, die in Italien und auf dem Balkan ein mächtiges Reich errichtet hatten. Anders freilich als die Rückgewinnung Nordafrikas, die mit relativ geringen Kräften gelang, machte diese Auseinandersetzung nach anfänglichen Erfolgen in Italien und Dalmatien langwierige Unternehmen erforderlich, ehe auch der Kern des Reiches um Ravenna den Byzantinern zu Füßen lag (540). Der Erfolg schien noch einmal in Frage gestellt, als der Ostgote Totila die Kräfte seines Volkes erneut mobilisierte: fünfzehn Jahre wurde mit Erbitterung in Italien gekämpft, ehe der kaiserliche Feldherr Narses den letzten Widerstand erstickte (555). Nicht genug damit, griff der Kaiser auch nach Spanien. Im Krieg gegen die Westgoten kehrte der Südosten der Iberischen Halbinsel für kurze Zeit an Byzanz zurück (554). Eine realitätsferne Großraumpolitik bemühte sich, weit entfernte Gebiete in einem Augenblick dem Reiche einzuverleiben, da an der ungeschützten Nordgrenze des Reiches, auf dem Balkan sich unverbrauchte Völker rüsteten, begehrte südlichere Landstriche zu besetzen: die Awaren verbanden sich mit den Südslawen und unternahmen noch unter Justinian erste Plünderungs- und Erkundungszüge in das eben wiedergewonnene Dalmatien; ein halbes Jahrhundert später sollten die Südslawen sich auf dem ihnen bis heute gehörenden Gebiet Dalmatien endgültig niederlassen, ja bis nach Zentralgriechenland und bis in die Peloponnes (Morea) vordringen. Die Zwiespältigkeit justinianeischer Außenpolitik wurde noch mehr in dem Verhältnis zu dem orientalischen Nachbarn der Byzantiner, dem mächtigen persischen König Chosrau (seit 531), erkennbar. Umsonst ging der Kaiser einen auf ewige Zeiten geschlossenen Frieden mit dem persischen Herrscher um den Preis tributärer Abhängigkeit ein: im Jahre 540 brach Chosrau den Frieden, eroberte Syrien, besetzte Armenien, Iberien und die Landschaft Lazika am Schwarzen Meere. Das Zugeständnis erhöhter Zahlungen brachte Lazika wieder an Byzanz zurück und schob die große militärische Auseinandersetzung mit dem Perserreich um über zwei Generationen bis zur Regierung Kaiser Herakleios' hinaus. Diese Verzögerung erwies sich später nach dem gewonnenen Kampf gegen die Perser im 7. Jh. für Byzanz insofern als verhängnisvoll, als unmittelbar danach die Machtprobe mit den unverbrauchten Stämmen der Araber zu bestehen war:

Herakleios' Mißerfolg im Abwehrkampf gegen die Araber hat Byzanz den Besitz des gesamten Orients und Ägyptens gekostet.

Justinian hat sich als rege Herrscherpersönlichkeit auch auf dem Felde der inneren Politik bekundet. Er war es, der einen entscheidenden Schritt tat, von der diokletianischen-konstantinischen administrativen Ordnung des Reiches, mit ihrer charakteristischen Trennung von Militär- und Zivilgewalt, zu der später dominierend militärischen Verwaltung, mit der Einführung gemischter Administration in den Provinzen, je nach dem Vorrang ziviler oder militärischer Bedürfnisse. Damit bahnt sich eine Entwicklung an, die gegen Ausgang des 6. Jh., geboren aus übermächtigen Gefahren an der Ost- und Nordgrenze, die Militärs in neu geschaffenen Verwaltungseinheiten, den sog. 'Themen', an die Spitze brachte, betraut mit der Kontrolle der gesamten Provinzialverwaltung. Lebhaftes Interesse des Kaisers galt auch der Außenwirtschaft, die im Zeitalter Justinians weltwirtschaftliche Konturen im Seiden- und Gewürzhandel gewinnt, dank Handelsbeziehungen selbst zu Ostasien, sei es auf dem Landweg über Zentralasien oder auf der Seeroute über den Indischen Ozean. Daß es den Byzantinern nebenbei gelang, das von den Chinesen gehütete Geheimnis der Seidenproduktion zu lüften, hat sich für den byzantinischen Handel als außerordentlich gewinnträchtig erwiesen: der Export byzantinischer Seidenstoffe nach dem Abendland gehörte über viele Jahrhunderte hinweg zu den großen Aktivposten der griechischen Außenwirtschaft. Justinians Initiative zuzuschreiben ist gleichfalls die zeit seiner Herrschaft von den großen Juristen des Reiches in Angriff genommene Kodifikation des gesamten gültigen Zivil- und Strafrechts. In diesem gewaltigen Standardwerk fanden die juridische Gelehrsamkeit der Römer ebenso wie gerichtliche Entscheidungen aus der römischen Kaiserzeit ihren Niederschlag – ein Œuvre, das zugleich den älteren *Codex Theodosianus* ersetzte. Als erster großer Abschnitt erschien im Jahre 529 der sog. *Codex Justinianus,* der die Kaisererlasse des 4. Jh. sammelt. Ihm folgten 533 die sog. 'Digesten', ein Auszug aus dem Schrifttum römischer Juristen, und danach die 'Novellen', d. h. erst unter Justinian gültig gewordene neue Rechtsbestimmungen. Eine Auswahl aus dem *Codex Justinianus* und den 'Digesten' verkörpern die sog. *Institutiones,* die für den Rechtsunterricht bestimmt waren. Die umschriebene Rechtssammlung, die weithin deutlich den Stempel des großen Juristen Tribonian trägt, bildet neben den späteren 'Basiliken' Leons VI. die größte Gesetzessammlung der byzantinischen Ära. Sie versucht die älteren Rechtsvorstellungen aus den Zeiten der römischen Republik und der heidnischen Kaiserzeit den geänderten religiösen und politischen Gegebenheiten anzupassen, ohne gleichwohl den aus der Lehre des Christentums genährten Forderungen aufgrund einer neuen Bestimmung der zwischenmenschlichen Beziehungen gerecht zu werden. Das Problem der Toleranz und der Unfreiheit hat diese Rechtskonzeption ebensowenig gelöst wie irgendein späteres byzantinisches Gesetz. Es wäre byzantinischer Weltanschauung, dem Einflusse des Christentums zum Trotz, unmöglich erschienen, Unterschiede in der aristokratischen Struktur des Staates, den Gegensatz zwischen Freien und Sklaven, zwischen zivilisierten Reichsangehörigen und fremden Völkern zu verwischen. Die Tragweite der Kodifizierung unter Justinian kann für die byzantinische Ära in ihrer Bedeutsamkeit kaum überschätzt werden: so wie der unter Konstantin dem Großen zwischen weltlicher Macht und Christentum eingegangene Bund für Byzanz wesensbestimmend blieb, so hat sich in dem über die Jahrhunderte hinweg immer wieder zu Rate gezogenen Gesetzwerk, seit der Verwendung der Gesetzessammlung der 'Basiliken' vielfach nur verdeckt durch deren neuen Titel, altes römisches Denken, auch wenn die Kenntnis der lateinischen Sprache im 7. Jh. im Osten erlischt, durch das Medium griechischer Übersetzung bleibend und bestimmend im lebendigen Bewußtsein der Byzantiner erhalten. Unter Justinian hat auch der Einfluß des Kaisertums auf die Kirchenpolitik seinen Zenit erreicht. Der neueren Ansicht, der Kaiser wäre der kirchlichen Hierarchie betont tolerant gegenübergetreten, widerspricht Justinians Haltung gegenüber Papst Silverius, den der Monarch wegen angeblicher verräterischer Beziehungen zu den

Ostgoten in Rom kurzerhand verhaften und nach Kleinasien verschleppen ließ. Aus dem universal-römischen Staatsdenken Justinians versteht sich sein Bekenntnis zur christlichen Rechtgläubigkeit und das Bestreben, die dogmatischen Spannungen zwischen den östlichen Patriarchaten und dem Stuhle von Rom zu mindern. Justinian hat sich mehr als alle anderen byzantinischen Kaiser als oberster Schutzherr der christlichen Gesamtkirche verstanden. Gegenüber den noch unter Anastasios I. staatlich mehr umhegten denn tolerierten Monophysiten, die im Orient weite Teile der Reichsbevölkerung zu ihrer Anhängerschaft rechnen konnten, suchte der Kaiser vergeblich die dogmatische Versöhnung. Das herausragende kirchenpolitische Ereignis war das von ihm nach Konstantinopel einberufene 5. Ökumenische Konzil (553), das im sog. Drei-Kapitel-Streit nestorianisches Schrifttum verdammte. Es lag im Wesen seiner kirchlichen Auffassung, wenn der Kaiser als *Imperator Christianus* im Jahre 529 mit der Schließung der Akademie zu Athen die letzte Hochburg des Heidentums und heidnischer Philosophie beseitigte. Die Eigenwilligkeit des Monarchen, der gleich dem späteren Manuel I. selbstherrlich persönliche Ideen in eine weithin inadäquate Realität projizierte, äußert sich nicht zuletzt in seiner ungezügelten Bautätigkeit, die schon bei den Zeitgenossen herbe Kritik geerntet hat. Der Stimmung im Reich wider den Kaiser gibt beredt die von dem berühmten Geschichtsschreiber der Zeit, Prokop von Kaisareia, verfaßte sog. 'Geheimgeschichte' (*Anekdota*) Ausdruck, die den in den Augen der Zeitgenossen verhängnisvollen Einfluß der Gattin Justinians, Theodora, scharf geißelt. Das selbstherrliche Regime führt schon fünf Jahre nach Regierungsantritt Justinians zu der wohl blutigsten Revolte in Konstantinopel im sog. Nika-Aufstand, Ausdruck des Widerstands gegen kaiserlichen Absolutismus und des Kampfes zugunsten zäh verteidigter politischer Rechte des hauptstädtischen Volkes, das sich in den beiden großen Parteien der 'Blauen' und 'Grünen' organisiert hatte. Unter den Bauwerken, die während der blutigen Kämpfe in Flammen aufgingen, befand sich auch die Große Kirche der Hauptstadt zur

'Heiligen Weisheit' (*Hagia Sophia*), deren Baugeschichte bis ins 4. Jh. zurückreicht. Mit ihrer Wiedererrichtung durch die berühmtesten Architekten der Zeit, Anthemios von Tralleis und Isidor von Milet, entstand auf Weisung des Herrschers das größte und prächtigste Gotteshaus der östlichen Christenheit. Der staatsmännische Genius eines Diokletian und Konstantin des Großen, die ihre Ideen den Erfordernissen der Zeit und Umwelt anglichen, hat eine bleibende Wirkung auf den Staat hinterlassen: Justinians autokratisches Lebenswerk ist weithin schon nach kurzem am Gegensatz zu den geschichtlichen Gegebenheiten zerbrochen.

Die slawische Landnahme: Als Kaiser Justinian die politische Bühne verließ, sah sich das Reich auf das Ernsteste von zwei Seiten bedroht: hatte Justinian gegenüber den Persern eine hinhaltende Politik betrieben und sich den Frieden im Osten um den Preis hohen Tributs immer wieder erkauft, so brach nunmehr der Konflikt aus mit der Weigerung des neuen byzantinischen Kaisers Justinos II. (565–578), an den Großkönig weiterhin Zahlungen zu leisten. Noch bedrohlicher als in Armenien und Lazika war die Situation auf dem Balkan: schon unter Justinian hatten die Slawen und Awaren sich wiederholt über das Illyricum und über Thrakien ergossen. Im Jahre 540 hatte einer ihrer Raubzüge auch das zentrale Griechenland schwer in Mitleidenschaft gezogen; in den Jahren 546, 551 und 552 erneuerten sich die verheerenden Plünderungen balkanischer Ländereien. Die erst unter Justinian neu gewonnenen Besitzungen in Italien und Spanien gingen schon binnen kurzem wieder verloren. Die Herrscher von Byzanz mußten untätig zusehen, wie sich die Langobarden in Italien politisch etablierten (568). Den Kaisern des ausgehenden 6. Jh. fehlte ausnahmslos das Format Justinians, um den außergewöhnlichen Gefahren für das Reich mit Erfolg gegenüberzutreten. Mit der Erhebung des Kuropalates Justin hatte sich in Byzanz, wie 38 Jahre zuvor, wieder das dynastische Prinzip durchgesetzt. Über die Rangfolge der inneren und äußeren Probleme scheint sich Justin II. zeit seiner Regierung nie klar geworden zu sein. Ungeachtet der anstehenden militärischen Kraftproben im Osten und auf dem Balkan ließ sich der Herrscher in eine für das Reich selbstzerstörerische Verfolgung der Monophysiten in den orientalischen Provinzen ein. Den Konflikt mit Awaren und Slawen hat der Monarch indirekt selbst heraufbeschworen, wenn er, wie gegenüber den Persern, weitere Tributleistungen verweigerte. Allerdings hätte auch eine vermittelnde Haltung kaum auf Dauer das Eindringen der slawischen Flut im balkanischen Raum zu verhindern vermocht. So löblich die Bemühungen Justins waren, Bestechlichkeit der Verwaltung und Ungerechtigkeit im Gerichtswesen zu bekämpfen, wie auch auf Kosten der vordem absoluten Stellung des Kaisers das Herrscherbild durch Leutseligkeit und Milde zu vermenschlichen, so geschah dies zu einem Zeitpunkt, da nur ein straffer Regierungskurs dem Reiche zu nutzen vermochte.

Tiberios, ein seit langem einflußreicher Beamter am byzantinischen Hofe, wurde bereits im Jahre 574, als Justin zusehends unheilbarem Siechtum verfiel, zum Cäsar ernannt und rückte damit zugleich zum Thronanwärter auf. Nach des Herrschers Tod ebnete ihm die Unterstützung durch die Kaiserinwitwe Sophia den Weg auf den Thron. Angesichts der äußeren Bedrohung des Staates hat Tiberios (578–582) viel Energie auf die Stärkung des Heeres verwandt. Die Schlagkraft der byzantinischen Truppen wurde durch Werbung von 15 000 Foederaten erhöht. Verhängnisvoll erwies sich seine Finanzpolitik: nicht nur erließ der neue Kaiser dem Reiche allgemein ein Viertel der Steuerlast, er verfügte darüber hinaus umfangreiche Schenkungen an Soldaten wie nicht minder an zahlreiche Persönlichkeiten des öffentlichen Lebens und zehrte so binnen kurzem den Staatsschatz auf. Die mißliche finanzielle Situation verschlimmerte sich noch durch die Bauwut des Monarchen. Die wechselvollen Kämpfe mit den Persern hielten an. Des Kaisers politische Leistung war mehr als unbedeutend. Bereits vom Tode gezeichnet, überließ er im Sommer 582 Maurikios, einem hohen Offizier, die Staatsgeschäfte. Mit Maurikios' Heirat der jüngeren Tochter des Tiberios, Konstantia, war die Thronfolge auch dynastisch verankert.

Der Ruin der Staatsfinanzen verhinderte eine weitere Stärkung der militärischen Schlagkraft, welche die gespannte Situation an den Grenzen zu Persien und auf dem Balkan gefordert hätte. Anders als sein Vorgänger besaß Maurikios (582–602) wesentliche Herrschertugenden: Mäßigung, Entschlossenheit, Mut. Im Inneren gelangten die Demen zu einem bis dahin nicht gekannten politischen Einfluß: die Parteien der 'Blauen' und 'Grünen' sollten später, beim Sturz des Kaisers im Jahre 602, eine entscheidende Rolle spielen. Die außenpolitischen Anstrengungen im ersten Jahrzehnt seiner Regierung waren bestimmt vom Abwehrkampf gegen die Perser. Dabei mußten die Byzantiner zunächst empfindliche Niederlagen hinnehmen. Erst im Jahre 586 mit dem Siege von Solachon wandte sich das Schlachtenglück. Die Initiative ging nun an die Byzantiner. Ihre militärischen Erfolge begünstigten die im Orient mittlerweile eingetretenen Kräfteverschiebungen: das Perserreich litt unter den arabischen Einfällen in seine südlichen Besitzungen, während gleichzeitig im Norden die Türken ein gefährlicher Nachbar geworden waren. Ein Hauptziel persischer Politik, der Gewinn Armeniens, interessierte nunmehr auch die kampflustigen Chazaren. Im Jahre 590 brachte dann ein Staatsstreich, der die Herrschaft des Großkönigs Hormisdas hinwegfegte, in den Beziehungen zwischen Byzanz und Persien eine entscheidende Wende: Byzanz vermochte auf die persischen Thronfolgekämpfe als Parteigänger Chosraus II. Einfluß zu nehmen. Als Chosraus Regime in dem inneren Konflikt den Sieg davontrug, gelangte das byzantinische Reich im Jahre 591 im Osten zu einem Frieden, der bedeutende Teile Armeniens den Byzantinern zusprach.

Zusammenbruch der byzantinischen Macht: Ist bei der Abwehr der persischen Gefahr auf byzantinischer Seite immerhin ein gewisses strategisches Konzept zu erkennen, so stand die Zentralregierung dem Phänomen der slawischen Völkerwanderung ratlos gegenüber. Obschon mit der Eroberung Sirmiums durch die mit den Slawen verbündeten Awaren das Reich an einem seiner neuralgischsten Punkte getroffen war, bald darauf Awaren und Slawen bis nach Thessalonike vordrangen (584, 586), hat Byzanz zunächst dem Geschehen auf dem Balkan fast untätig gegenübergestanden und statt dessen den weit bedeutungsloseren Kampf zur Sicherung seiner orientalischen Ländereien in den Vordergrund der militärischen Anstrengungen gerückt. Die Größenordnung der balkanischen Gefahr wurde byzantinischerseits nicht erkannt. Das abwartende Verhalten der Reichsregierung hat die slawische Landnahme in den Gebieten des Illyricum, Moesiens, Thrakiens, Makedoniens und des zentralen Griechenland nur noch beschleunigt. Auch um den Preis jährlichen Tributs an die Awaren (seit 584) ließ sich die verhängnisvolle Entwicklung nicht aufhalten. Erst im Jahre 587 konnte sich Maurikios zur Entsendung eines größeren Heeres nach Moesien entschließen. Das byzantinische Aufgebot blieb gegen eine überwältigende Übermacht ohne Erfolg. Nach Beendigung des persischen Krieges entschloß sich der Kaiser, das balkanische Problem mit ganzer Kraft anzugehen. Militärische Anfangserfolge ermutigten die Byzantiner; bald jedoch zeichnete sich ein endloser, aufreibender Krieg ab. Das Schwergewicht der Kämpfe bildete die Auseinandersetzung mit dem Awarenchan Baian. Wichtige balkanische Festungen wechselten wiederholt den Besitzer. Nach zehnjährigem Kampf war auf dem Balkan weder eine militärische Entscheidung in der Auseinandersetzung mit den Awaren erreicht, noch der Landnahme und dem weiteren Einsickern slawischer Stämme Einhalt geboten. Mehr Erfolg war der Zentralregierung bei der Reorganisation der den Byzantinern in Italien und Nordafrika verbliebenen Gebiete beschieden: durch Belisars, des großen Feldherrn Justinians, Expedition im Jahre 533/534 gegen das Vandalenreich waren umfangreiche afrikanische Ländereien an Byzanz gefallen; in Italien hatte der kaiserliche Feldherr Narses das Ostgotenreich unterworfen (555). Blieben die nordafrikanischen Gebiete zunächst unangefochtener Besitz des Kaiserreichs, so vermochte Byzanz nach dem Eindringen der Langobarden (568) in Italien nur einen Teil der auf der Apenninenhalbinsel gewonnenen Landstriche zu behaupten. Kaiser Maurikios hat die nordafrikanischen Gebiete und italischen Herrschaftsreste durch die Wandlung in ebenso militärisch straff wie weithin administrativ selbständig verwaltete Exarchate enger an das Reich gekettet. Im Winter 601/602 hob die an der Donau operierende Truppe Phokas, einen bis dahin unbedeutenden Offizier, auf den Schild; mit Unterstützung der Demen hielt der Aufrührer bald darauf seinen Einzug in die Hauptstadt; Kaiser Maurikios fand auf der Flucht einen schmählichen Tod.

In Konstantinopel und im Reich hob mit der Regierung Phokas' (602–610) ein Schreckensregiment an, wie es Byzanz bis dahin nicht gekannt hatte. Der Adel mußte die Feindschaft des Kaisers mit furchtbarem Blutzoll begleichen. Gleichzeitig begann eine Verfolgung der Monophysiten und der Juden in den orientalischen Provinzen. Während die Krone sich so in einen den Staat zerfleischenden Konflikt wagte, zog für das Kaiserreich aus dem Osten eine verheerende Katastrophe herauf: dem persischen König Chosrau II., dem einst Kaiser Maurikios den Weg auf den Thron der Sassaniden geebnet hatte, diente der Putsch in Konstantinopel zum willkommenen Vorwand, um als Rächer des gestürzten Kaisers ins Reich einzufallen. Nach harten Kämpfen geriet zeitweise nahezu ganz Kleinasien in persische Hand. Awaren und Slawen nutzten die militärische Ohnmacht der Byzantiner, um sich endgültig den Besitz der Balkanhalbinsel zu sichern. Wenn das Kaiserreich aus der mit völliger Vernichtung drohenden Situation gerettet wurde, so durch die Revolte des Exarchen von Karthago. Die Flottenexpedition seines Sohnes Herakleios gegen Konstantinopel und der Sturz des zur Herrschaft unfähigen Phokas (3./4. Oktober 610) stand am Beginn einer inneren wie außenpolitischen Wiedergeburt des byzantinischen Staates.

II. MITTELBYZANTINISCHE ÄRA. DAS GRÄZISIERTE IMPERIUM

Die Herakleianischen Reformen: Keine der byzantinischen Regierungsären vor dem Jahre 1204 hat eine derart entscheidende und bedeutsame Zäsur innerhalb der byzantinischen Geschichte gesetzt, wie die außenpolitischen und inneren Ereignisse unter Kaiser Herakleios (610–641). Diese bestimmenden Geschehnisse gingen indes nicht von der Aktivität des regierenden Herrschers aus, sondern rollten von außen auf den griechischen Staat zu und drohten ihn zu vernichten. Der Kaiser vermochte lange Zeit keine außenpolitischen Initiativen zu entfalten, sondern war gegenüber äußerer Herausforderung zu bloßen Reaktionen verurteilt.

Der byzantinische Staat war am Vorabend der Herrschaft Herakleios' nach innen und außen hin in eine ungeheure Krise geraten: an den beiden empfindlichsten Punkten der Reichsgrenzen, im Norden auf der Balkanhalbinsel und im Osten an der mesopotamischen Grenze zum Perserreich, hatten sich unter den Kaisern Maurikios und Phokas Entwicklungen angebahnt, denen das bis dahin gültige Verteidigungssystem der Byzantiner nicht gewachsen war. Erstmals unter Justinian I. hatten die Slawen die balkanischen Grenzen verletzt und waren plündernd durch weite dalmatinische Landstriche gezogen. Unter Kaiser Maurikios begannen sie im Bündnis mit den Awaren sich bis hin zur Südspitze der Peloponnes, bis vor die Tore Thessalonikes und bis weit hinein in das sich nördlich und westlich vor den Toren Konstantinopels breitende Thrakien als kriegerische Eroberer niederzulassen. Die griechische Bevölkerung wurde zu massiver Flucht aus ihren Wohnsitzen genötigt und nahm ihren Weg an die Küsten oder flüchtete auf die Inseln der Adria und Ägäis. Wichtige Bastionen der byzantinischen Verwaltung wie

Singidunum und Serdika waren verloren, während sich einige alte Zentren städtischer Kultur an der Adria sowie die große Handelsstadt Thessalonike inmitten der sie umtosenden slawischen Völkerflut dank ihrer Mauern zu behaupten vermochten. Die Situation war für das byzantinische Reich bei Regierungsantritt Herakleios' nahezu hoffnungslos: zwar stellten sich auf dem syrischen Kriegsschauplatz zunächst kleine Erfolge ein, aber schon bald wurden die Byzantiner bei Antiocheia geschlagen, rückten die Perser in Syrien vor, drangen in Kleinasien ein und erzwangen die Preisgabe Armeniens. Im Jahre 614 fällt Jerusalem und mit ihm das Ziel christlicher Pilger, die Grabeskirche, in Schutt und Asche; der Vormarsch der Perser setzt sich bis weit nach Westkleinasien fort, während sich von Westen Awaren und Slawen drohend Konstantinopel nähern. Auch das von den byzantinischen Kernlanden abgeschnittene Ägypten können sich die Perser einverleiben (619). An der Wende zum dritten Jahrzehnt des 7. Jh. tritt dann völlig unerwartet ein Wandel im Ablauf der kriegerischen Ereignisse ein: nicht ohne Grund wird diese Wandlung mit inneren reorganisatorischen Maßnahmen des Herrschers in Zusammenhang gebracht, und wenn auch heute Herakleios nicht mehr eindeutig als alleiniger Schöpfer dieser inneren Erneuerung schlechthin angesehen wird, vielmehr der Beginn des Regenerationsprozesses von manchen in die Regierung des Maurikios vorverlegt werden will, so wurde doch unzweifelhaft erstmals unter Herakleios die neue innere Entwicklung tatsächlich wirksam: sie gründet sich auf die Neugliederung provinzialer Verwaltung, indem die bis dahin seit Justinian überwiegend noch zivil und nur in gefährdeten Reichsteilen bereits militärisch verwalteten Provinzen des Staates nunmehr schlankweg verschwinden und an ihre Stelle wesentlich kleinere, geographisch völlig neu abgegrenzte sog. 'Themen' treten, die, ganz und gar militärisch organisiert und verwaltet, in erster Linie der Reichsverteidigung dienen sollen. Die 'Themen' waren organisatorisch wesentlich leichter erfaßbare Bezirke, in denen die zu ihrer Verteidigung angesiedelten Bauern ('Stratioten') jederzeit rasch zu den Waffen gerufen werden konnten. Sie waren der Schwerfälligkeit der älteren Reichsverteidigung weit überlegen. Das Wort *thema* vereint in seinem Bedeutungsgehalt den Begriff der militärischen 'Gestellung' ebenso wie den einer 'Heeresabteilung' und späterhin in übertragenem Sinne die Bezeichnung einer derartigen neuen 'Provinz' im allgemeinsten Sinne. Das älteste 'Thema' dürfte auf kleinasiatischem Boden geschaffen worden sein, indem in bestimmte Gebiete Truppen für dauernd verlegt wurden, beginnend von der Konstantinopel gegenüberliegenden kleinasiatischen Küste mit dem Thema Opsikion, so bezeichnet nach der Truppe Obsequium, einer kaiserlichen Eliteeinheit. Wenn zuerst in Kleinasien derartige Themen geschichtlich greifbar sind, so scheint dies mehr für die Entstehung der Themenordnung des Reiches erst zu einer Zeit, da die balkanischen, nicht zuletzt makedonisch-thrakischen Gebiete bereits an Slawen und Awaren verloren waren, zu sprechen.

Herakleios hat sich zunächst aus der Situation eines Zweifrontenkrieges befreit, indem er mit den Awaren Frieden schloß (619). Im Frühjahr 622 setzte dann eine byzantinische Gegenoffensive in Anatolien ein. Herakleios umging anfangs den offenen Kampf durch die überraschende Besetzung Armeniens, welche die Perser zur Räumung Kleinasiens nötigte. Im darauffolgenden Jahre gelang es den Griechen weit nach Mesopotamien vorzudringen. Alle Erfolge schienen indes in Frage gestellt, als die Perser im Gegenzug im Jahre 626 ganz Anatolien durchzogen und am Bosporus mit einem gewaltigen Heer erschienen, gleichzeitig Slawen und Awaren mit einer furchterregenden Streitkraft die Mauern der Hauptstadt umzingelten und die Blockade durch den Einsatz einer Flotte vollendeten. Die Entscheidung fiel zur See: die feindliche Flotte wurde von den Griechen völlig vernichtet, die die Hauptstadt zu Lande umzingelnden Truppen von den Griechen entscheidend geschlagen. Das Gros der byzantinischen Truppen vermochte in dieser gefährlichen Situation überhaupt nicht einzugreifen, da es unter der Führung des Kaisers fern im Osten in Lazien stand. Der Herbst 627 trägt eine griechische Großoffensive bis in das Herz

Mesopotamiens; die Perser werden bei Ninive geschlagen. Als im Frühjahr 628 der persische König in einer Revolte Thron und Leben verliert, endet die militärische Machtprobe mit einem für Byzanz außerordentlich günstigen Frieden, der alle vordem griechischen Gebiete, Armenien, Syrien, Palästina und Ägypten, dem Reiche restituiert. Der Kaiser stand im Zenit seiner Macht, da sich nunmehr auf dem Balkan auch die Slawen aus awarischer Oberherrschaft befreiten und eigene Staatsgemeinschaften bildeten. Die schweren Kämpfe der zwanziger Jahre des 7. Jh. scheinen die byzantinische Widerstandskraft bis an die Grenze ihrer Möglichkeiten in Anspruch genommen zu haben.

Neuer Zwist um das kirchliche Dogma – Monotheletismus und Monenergetismus: Während man sich mühte, in den wiedergewonnenen östlichen Reichsteilen das staatliche Leben wieder in Gang zu bringen, flackerte gleichzeitig auch der alte religiöse Zwist zwischen Rechtgläubigen und Monophysiten wieder auf. Seit langem schon hatte sich zwischen den nunmehr wiedergewonnenen Ostprovinzen und den westlichen Reichsteilen eine tiefe religiöse Kluft in den dogmatischen Kämpfen um die Natur Christi aufgetan. Der seit alters theologischer Spekulation aufgeschlossene christliche Orient hatte im Gegensatz zu dem von der römischen Kirche und dem griechischen Patriarchenstuhl zu Konstantinopel zäh verteidigten Lehrgut, das Christus zwei Naturen, eine menschliche und eine göttliche, zusprach, sich schon in den theologischen Streitigkeiten des beginnenden 5. Jh. für die Annahme einer Natur entschieden. Ungeachtet der Beschlüsse des Konzils von Chalkedon (451) (vgl. S. 28 f.), das den Monophysitismus verurteilte, blieb monophysitisches Denken in Syrien, Palästina und Ägypten über viele Jahre weiter lebendig. Kaiser Herakleios suchte die rückeroberten Provinzen, in der klaren Erkenntnis, daß das Christentum eine der mächtigsten bindenden Klammern der völkisch differenzierten Reichsteile war, im Bunde mit dem Patriarchen Sergios von Konstantinopel mit den westlichen Reichsteilen religiös auszusöhnen. Man bediente sich dabei eines unglücklichen dogmatischen Kompromisses, der der Partei der Orthodoxen im Reiche und den Monophysiten in gleicher Weise entgegenkommen wollte, indem man mit zwei Naturen Christi operierte, aber von nur einer Wirkungsweise (*energeia*) sprach. Papst Honorius akzeptierte die vermittelnde Doktrin, ja selbst der Patriarch von Alexandreia machte sich begeistert zum Vorkämpfer der neuen Lehre. Bald aber regten sich die Rechtgläubigen mit dem Vorwurf, Kaiser und Kirche wendeten sich einer neuen Häresie zu. Die Kritik aus dem orthodoxen Lager bestimmte Patriarch Sergios zu einer neuerlichen vermittelnden Formel, mit der Annahme zweier Naturen, aber nur eines Willens (*thelema*) (sog. 'Monotheletismus'). Die neue Doktrin wurde auch vom Kaiserhofe akzeptiert und kraft kaiserlichen Edikts für rechtsverbindlich erklärt (638).

Der Islam als neue politische Kraft – Verlust Ägyptens und Syriens: Diese neue dogmatische Theorie hatte sich zum Zeitpunkt ihres staatlichen Anerkenntnisses politisch bereits überlebt: in den östlichen Provinzen waren in einem furchtbaren Ansturm die Wüstenstämme der Araber eingedrungen. Binnen kurzer Zeit war das gigantische Lebenswerk des Kaisers Herakleios mit der Eroberung Syriens nach der Schlacht am Jarmuk (636), Palästinas (Eroberung Jerusalems 638), Mesopotamiens (639/40), Armeniens (640) und Ägyptens (640/42), darüber hinaus auch das geschwächte persische Königreich vernichtet. Es war nicht nur die Stoßkraft einer neuen Religion, des Islam, sondern die Gunst des Augenblicks, die militärische Schwäche der beiden, bis dahin im Vorderen Orient tonangebenden Reiche, der religiöse Zwiespalt im byzantinischen Staate, die stark feudalistische Entwicklung in Ägypten, die den Eroberern Vorschub leisteten. Der Tod Kaiser Herakleios' (641) bedeutete für den byzantinischen Staat den Beginn neuer schwerer innerer Wirren in einem Augenblick äußerster Bedrohung aus dem Osten. Seine Regierung bildet einen tiefen Einschnitt in der byzantinischen Geschichte nicht nur aufgrund seiner Leistungen auf dem Felde der Themenorganisation. Der Orient kehrte trotz der Erfolge des 10. und 11. Jh. unter den Kaisern Johannes I. und Basileios II. nie wieder im alten Umfang in byzantinischen Besitz zurück; insbesondere blieb die reiche Kornkammer des Staates, Ägypten, für dauernd verloren und mit ihr Alexandreia, ein berühmtes Zentrum griechischer Kultur. Um die gleiche Zeit vollendet sich auch der Prozeß der Gräzisierung des Staates. Das Lateinische wird als Amtssprache abgeschafft, seine Kenntnis erlischt nahezu völlig. Fortan steht ein betont griechisches Kaiserreich der lateinischen und islamischen Staatenwelt als heterogener Machtfaktor gegenüber.

Das byzantinische Verteidigungssystem traf im ausgehenden 6. und beginnenden 7. Jh. auf zwei Phänomene, denen mit den Gesetzen militärischer Taktik und der Schlachtordnung im Kampf auf offenem Felde nicht beizukommen war: anders als die Wanderung der Goten, die immer wieder zu offenem Konflikt mit Byzanz geführt hatte, verlief die slawische Landnahme auf dem Balkan, während die Awaren die Last der balkanischen Kämpfe gegen das Reich trugen, weithin unbemerkt, ohne gewaltige Schlachten. Im Orient handelte es sich bei dem großen Gegenspieler nach dem Sieg über die Perser gleichfalls um große, in Bewegung geratene Massen, in denen sich der Eroberungsdrang arabischer Wüstenstämme mit dem religiösen Fanatismus des Islam vereinte. Während auf dem Balkan jedoch seit der Seßhaftigkeit der Slawen ein Jahrhunderte währender, zäher, bald mittels großer Schlachten, bald in hartnäckigem Kleinkriege, nicht zuletzt indes auch über eine kontinuierliche völkische Vermischung und Gräzisierung zahlreicher Einwanderer geführter Regenerationsprozeß der byzantinischen Macht begann, stand der Islam im Orient im Todesjahr des Kaisers Herakleios erst am Vorabend eines weiteren, noch gewaltigeren Siegeszuges, der die Araber bis an die Westküste Afrikas, nach Spanien und Südfrankreich, nach Sizilien und Unteritalien, im östlichen Mittelmeer in den Besitz Kretas und mehrfach bis vor die Tore Konstantinopels führte.

Die außenpolitische Lage des byzantinischen Reiches war im Jahre 641 ebenso verworren wie zu Beginn der Herrschaft Kaiser Herakleios'. Der Monarch hatte in seinem Testament seine zweite Gattin Martina, seinen Sohn Konstantin aus erster Ehe und den Sohn Martinas, Heraklonas, als politische Erben eingesetzt. Gemeinsam mit Martina sollten die Prinzen eine friedliche 'Samtherrschaft' führen. Unter dem Druck der Öffentlichkeit mußte indes Martina schon bald der ihr zugedachten Rolle entsagen; sie sicherte sich in politischem Versteckspiel nunmehr über die Person des jüngeren Kaisers, ihren Sohn Heraklonas, weiterhin Einfluß und heizte die Gegensätze zwischen den beiden Herrschern, die politischen und religiösen Meinungsverschiedenheiten entsprangen, noch weiter an. Denn während der ältere Kaiser sich als Vorkämpfer der christlichen Orthodoxie bekannte, stellten sich Heraklonas und seine Mutter auf die Seite der Monotheleten, deren Position Kaiser Herakleios einst staatlich sanktioniert hatte. Als Konstantin III. schon nach weniger als drei Monaten, im Mai 641, verstarb, gewann Martina erneut beherrschendes politisches Prestige: gegen die Opposition des Hochadels und des gläubigen Volkes, gegen die überwältigende Mehrheit des Klerus führte sie die Regentschaft für den jugendlichen Heraklonas. Das neue Regime ließ den religiösen Hader im Staate neu erwachen. Auf den Bischofsstühlen der Hauptstadt und Alexandreias regierten monotheletische Patriarchen. Die öffentliche Meinung war festen Glaubens, daß Martina und ihr Anhang Kaiser Konstantin III. gewaltsam beseitigt hätten, und wünschten Konstantins III. noch unmündigen Sohn Konstans auf den Thron. Die allgemeine Unzufriedenheit schaffte sich in einer Revolte des kleinasiatischen Heeres Luft: anatolische Truppen erschienen am Ostufer des Bosporus. Die innenpolitischen Ereignisse überstürzten sich noch mehr als kurz vorher die außenpolitischen Geschehnisse im Orient: Kaiser Herakleios war Anfang Februar 641 verschieden, Ende Mai war Konstantin III. verstorben. Nunmehr, vier Monate danach, wurde im September des gleichen Jahres das Regime Martinas und ihres Sohnes Heraklonas nicht ohne das Zutun des in diesen Jahren zu mächtigem Einfluß gelangten hauptstädtischen Senats gestürzt. Umsonst versuchte Heraklonas den Lauf der Dinge durch die Krönung des jungen Konstans zu vereiteln. Das Ende des herrschenden Regimes bedeutete gleichzeitig das Ende des kirchenpolitischen Spiels der Monotheleten; der amtierende Patriarch Konstantinopels verschwand gleich Martina und Heraklonas in der Verbannung. Das schicksalsschwere Jahr 641 setzte gleichzeitig auch der byzantinischen Herrschaft in Ägypten ein Ende. Der Patriarch von Alexandreia hatte den aussichtslosen Kämpfen durch die Aufnahme von Friedensgesprächen mit den islamischen Eindringlingen ein Ende gesetzt. Die Vereinbarung regelte den Abzug der Byzantiner großzügig: im September 642 sollte ihr Heer Alexandreia räumen; die byzantinischen Streitkräfte verließen auf dem Seeweg den östlichen Mittelmeerraum. Wenngleich sich später in Ägypten, gestützt auf eine uralte kirchliche Tradition, griechische Kultur bis zum heutigen Tage gegenüber dem Islam, wiewohl empfindlich geschwächt, zu behaupten vermochte, so setzt doch die arabische Inbesitznahme einer annähernd tausendjährigen Epoche dominierend griechischen kulturellen Lebens ein Ende. Mit dem Epochejahr 642 endet im Nilland das weltgeschichtliche Fortwirken der Eroberungszüge Alexanders des Großen. Der Verlust Ägyptens war darüber hinaus ein schwerer Rückschlag für die Mission und Verbreitung des Christentums. Die ägyptische und ebenso die syrische christliche Kirche erlitten nun das drükkende Schicksal religiöser Fremdherrschaft. Ungeachtet der Verfolgungen und vielfacher politischer Umstürze, wie der Seldschukeninvasion, der Mongolenstürme und türkischen Inbesitznahme haben sich die orientalischen Kirchen, Nestorianer, Kopten und Äthiopier, bis in die Gegenwart herein behauptet.

Byzanz im Ringen um Selbstbehauptung wider die Araber: Die Anfänge der Regierung Konstans' II. standen nach außen hin ganz unter dem Eindruck fortgesetzter arabischer Expansion; im Innern dominierte zunächst der in dieser Ära in den Zenit seiner Macht aufgestiegene Senat. Der Kaiser hat sich nur langsam der politischen Bevormundung durch die hauptstädtische Aristokratie zu entziehen vermocht. In Nordafrika setzte der Eroberer Ägyptens, Amr, seinen Siegeszug mit dem Vormarsch bis Tripolis weiter fort (643). Dann schien sich das Blatt zunächst zugunsten der Byzantiner zu wenden, als nach dem Tode des Kalifen Omar die veränderten politischen Verhältnisse unter Kalif Othman den erfolgreichen Feldherrn Amr seines militärischen Einflusses beraubten. Die Byzantiner nutzten die veränderte Situation zu einer nochmaligen Landung auf ägyptischem Boden und Eroberung Alexandreias. Aber schon im Jahre 646 vermochte der als Heerführer reinstallierte Amr die Byzantiner, diesmal endgültig, von ägyptischem Terrain zu vertreiben. Die byzantinische Invasion bedeutete nebenhin zugleich das Ende der hauptstädtischen Rolle Alexandreias am unteren Nil: die strategisch schwache Lage der Stadt bewog die Araber, die Mauern zu schleifen und das Zentrum staatlicher Verwaltung ins weiter südlich, landeinwärts gelegene Fustat, das spätere Kairo, zu verlegen. Schon zuvor hatte der arabische Statthalter Syriens, Muawija, seinen Eroberungsdrang auf Armenien und Ostanatolien gerichtet (seit 642); im Jahre 647 vermochten arabische Truppen sogar bis Phrygien vorzudringen, scheiterten aber beim Sturm auf das befestigte Amorion. Ohne Erfolg versuchten die Byzantiner, Armenien zurückzuerobern. Im Gegenteil, seit Muawija erkannte, daß es unmöglich war, Byzanz ohne Einsatz einer Flotte entscheidend zu verwunden, beschleunigte sich das vordem nur mühsame Vordringen in den rauhen Gebirgsregionen Kleinasiens nunmehr um ein Vielfaches über den Seeweg: schon im Jahre 649 glückte die Landung auf Zypern, 654 wird Rhodos verwüstet, bald darauf Kreta geplündert; ja selbst die Ägäisinsel Kos gerät in arabische Hand. Vor der Westküste Kleinasiens werden die Byzantiner in einer Seeschlacht von den Arabern vernichtend geschlagen (655). Wenig später schenken die Wirren im arabischen Reiche nach der Ermordung Othmans den Byzantinern in der Auseinandersetzung mit der neuen Großmacht des Orients eine Atempause. Mußte das Reich im Kampf mit den Arabern empfindliche territoriale Einbußen hinnehmen, so stellten sich auf der zwei Generationen zuvor durch die slawische Landnahme byzantinischer Souveränität nahezu völlig entzogenen Balkanhalbinsel erstmals militärische Erfolge ein (seit 658). Damals scheint byzantinischer politischer Einfluß wieder in einigen Gebieten Thrakiens und Makedoniens wirksam geworden zu sein.

Im letzten Jahrzehnt der Regierung Konstans' II. verlagerte sich das Schwergewicht der Außenpolitik auf den Westen: anders als im Osten ging es hier vorrangig zunächst mehr um die Beilegung innerer, insbesondere kirchlicher Streitigkeiten, die noch immer einen lebhaften Nachhall der unglücklichen kaiserlichen und patriarchalen Entscheidungen unter Herakleios bildeten. Allzu einfach glaubte sich Konstans dem Dilemma dogmatischer Kämpfe zwischen der Partei der Orthodoxen, die am Hofe des Bischofs von Rom sowie ganz allgemein in Italien, in Nordafrika, aber auch in der Hauptstadt Konstantinopel selbst einen breiten Rückhalt fand, und den Monotheleten, denen lange Zeit die Patriarchen Konstantinopels und Alexandreias ihr Ohr liehen, entziehen zu können, wenn er jegliche weitere Erörterung der Energien und Willen in der Natur Christi bei Strafe untersagte (648). Als Wortführer der Orthodoxie traten besonders Papst Martin und der berühmte Theologe Maximos der Bekenner in Erscheinung. Ja, eine römische Synode ging so weit, den kaiserlichen Erlaß als häretisch zu verurteilen (649). Den Konflikt zwischen dem Bischofsstuhl von Rom und der Krone nutzte der Exarch von Ravenna, Olympios, zum Abfall von Konstantinopel.

Die oströmischen Kaiser haben sich seit den Tagen Konstantins des Großen immer als oberste Schutzherren der christlichen Kirche verstanden, sieht man von der heidnischen Reaktion unter Kaiser Julian ab. Nie hat die kaiserliche Macht in der kirchlichen Sphäre ein größeres Gewicht erlangt als unter Justinian I. und Konstans II. Beide Herrscher haben, entschieden absolutistisch gesinnt, sich auch als oberste Instanz in dogmatischen Streitigkeiten und in Fragen der kirchlichen Jurisdiktion betrachtet. Als Olympios im Jahre 652 verstarb und Italien wieder in den Reichsverband zurückkehrte, erreichte der Konflikt zwischen dem Stuhl Petri und dem byzantinischen Kaisertum einen bis dahin nicht gekannten Höhepunkt: Konstans II. schien die Beseitigung des unbequemen römischen Bischofs (653) ein geeignetes Mittel, seinen kirchenpolitischen Vorstellungen zum Siege zu verhelfen. Ähnlich wie der Papst hat auch Maximos der Bekenner sein Leben in der Verbannung beschlossen. Die kirchliche Befriedung der westlichen Provinzen des Reiches war ein erstes Programm innerhalb des größeren Konzeptes des Kaisers, den Zusammenhalt der nordafrikanischen Gebiete, Siziliens und Italiens mit dem übrigen Reiche zu festigen. Damit wiederum gedachte Konstans, einer weiteren Expansion der Araber in Nordafrika, die schon einmal, im Jahre 647, das afrikanische Exarchat mit Krieg überzogen hatten, vorzubeugen. Einhalt zu gebieten, gedachte der Herrscher damit aber auch dem weiteren Vordringen des langobardischen Herzogs von Benevent, Romuald, auf dem Boden Unteritaliens. Aber wie in Afrika, wo die Niederlage des byzantinischen Heeres bei Tripolis einem weiteren Vordringen der Byzantiner gegen Osten ein Ende bereitete, so brachte auch der Kampf in Unteritalien gegen die Langobarden nur vorübergehend Vorteile. Für die Pläne des Monarchen, den Regierungssitz vom Bosporus wieder nach Rom zu verlegen, dürfte nicht nur die außenpolitische Konzeption des Herrschers ausschlaggebend gewesen sein. Vielleicht wollte der selbstherrliche Kaiser der hauptstädtischen Aristokratie auch den letzten Rest politischen Einflusses nehmen, vielleicht stachelte ihn der glühende Haß, den ihm der orthodoxe Klerus und das gläubige Volk Konstantinopels entgegenbrachten. Tatsächlich hatte Konstans allerdings dann nicht Rom, sondern das sizilische Syrakus zu seiner Residenz gemacht (663). Seinen Alleinherrschaftsanspruch und die dynastische Nachfolge seiner Söhne zu sichern, schreckte der Kaiser auch nicht vor dem Mittel des Brudermordes zurück. In Syrakus setzte im September 668 eine Verschwörung dem Leben des verhaßten Monarchen ein vorzeitiges Ende.

In den letzten Regierungsjahren Konstans' II. hatte sich im Orient ein Machtwechsel vollzogen: Kalif Ali, als Nachfolger Othmans politisches Oberhaupt der islamischen Welt, war im

Verlauf schwerer innerer Kämpfe wider den Anhang des syrischen Statthalters Muawija im Jahre 661 ermordet worden. Muawijas Herrschaft (661–680) begründete die Dynastie der Umajaden-Kalifen. Die neue Lage im Orient führte schon in den letzten Regierungsjahren Konstans' II. erneut zu arabischen Einfällen in Anatolien. Wiederholt endeten die Raubzüge arabischer Scharen erst am Bosporus. Das eigentliche militärische Ziel Muawijas bildete außer allem Zweifel die Inbesitznahme Konstantinopels. Dem Orientalen war klar, daß man der Kaiserstadt nur mit Unterstützung einer gewaltigen Flotte gefährlich zu werden vermochte. Muawija selbst hatte anderthalb Jahrzehnte zuvor die Schaffung einer maritimen Streitmacht angeregt. Mit Hilfe der Flotte gelang es, von Insel zu Insel zu springen und arabische Stützpunkte selbst im byzantinischen Binnenmeer, in der Ägäis, zu errichten. Bedeutsame Stützpunkte der ägäischen Seeroute nach Konstantinopel gerieten unter arabische Kontrolle: Chios, Kyzikos (670) und Smyrna (672). Den entscheidenden Kampf um Konstantinopel begannen die Araber nach ungewöhnlich sorgfältigen Vorbereitungen erst im Frühjahr 674. Der erwartete Erfolg der Belagerung blieb aus und nötigte die Araber zum Winterlager in Kyzikos. Vom Frühjahr bis Herbst der darauffolgenden Jahre 675–678 erneuerte sich alljährlich der gigantische Aufmarsch der orientalischen Belagerungsflotte. Zahlreiche Seegefechte brachten den Angreifern empfindliche Verluste. Möglicherweise hat in den Kämpfen bereits die bedeutendste waffentechnische Erfindung der Byzantiner, das sog. 'griechische' Feuer, ein hochexplosives Pulvergemisch, das in Seeschlachten mit Hilfe von 'Siphonen' und Kesseln auf fremde Schiffe geschleudert wurde, den Byzantinern einen bedeutenden Vorteil verschafft. Konstantinopel blieb unbezwingbar, die Araber zogen unverrichteter Dinge ab. Ihre Seestreitkräfte erlitten auf der Rückfahrt in einem Seesturm erneut erhebliche Verluste, in Kleinasien brachten die Byzantiner dem arabischen Landheer eine schwere Niederlage bei. Der erste arabische Angriff auf die Ostflanke des europäischen Festlandes war gescheitert. An der byzantinisch-arabischen Grenze trat zunächst Ruhe ein. Unter dem Eindruck des Mißerfolgs bequemte sich der Kalif zu einem Frieden mit Byzanz auf die Dauer von 30 Jahren, der sein Reich zur Zahlung demütigenden Tributs an Byzanz verpflichtete. Nach Muawijas Tod (680) setzten auch seine Nachfolger, die Kalifen Jezid, Muawija II., Merwan und Abdalmalik, eine Politik friedlicher Nachbarschaft fort.

Der byzantinische Herrscher teilte das Schicksal seines Vorfahren Konstans und zahlreicher anderer kaiserlicher Vorgänger in der Notwendigkeit, das Reich an mehreren Fronten gleichzeitig zu schützen. Wie die Kilikische Pforte in Anatolien, so bildete die untere Donau über viele Jahrhunderte hinweg im Norden ein natürliches Einfallstor in die balkanischen Besitzungen der Byzantiner. Auch das ausgeklügeltste Befestigungssystem am Südufer des Stromes hatte die Invasion der Goten, Slawen und Awaren nicht aufzuhalten vermocht. Gegen Ende des 7. Jh. setzte eine neue, wenn auch ihrem Umfang nach wesentlich geringere Völkerwanderung mit dem Erscheinen der Bulgaren auf dem Balkan ein, die ihrer sprachlich-ethnischen Herkunft nach ursprünglich zur Gruppe der Turk-Völker zählten. Ihr über die Ebenen Südrußlands gebreitetes Großreich war um die Jahrhundertmitte zerfallen, seit die Chazaren an die untere Wolga vorstießen. Eine mächtige Splittergruppe unter der Führung Asparuchs bedrohte die einstigen moesischen, mittlerweile von den Slawen besiedelten Landstriche südwärts der unteren Donau. Die byzantinische Strategie beabsichtigte, dem Vorstoß der feindlichen Scharen über den Strom mit einem Präventivschlag zuvorzukommen, scheiterte indes an der klug größere Verwicklungen meidenden Taktik des Gegners. Erst beim Rückzug des kaiserlichen Heeres über die Donau stellte sich der Feind, fügte den Byzantinern eine empfindliche Schlappe zu und verfolgte die Reichstruppen bis auf das südliche Ufer (681). Der weitere Vormarsch Asparuchs sicherte den Bulgaren den dauernden Besitz weiter Gefilde zwischen Balkangebirge und Schwarzmeerküste. Die heimischen Slawen unterwarfen sich den neuen Herren. Bald setzte ein Prozeß starker völkischer Vermischung ein, der die Slawisierung der Bulgaren nach sich zog. Kaiser Konstantin, militärisch einer erneuten Kraftprobe nicht gewachsen, sah sich gezwungen, die neuentstandene Situation auf der Balkanhalbinsel auch vertraglich anzuerkennen, ja zudem noch Tribut an den neuen Nachbarn abzuführen. Von harter Entschlossenheit war die Innenpolitik des Herrschers bestimmt: wie sein Vater Konstans seinen Bruder Theodosios beseitigte, so hat Konstantin sich der Mitherrschaft seiner Brüder Herakleios und Tiberios durch die Verstümmelung beider Prinzen entledigt. Sein Vorgehen, das gleichermaßen der Sicherung seiner Alleinherrschaft wie der Regelung der Nachfolge in dynastischem Sinne galt, setzte einen Markstein in der Geschichte der oströmischen Herrscheridee: seit den Zeiten Konstantins IV. tritt die Idee der 'Samtherrschaft' zugunsten des dynastischen Gedankens merklich in den Hintergrund. Mit dem Verluste der religiös entzweiten östlichen Reichsprovinzen schien ein günstiger Zeitpunkt gekommen, die Streitigkeiten, die sich an dem dogmatischen Gedankengut der Monotheleten entzündet hatten, beizulegen: unter Vorsitz des Kaisers erklärte das 6. Ökumenische Konzil, das in den Jahren 680/81 in der byzantinischen Hauptstadt tagte, die Lehre von einem Willen und einer 'Energie' in Christus zur Irrlehre. Im September 685 setzte der Tod dem Wirken des noch jungen Herrschers ein jähes Ende.

Kaiser Justinian II. (685–95, 705–11) war der älteste Sohn Kaiser Konstantins IV. (geb. 669). Als sein Vater völlig überraschend im Alter von nur 33 Jahren starb, übernahm Justinian ein gesichertes Erbe: die seit Kaiser Herakleios ständig erneuerte Bedrohung des Reiches durch die Araber hatte ihre alte Gefährlichkeit eingebüßt: bald nach Regierungsantritt vermochte der junge Herrscher im Jahre 688 einen für Byzanz vorteilhaften Friedensschluß mit dem orientalischen Nachbarn herbeizuführen; die Einwanderung der Slawen auf dem Balkan war zum Stillstand gekommen; slawische Stämme hatten sich in den Landstrichen Dalmatiens, auf dem Boden der griechischen Kernlande und auf Morea (Peloponnes) seit längerem fest niedergelassen. Im Inneren schien der dynastische Gedanke, seit Konstantin IV. sich der Mitkaiser Herakleios und Tiberios entledigt hatte, gesichert. Justinian wandte seine Aufmerksamkeit von Anfang an in besonderem Maße den den Slawen seit vielen Jahrzehnten überlassenen griechischen Landstrichen zu. Die Rückeroberung alten griechischen Siedlungsraums und die Unterwerfung der Slawen begannen unmittelbar nach dem Friedensschluß mit den Arabern. Sie führten zum Rückgewinn weiter thrakischer Gebiete. Zehntausende gefangener Slawen wurden nach Kleinasien deportiert und zwangsweise verstreut angesiedelt. Doch nur wenige Jahre später unterbrach diese günstige Entwicklung auf dem Balkan der neu aufgeflammte byzantinisch-arabische Konflikt: die Araber nutzten die von der Krone geförderte Auswanderung zypriotischer Griechen, da das Eiland unbestrittene Interessensphäre islamischer Macht war, als Verletzung der bestehenden Verträge und drangen im byzantinisch beherrschten Armenien ein. Die Griechen unterlagen bei Sebastopolis; Armenien gelangte unter arabische Herrschaft. Die Innenpolitik des Kaisers war von einem stark religiösen Engagement des Herrschers gekennzeichnet: auf seinen Befehl bestätigte eine Synode die Beschlüsse des 6. Ökumenischen Konzils vom Jahre 680 wider den Monotheletismus. Wenig später, im Jahre 691, berief der Kaiser ein ökumenisches Konzil nach Konstantinopel, das als *Quinisextum* bzw. *Trullanum* in die christliche Kirchengeschichte eingegangen ist: als *Quinisextum* wurde die Kirchenversammlung nach der Ergänzung der Beschlüsse des 5. und 6. Ökumenischen Konzils, als *Trullanum* nach dem Tagungsgebäude benannt. Die Synode verabschiedete Richtlinien zur Bekämpfung von Aberglauben und noch immer lebendigem heidnischen Brauchtum, beantwortete Pastoralfragen, insbesondere des kirchlichen Eherechts, und grenzte die christliche Lehre ab von den Dogmen anderer zeitgenössischer Religionen. Justinian hatte als oberster Schutzherr der Christenheit das Konzil einberufen. Der Bischof von Rom, Sergius, hatte an der Kirchenversammlung nicht teilgenommen. Der Papst verweigerte die Unterschrift zu den Akten der Synode. Justinian II. hat das System der Themenverwaltung weiter ausgebaut: im Jahre 695 wird in Griechenland das Thema Hellas errichtet. In das ausgehende 7. Jh. fällt wahrscheinlich auch eine entscheidende Änderung der Besteuerung: jeder Bürger hatte fortan grundsätzlich ohne Rücksicht auf Bodenbesitz Kopfsteuer zu entrichten. Damit war das Steuersystem Diokletians verlassen. Mit der Epoche der herakleianischen Dynastie wurde vielfach der sog. *nomos georgikos,* d. h. 'Bauerngesetz', in Verbindung gebracht. Dessen Verfügungen dürften freilich in Wirklichkeit das Ergebnis eines sich über lange Zeit herausbildenden Gewohnheitsrechts sein.

Im Herbst 695 nutzte der seines Amtes enthobene Oberbefehlshaber des Themas Anatolikon, Leontios, seine Freilassung nach dreijähriger Haft, um, statt wie befohlen als Befehlshaber in das neu errichtete Thema Hellas überzusiedeln, mit Hilfe der ihm anvertrauten Truppen den Kaiser zu stürzen. Justinian wurde seiner Nase beraubt, da nach Auffassung der Byzantiner ein Krüppel nicht mehr die Voraussetzung für die Kaiserherrschaft erfüllte. Wegen der im Hippodrom öffentlich erlittenen Verstümmelung ging der Kaiser als Justinian *Rhinotmetos* in die Geschichte ein. Justinian wurde nach Cherson auf der Krim verbannt. Der Usurpator Leontios, der sich selbst nunmehr Leon nennen ließ, bestieg den byzantinischen Kaiserthron (695–698). Seine Herrschaft blieb nach außen wie innen politisch bedeutungslos.

Nur drei Jahre später stürzte ihn der Schiffsoffizier Apsimar mit Hilfe der Flotte in einem Augenblick, als Leontios sein politisches Prestige angesichts des gescheiterten Versuches, Karthago den arabischen Eroberern zu entreißen, verspielt hatte (Frühjahr 698). Apsimar legte sich den Kaisernamen Tiberios zu. Sein herrscherliches Wirken (698–705) verriet Befähigung. Tiberios II. schien zu ahnen, welche Gefahr noch immer von der Person des verbannten Justinian ausging und suchte ihn mit Hilfe gedungener Chazaren zu beseitigen. Justinian entkam in abenteuerlichen Schicksalen an den Hof des Bulgarenchans Tervel, der sich mit dem Flüchtling verband; im Frühjahr 705 erschien Justinian in Begleitung eines bulgarischen Heeres vor den Mauern Konstantinopels: durch einen unterirdischen Gang vermochte Justinian im Schutze der Nacht in die Stadt einzudringen und den herrschenden Kaiser zu stürzen. Seinem Bundesgenossen Tervel dankte der Sieger für seine Hilfe mit der Entrichtung jährlichen Tributs. An Leontios, der nach dem Verlust der Kaiserwürde in einem Kloster untergetaucht war, und an Tiberios übte Justinian blutige Rache. Ein schreckliches Massaker lichtete die Anhängerschaft des Tiberios. Des Kaisers Wüten richtete sich nicht minder gegen das ungehorsame Exarchat von Ravenna, dessen führende Köpfe einst am Sturze Justinians beteiligt waren, sowie gegen die byzantinische Administration von Cherson, wo er die schmachvollen Jahre seiner Verbannung zugebracht hatte. Der Monarch lebte nur noch dem Gedanken, sich an allen inneren Feinden zu rächen. Die außenpolitischen Angelegenheiten wurden sträflich vernachlässigt. So fanden die Araber Gelegenheit, in Kappadokien und Kilikien ausgedehnte byzantinische Gebiete nahezu mühelos an sich zu reißen (709–711). Das einzig bedeutsame Geschehnis der zweiten Herrschaftszeit Justinians II. bildet der Ausgleich mit der römischen Kurie im Streit um das *Quinisextum* (710). Das ungezügelte Morden des Monarchen beschwor schließlich eine Revolte der kaiserlichen Streitkräfte herauf, die den Armenier Bardanes auf den Schild hoben. Bardanes erschien mit einer Flotte vor der Hauptstadt. Ohne Mühe fiel Konstantinopel in die Hand der Aufrührer. Justinian und der junge Thronfolger Tiberios wurden beseitigt. Mit ihnen war die herakleianische Dynastie, die ein Jahrhundert lang Byzanz beherrscht hatte, untergegangen.

Bardanes, der sich selbst gräzisierend Kaiser Philippikos (711–713) benannte, zeigte sich unfähig, seinen politischen Triumph auszuspielen: bar aller Herrscherfähigkeiten sah er in dem hohen Amte eine willkommene Möglichkeit, die Freuden des Lebens zu genießen. Dringende politische Forderungen der Stunde, wie die Reform des Heerwesens, wurden versäumt, obschon die außenpolitische Situation eine ernste Bedrohung des Staates schuf: der Bulgarenchan Tervel spielte sich als Rächer des gestürzten Justinian auf, drang in Thrakien ein, ja stieß bis zum Bosporus vor. Zugleich erneuerten sich die arabischen Einfälle in Anatolien, islamische Eroberer drangen bis nach Pisidien vor. Die neuen kriegerischen Verwicklungen sahen Byzanz völlig unvorbereitet, unfähig zur Gegenwehr. Der Kaiser bekannte sich zum Monotheletismus und ließ die Akten des 6. Ökumenischen Konzils öffentlich verbrennen. Die Amtsenthebung des orthodoxen Patriarchen Kyros raubte ihm den Rückhalt in der Aristokratie wie nicht minder im gläubigen Volke; wachsende Unzufriedenheit ergriff auch die Armee. Die nach Thrakien verlegten Truppen des Themas Opsikion zettelten eine Verschwörung an, die den Kaiser im Juni 713 vom Thron stieß.

Nur ein kurzlebiges Intermezzo blieb die Regierung Kaiser Anastasios' II. (713–715). Anastasios ging aus der byzantinischen Beamtenschaft hervor und hatte es vor seiner Erhebung bis zur angesehenen Würde eines *protasekretis* gebracht. Der neue Herrscher distanzierte sich unverzüglich von der Kirchenpolitik seines Vorgängers: der Monotheletismus hat seit Anastasios für dauernd staatliche Förderung verloren. Da die arabischen Einfälle in Anatolien ernsteste Befürchtungen für die Sicherheit Konstantinopels hegen ließen, wurde die Verteidigungsbereitschaft der Hauptstadt fühlbar gestärkt. Die Gefahren von seiten der arabischen Flotte gedachte der Monarch durch einen Präventivschlag zu bannen. Doch kam es dazu nicht mehr, weil die Matrosen meuterten und einen Kaiser ihrer Gunst in Gestalt des Steuerbeamten Theodosios aus Adramyttion auf den Schild erhoben. Obschon der Kandidat heftig widerstrebte, wurde er von den Aufständischen, die durch Verrat in die Hauptstadt gelangten, mit Gewalt auf den Thron gesetzt, Anastasios zur Abdankung und Annahme des Mönchskleides genötigt.

Ähnlich seinen beiden Vorgängern war der neue Kaiser mit Hilfe des Militärs auf den Thron gekommen. Abermals waren die Opsikianer die Anstifter der Revolte gewesen. Verkörperte Anastasios II. eine kraftvolle Herrscherpersönlichkeit, die an dem inneren Hader des Reiches scheiterte, so blieb Theodosios III. nur eine politisch unerfahrene Schattenfigur. Gleich den vorauf regierenden Kaisern wurde der neue Herrscher von den inneren Entwicklungen rasch überrollt: der ehrgeizige Stratege des Themas Anatolikon, Leon, verbündete sich mit der Truppe des Themas Armeniakon und erschien mit einem Heere am Bosporus. Angesichts der Übermacht der Aufrührer entsagte Theodosios der Kaiserwürde. Der Staatsstreich verlief ohne Blutvergießen. Mit dem Thronwechsel ging eine Ära politischer Schwäche zu Ende. Schon unter Anastasios II. hatte sich eine neue militärische Auseinandersetzung mit den Arabern angekündigt. Der neue Kaiser, Leon III. (717–741), hatte in den Kämpfen um Amorion bereits erste strategische Erfahrungen in einer Zeit neuer arabischer Expansion gesammelt. Wenn diese kraftvolle Persönlichkeit im März 717 den Thron bestieg, so war dies für Byzanz ein historischer Glücksfall und ohne Zweifel von entscheidender Bedeutung für den Ausgang der nahenden Ereignisse.

Die Ära des Bilderstreits: Mehr als 40 Jahre waren vergangen, seit die Araber zur See und zu Lande einen gewaltigen Angriff gegen Konstantinopel vorgetragen hatten. Gestützt auf eine Kette von Flottenstützpunkten in der Ägäis hatten sie zu Zeiten Konstantins IV. in den Jahren 674–678 immer wieder die Bollwerke der Hauptstadt zu berennen vermocht; sie hatten der byzantinischen Flotte schwere Gefechte vor den Ufern Konstantinopels geliefert. Nunmehr wiederholte sich das Geschehen der siebziger Jahre des 7. Jh. Den Versuch Kaiser Anastasios' II., die Initiative in den Kämpfen an die Byzantiner zu bringen und den Angriff ins Feindesland zu tragen, hatte die Revolte der Opsikianer im Jahre 715 vereitelt. Der neue Kaiser hatte als Feldherr in Anatolien die neue militärische Situation aus unmittelbarer Berührung mit dem Feinde kennengelernt. Die neue Offensive gegen die Hauptstadt des Reiches kam nicht unerwartet, doch zu früh: fünf Monate nach dem Regierungswechsel fand sich im August 717 Byzanz erneut von einer orientalischen Flotte und einem Belagerungsheer umzingelt. Wiederum erwiesen sich die Mauern für den Feind als unbezwingbar. Der Einsatz des griechischen Feuers sicherte im Seekrieg den Byzantinern eine entscheidende waffentechnische Überlegenheit. Ohne Zweifel war auch das Glück mit den Byzantinern im Bunde: durch einen ungewöhnlich harten Winter wurden die Reihen der Belagerer gelichtet, ebenso durch die unerwarteten Überfälle bewaffneter bulgarischer Scharen. Im August 718 mußten die Belagerer die Sinnlosigkeit ihres Unterfangens erkennen. Das Kaiserreich war gerettet, der Sprung nach Europa blieb dem Islam versagt. Freilich lebte der Landkrieg in Kleinasien nach kurzer Pause seit 726 wieder auf. Erst der Sieg Leons bei Akroinon (740) setzte der Phase ständigen Besitzwechsels in Anatolien ein Ende. Für Byzanz vorteilhaft erwies sich das Bündnis mit den Chazaren, die immer wieder über den Kaukasus in arabisch beherrschte Gebiete vorstießen. In die Ära Leons fallen wichtige innenpolitische Reformen: die bedeutendste rüttelte an der bisherigen provinzialen Gliederung des Staates. Der Sturz der Kaiser Philippikos (713) und Anastasios II. (715) war von den Truppen kleinasiatischer Themen ausgegangen; nicht anders verlief der Aufstieg und die Usurpation Leons III. selber, der getragen von der militärischen Macht der Themen Anatolikon und Armeniakon im Kampf gegen Theodosios III. an die Macht gelangte. Es war an der Zeit, den Einfluß aufwieglerischer, übermächtiger Militärs im Staate einzudämmen. Wohl zu diesem Zwecke hat Leon das gewaltige Gebiet des kleinasiatischen Themas Anatolikon in die kleineren Themen Thrakesion und das verkleinerte Anatolikon zerschlagen. Wahrscheinlich gleichfalls in die Zeit Leons III. fällt auch die Zerstückelung des Themas Karabisianon, das die Seestreitkräfte des Reiches beherbergte. Wegen seiner *Ekloge* (dt. 'Auswahl') (Veröffentlichung 726) ging der Kaiser als Reformer geltenden griechisch-römischen Rechts in die Geschichte ein. Im Widerspruch zu ihrem Titel verkörpert die *Ekloge* indes nicht eine bloße Sammlung des bis dahin gültigen Zivil- und Strafrechts, sondern schafft vielmehr auch zahlreiche

Änderungen, die einen starken Einfluß des Gewohnheitsrechts, aber auch des Orients offenbaren. Die breitgestreute Palette nunmehr gesetzlich verankerter grausamer körperlicher Strafen atmet den Geist einer erschreckenden Verrohung, die sich aus den nicht enden wollenden äußeren Kämpfen und inneren Krisen zweier voraufgehender Jahrhunderte erklärt. Die Ekloge verkörpert andererseits einen unleugbaren Fortschritt im Bereich des Familienrechts, wenn ihre Vorschriften die aus dem altrömischen Rechte übernommene dominierende Rolle des Vaters und Ehegatten zugunsten einer gleichmäßigen Verteilung von Rechten und Pflichten beseitigte. Die langwierigen und schweren kriegerischen Verwicklungen mit den Arabern hatten die Staatskasse erschöpft. Der Kaiser verstand es, durch eine energische Steuerpolitik die Leistungsfähigkeit des Staates wiederherzustellen. So wie sich der Herrscher durch den erfolgreichen Kampf gegen die Araber und durch die Neugliederung der Themen um den byzantinischen Staat verdient gemacht hat, so hat er andererseits durch die Entfachung des Bildersturms neue tiefe religiöse Unruhe und leidenschaftliche Kämpfe in das Reich getragen. Mit seiner Thronbesteigung gelangte wie einst mit Kaiser Zenon (474/75, 476/91) wiederum ein Isaurier auf den Thron. Leon stammte aus dem nach dem Verluste Syriens und Armeniens östlichsten Reichsteil, aus einer Gegend, die in den schweren dogmatischen Kämpfen des 5./7. Jh. eine Hochburg der Monophysiten gewesen war. Unter dem Einfluß des Nahen Orients stellten sich hier nicht wenige religiös-dogmatische Probleme anders als im weniger spekulativ bestimmten Westen. Der religiöse Friede, der mit dem 6. Ökumenischen Konzil (680/81) in der östlichen Christenheit Einzug gehalten hatte, ging schon viereinhalb Jahrzehnte später für ein Jahrhundert verloren. Für das Verständnis der Bedeutung des religiösen Bildes im östlichen Christentum scheint es wesentlich, sich den Unterschied gegenüber der abendländischen christlichen Bildertheologie zu verdeutlichen: das westliche Christentum hat seit den Tagen der Urkirche über Spätantike und Mittelalter hinweg bis zur frühen Neuzeit das Bild, sei es Mosaik, Fresko,

Ölgemälde, in Stein gehauenes Relief, Statue oder symbolhafte Darstellung in Metall oder Holz, ohne Anstoß zu nehmen, in den Dienst seines Kultes gestellt, als Mittel der Veranschaulichung, Erinnerung, zur Weckung religiöser Ergriffenheit, als Bibelersatz für die des Lesens unkundigen Gläubigen aus dem niederen Volke, mit anderen Worten als Instrument der Katechese, um nur einige Verwendungsmotive zu benennen. Erst in der Reformation lassen sich im Abendlande ausgedehntere bilderfeindliche Strömungen erkennen, deren Nachwirkung bis in die Gegenwart reicht. Für den christlichen Orient bedeutet das Bild (griech.: *eikon*, daher 'Ikone') zu allen Zeiten mehr als nur eine künstlerische Erinnerungshilfe. Das spekulative Denken wähnte den Gegenstand der Abbildung, sei es Christus, Maria oder ein Heiliger, als realpräsent, wo immer ein derartiges religiöses Bild angebracht war. Diese Grundhaltung gegenüber Schöpfungen darstellender Kunst war nicht etwa eine isoliert östlich-christliche Auffassung, war vielmehr Ausdruck eines gemein-orientalischen Empfindens. Eine derartige Auffassung war einerseits eine Quelle religiöser Leidenschaft und Inbrunst, sie weckte andererseits indes eine ebenso leidenschaftliche Gegnerschaft vorab in den Kreisen nüchtern intellektuell orientierter Theologen. Wenn der Islam schon früher die religiöse Bilderverehrung verbot, so ist auch dieses Vorgehen erst aus beiden religiösen Grundhaltungen tiefer zu begreifen. Bilderfeinde hatte es in Byzanz schon vor der Regierung Leons III. gegeben, namentlich im Klerus Anatoliens. Der Bischof Konstantin von Nakoleia war ihm mächtigster Wortführer. Die Belagerung Konstantinopels und der Ausbruch neuer Feindseligkeiten auf dem arabischen Kriegsschauplatz haben sicherlich den Ausbruch des religiösen Zwists um einige Jahre hinausgezögert. Die Motive für das Vorgehen des Kaisers waren schon den Zeitgenossen nicht ganz klar. Am wahrscheinlichsten dünkt die Annahme, daß der Herrscher sich dem lebendigen kulturellen Einfluß der arabischen Welt, der im Gefolge der weit nach Westen vorgetragenen Eroberungszüge in byzantinisch beherrschte Gebiete gelangte, bei der Bildung seiner religiösen Vorstellungen nicht gänzlich zu entziehen vermochte. Der Kaiser trug seine bilderfeindliche Propaganda zunächst persönlich in öffentlicher Predigt vor. Als wenig später auf sein Geheiß die vom Volke verehrte Christusikone am Bronzetor des Palastes entfernt wurde, brach offener Aufruhr in der Hauptstadt aus. Das Vorgehen des Herrschers dürfte mit entscheidend für die Erhebung des Agallianos in Griechenland gewesen sein (727); doch scheiterte der Versuch der Aufrührer, Konstantinopel zu nehmen. Umsonst versuchte Leon sich das Einvernehmen des Patriarchen von Konstantinopel und des Papstes zu sichern. Patriarch Germanos zog es vor, auf den Bischofsthron der Hauptstadt zu verzichten, um den kaiserlichen Maßnahmen nicht die kirchliche Sanktion gewähren zu müssen (730). Leon ließ sich durch die Ablehnung seiner Pläne seitens der kirchlichen Autoritäten nicht beirren: ein kaiserliches Edikt vom Januar 730 befahl die Vernichtung aller sakralen Bilder. Stürme der Erregung rief das Vorgehen der Krone vor allem in Italien hervor. In den noch byzantinisch beherrschten Städten tobte der Aufruhr. Die Weigerung Papst Gregors III., die kaiserliche Verordnung anzuerkennen, beantwortete Leon mit der Entsendung einer Strafexpedition, doch erreichte die Flotte, in schweren Seesturm geraten, die Küsten Italiens nie. Die Maßnahmen des Kaisers haben in Italien die Stellung der langobardischen Herrschaften stark gekräftigt, die eigenen Positionen jedoch empfindlich geschwächt. Fern vom religiösen Kampffeld und unerreichbar für den kaiserlichen Zorn ließ der berühmte Theologe Johannes von Damaskus seine Schriften in die griechische Welt hinausgehen, in denen die Bilderverehrung verteidigt und zugleich eine Theologie der Bilder entworfen wurde, die auf die Dogmatik der Ostkirche entscheidenden Einfluß bis zur Gegenwart gewann. Der Kaiser hinterließ bei seinem Tode einen nach außen hin gekräftigten, religiös aber tief zerrissenen Staat. Schon im März 720 hatte der Monarch die dynastische Nachfolge mit der Krönung seines Sohnes Konstantin entschieden; im Juni 741 bestieg der Prinz den Kaiserthron.

Die bilderfeindliche Haltung teilte Konstantin V. (741–75) mit seinem Vater. Sie bildete für Artabasdos, den Schwager des neuen Kaisers und Gatten der Tochter Leons, einen willkommenen Vorwand, sich gegen die Zentralgewalt zu erheben: der Feldzug Konstantins gegen die Araber im Frühjahr 742 verschaffte ihm die Gelegenheit, den Herrscher in Anatolien zu überfallen und zu schlagen. Den siegreichen Rebellen öffneten sich wenig später die Tore Konstantinopels. Artabasdos bestieg den kaiserlichen Thron. Die bilderfeindlichen kaiserlichen Verordnungen wurden außer Kraft gesetzt. Konstantin V. rettete sich ins anatolische Amorion. Sein Sieg über den Usurpator im Mai 743 bei Sardeis brachte den Umschwung zu seinen Gunsten, aber erst im darauffolgenden November vermochte Konstantin wieder in Konstantinopel Einzug zu halten. Im Kampf mit den Arabern war schon unter Leon III. seit dem Jahre 740 für längere Zeit Ruhe eingetreten. Seit dem Jahre 746 eröffneten die Byzantiner eine Gegenoffensive, die bis ins nördliche Syrien führte. Die arabische Flotte erlitt vor Zypern eine schwere Schlappe (747). Im Jahre 752 drangen byzantinische Truppen bis nach Armenien vor. Entscheidend zur Veränderung der politischen Verhältnisse an der Ostgrenze trug ein Machtwechsel im Orient bei: der letzte Umajadenkalif Merwan II. wurde im Jahre 750 aus Damaskus vertrieben. Die Dynastie der Abbasiden trat ihre politische Nachfolge an. Mit der Verlegung der Residenz nach Bagdad rückte Anatolien aus dem engeren Blickfeld der arabischen Welt.

Die bulgarische Gefahr: Das Gewicht byzantinischer Außenpolitik verlagerte sich wieder nach Europa. Weit empfindlicher als durch die nachlassenden Kämpfe im Osten wurde das byzantinische Reich im ersten Jahrzehnt der Regierung Konstantins von einer furchtbar wütenden Pest getroffen, die insbesondere in der Hauptstadt und in den den Byzantinern ergebenen europäischen Landstrichen eine schreckliche Ernte hielt. Kurz nach der Mitte der fünfziger Jahre des 8. Jh. beginnen die Bulgaren, die schon früher, zur Zeit der Belagerung

Konstantinopels, die byzantinische Grenze überschritten hatten und damals zu entscheidendem Vorteil der Hauptstadt die arabischen Belagerer überfielen, militärischen Druck auf Thrakien auszuüben (756). Erst im Jahre 763 entschied eine gewaltige Schlacht nahe Anchialos zugunsten der Byzantiner. Innere Wirren in Bulgarien befreiten Byzanz für ein Jahrzehnt von der Bedrohung aus dem Norden. Mit dem Jahr 772 lebte nach der Thronbesteigung des Chans Telerig der Konflikt erneut auf und beschäftigte Kaiser Konstantin V. bis zu seinem Tode (September 775). Während im Osten und auf dem Balkan die energische Wahrung der byzantinischen Interessen die Gefahren für den Bestand des Reiches bannte, nahm die Entwicklung auf dem Boden Italiens unter Konstantin V. einen ungünstigen Lauf.

Der Aufstieg des Frankenreichs: Schon unter Leon III. hatten die langobardischen Fürstentümer eine Stärkung ihrer Positionen aus dem religiösen Hader zwischen Rom und Konstantinopel gezogen. Kaiser Konstantins V. Außenpolitik hat die byzantinischen Interessen in Italien sträflich vernachlässigt. Die Langobarden vermochten unter dem energischen König Aistulf ohne harte Gegenwehr das byzantinische Exarchat Ravenna zu erobern (751) und wandten sich dann gegen den unteritalienischen byzantinischen Dukat. Das so neu entstandene politische Übergewicht der Langobarden bewog Papst Stephan zu einer Annäherung an das Frankenreich. Der Papst trug König Pippin den Titel eines *Patricius Romanorum* an. Die Erwartungen, die das Papsttum an die Allianz mit dem Frankenreich geknüpft hat, haben sich voll verwirklicht. Wenn der Bischof von Rom nach dem Verluste des kaiserlichen Schutzes auf der Suche nach einer neuen weltlichen Schutzherrschaft für den Stuhl Petri eine byzantinische höfische Würde an Pippin verlieh, so geschah dies sozusagen aus eigener Machtvollkommenheit des Papstes. Die Usurpation des Titels *Patricius* ist indes nicht als Herausforderung Konstantinopels zu verstehen. Die Verleihung des Patriciustitels an Pippin leitet ein politisches Zusammenspiel zwischen dem Papsttum und dem Frankenreich ein, das ein halbes Jahrhundert später unter Karl dem Großen in der Schaffung eines mit Byzanz konkurrierenden abendländischen Kaisertums gipfelte. Der Zwist mit dem Stuhl von Rom bot dem byzantinischen Kaiser den Vorwand, das balkanische Illyricum und die noch dem Reiche zugehörigen unteritalienischen Besitzungen Siziliens und Kalabriens dem Sprengel von Konstantinopel zuzuschlagen und so den kirchlichen Einflußbereich der Bischöfe von Rom erheblich zu schmälern. Diese Entscheidung wirkt auf dem Balkan noch bis zum heutigen Tage nach: wenn heute eine serbische orthodoxe Kirche ein reges Wirken entfaltet, so ist dies letztlich der 1200 Jahre zuvor gefällten kaiserlichen Order zuzuschreiben.

Unter Konstantin hat der Bilderstreit im byzantinischen Reich seinen Höhepunkt erlangt. Die Schärfe religiöser Kämpfe und grausamer Menschenjagd erinnert an die blutigen Christenverfolgungen der Antike. In der Methode greift das Vorgehen Konstantins V. auf die Linie seines Vorgängers Leon III. zurück: dem Herrscher war bewußt, daß die westlichen und balkanischen Reichsprovinzen allen bilderfeindlichen Maßnahmen von vornherein ablehnend gegenüberstanden. Wollte er seine Vorstellungen verwirklicht sehen, so schien ein behutsames Handeln unabdingbare Voraussetzung. Gleich Johannes VI. Kantakuzenos im Kampfe für den Palamismus im 14. Jh. hat Konstantin die Sicherung seines Programms auf dem Umweg über die klug ins Spiel gebrachte Verteilung der Bischofsstühle unter die Parteigänger der Krone personalpolitisch vorbereitet. Die Prälaten seines Vertrauens sollten auf einem Konzil die Ziele des Herrschers für alle Christen verbindlich festlegen. Danach eröffnete sich für die Exekutive die aussichtsreichste Chance, mit Hilfe staatlicher Gewalt die dogmatischen Verfügungen der Hierarchie in die Tat umzusetzen. Der Kaiser griff selbst in die literarische Diskussion der Bilderfrage mit zahlreichen Traktaten ein. Zugleich überflutete eine rege bilderfeindliche Propaganda das gesamte Reich. Im Februar 754 vermochte der Herrscher, nach der Säuberung der kirchlichen Hierarchie von bilderfreundlichen Bischöfen, in Hiereia eine Synode zu eröffnen, die den dogmatischen Wünschen der Krone nachkam, die Bilderverehrung verwarf und ihre Anhänger mit dem kirchlichen Bann bestrafte. Ihr prominentestes Opfer war Patriarch Germanos von Konstantinopel; statt seiner bestieg nunmehr ein Ikonoklast in der Person des Bischofs Konstantin den Thron. Im Vollzug der Konzilsentscheidungen brach über das Reich ein leidenschaftlicher Bildersturm herein, der zur allgemeinen Entfernung kirchlicher Ikonen, Mosaiken und Statuen führte. An ihre Stelle traten wie im religiösen Kult des Islam Ornamentik, aber auch Bilder des Herrschers. Gemälde weltlichen Inhalts hielten auch in den Gotteshäusern ihren Einzug. Eine unbeugsame Gegnerschaft erwuchs Konstantin V. von seiten des byzantinischen Mönchtums. Der Kaiser antwortete mit einer erbitterten Verfolgung des Mönchsstandes. Die Mönche der Hauptstadt sahen sich öffentlicher Verspottung durch den vom Kaiser im Hippodrom versammelten Pöbel ausgesetzt. Der religiöse Kampf erhitzte sich bis zur Beschlagnahme und Enteignung klösterlichen Besitzes. Das Vorgehen des Herrschers entglitt immer mehr jeglicher Mäßigung. Die bilderfeindliche Bewegung machte schließlich nicht einmal vor der Marienverehrung Halt. So sich Gelegenheit bot, entzogen sich die Bilderfreunde dem Zugriff des Kaisers durch die Flucht nach Italien. Auf dem Boden Apuliens und Kalabriens erlebten griechisches Mönchtum und Bilderverehrung eine neue, ungeahnte Blüte. Dem innenpolitisch glücklosen Herrscher trug sein religiöser Fanatismus bei Zeitgenossen und Nachfahren den Schmähnamen *Kopronymos* (der 'Unflätige') ein. Sein Tod bedeutete zwar nicht das Ende, wohl aber ein entscheidendes Nachlassen des leidenschaftlichen religiösen Haders.

Die Herrschaft übernahm der Sohn Konstantins V., Leon IV. (775–780). Gleich seinem Vater rechnete auch er sich zu den Bildergegnern; aber Leon zeigte sich gemäßigter und nahm dem Zwist die in den letzten Regierungsjahren Konstantins überschäumende, emotionale Schärfe. Unzweifelhaft wirkte auf den Kaiser seine Gattin Eirene, eine Bilderfreundin, ein, die später in den Besitz der Alleinherrschaft im Kaiserreich gelangen und dem Wüten gegen Bilder und Bilderverehrer ein Ende bereiten sollte. Die Verfolgung der Mönche hatte ein Ende. Allerdings kam es auch während der Regierung Leons zu wiederholten Maßregelungen prominenter Bilderfreunde. Das wichtigste außenpolitische Ereignis dieser Jahre bildete Leons Expedition gegen die Araber im Jahre 778. Die Byzantiner drangen dabei bis in die Gebiete des nördlichen Syrien vor. Auch die beiden darauffolgenden Jahre waren von neuem Kampfeslärm in Anatolien erfüllt, ohne daß Byzantiner oder Araber entscheidende Vorteile errangen. Kränklichkeit veranlaßte den Monarchen, schon bald die Regelung der Nachfolge zu sichern. Der Herrscher überging seine Brüder, wenn er seinen Sohn Konstantin VI. mit Zustimmung von Senat, Heer und Volk zum Mitkaiser erheben ließ (776).

Konstantin gelangte im September 780 im Alter von zehn Jahren zur Herrschaft. Die tatsächliche Gewalt im Staate übte die Mutter des Thronfolgers, Eirene, aus. Ihr grenzenloser politischer Ehrgeiz sollte dem Herrscher später die Krone rauben. Dank Eirenes Einfluß nahmen nunmehr Bildersturm und religiöse Verfolgung im Reiche ein Ende. Ähnlich wie Konstantin V. seine religiöse Agitation gegen die Bilder über eine Umbildung der kirchlichen Hierarchie vorbereitet hatte, leitete auch Eirene ihr gegenläufiges kirchenpolitisches Programm mit der Neubesetzung des Patriarchats von Konstantinopel ein: der neue Patriarch von Konstantinopel, Tarasios (seit 784) bereitete jene Kirchenversammlung vor, welche als 7. Ökumenisches Konzil in die Geschichte der Christenheit eingegangen ist (786/787). Die Synode begann mit einem unerwarteten Tumult: Soldaten der höfischen Garde drangen in die Apostelkirche Konstantinopels ein und nötigten die Prälaten zu wilder Flucht; erst im Mai des darauffolgenden Jahres konnte sich das Konzil in Nikaia erneut zur Beratung der Bilderfrage konstituieren. Innerhalb weniger Wochen wurde die Konzilsthematik erschöpfend verhandelt. Kluge Diplomatie verbot, neue religiöse Wunden zu schlagen; gegen den Widerstand des Mönchtums ebnete man den Bilderfeinden den Weg zurück in die Reihen der Rechtgläubigen; die Rolle des Bildes im christlichen Kulte wurde im Sinne des Johannes von Damaskos dogmatisch entschieden: nicht dem Bilde selbst, sondern dem dargestellten Heiligen gelte die Verehrung (griech.: *proskynesis*). Von dieser schied die Synode die Anbetung (griech.: *latreia*), die als nur Gott gegenüber angemessen erklärt wurde. Der Kampf gegen die Bilder wurde als Irrlehre verdammt.

So wie die achtziger Jahre des 8. Jh. innenpolitisch von der Beendigung des Bilderstreites einen dominierenden Akzent empfingen, so standen die neunziger Jahre im Zeichen des Kampfes um die Alleinherrschaft zwischen Kaiser Konstantin VI. und seiner ehrgeizigen Mutter Eirene. Die Kaisermutter zeigte sich auch, als der junge Kaiser mündig geworden war, nicht gewillt, der Regentschaft zu entsagen. Zunächst vermochte Eirene die Fäden des politischen Spiels in ihrer Hand zu behaupten, obwohl sich eine starke Gegnerschaft in den Reihen der Bilderfeinde gegen sie geformt hatte. Die Ikonoklasten erhofften sich von einem Machtwechsel in Konstantinopel eine Änderung auch des kirchenpolitischen Kurses. Wenig später konnte Eirene, ungeachtet des ihr geleisteten Treueeides, das Heer nicht an der Erhebung Konstantins hindern (Herbst 790). Ihr politischer Einfluß schien zeitweise für immer verloren. Schwere Fehler Konstantins, der sich als kraftloser Herrscher erwies, stärkten aber schon bald erneut das Ansehen Eirenes im politischen Leben. Sie wußte zudem die Partei der Bilderfreunde auf ihrer Seite. Die Ikonoklasten setzten nunmehr ihre Hoffnung im Kampf gegen Eirene nicht mehr auf Konstantin VI., sondern in die Person des Caesar Nikophoros, eines Sohnes Kaiser Konstantins V., doch schlug Konstantin VI. die Revolte grausam nieder. Sein herrscherliches Prestige verlor zusehends noch durch militärischen Mißerfolg und die in den Augen der Orthodoxie schimpfliche Trennung von seiner Gattin Maria, die er unter dem Einfluß Eirenes geehelicht hatte. Als der Herrscher bei der Heirat seiner zweiten Gemahlin Theodote ein betont höfisches Gepränge entfaltete, empörte sich die Öffentlichkeit. Das Mönchtum betrachtete das Vorgehen des Kaisers als Ehebruch (griech.: *moichos*) und lehnte sich gegen die Krone auf. Der religiöse Zwist führte zu einer tiefen Entfremdung auch zwischen dem Mönchtum und der kirchlichen Hierarchie Konstantinopels, da Patriarch Tarasios sich der zweiten Eheschließung Konstantins nicht widersetzt hatte. Für die Usurpation der Alleinherrschaft durch Kaiserin Eirene war seit langem ein guter Nährboden geschaffen, als der Kaiser im August 797 auf Befehl seiner eigenen Mutter geblendet wurde. Religiöser Streit und innerer Machtkampf haben zu einer Vernachlässigung der außenpolitischen Gefahren der Zeit geführt: in Anatolien lebten schon seit dem Beginn der Regentschaft Eirenes die wechselvollen Kämpfe mit den Arabern wieder auf und zeitigten nach anfänglichen Erfolgen im Jahre 782 eine schwere Niederlage der Byzantiner: Byzanz wurde den Muslims tributpflichtig, doch auch die jährlichen Zahlungen an den Kalifen von Bagdad schützten nur vorübergehend vor weiterer Verunsicherung Anatoliens. Seit dem Regierungsbeginn des mächtigen Harun Al-Raschid (786–809) erneuerten sich die islamischen Einfälle in Kleinasien; erst der Friede vom Jahre 798 schenkte den gequälten kleinasiatischen Themen abermals um das Opfer tributärer Leistungen an die Abbassiden von Bagdad für vier Jahre Ruhe, nachdem die Araber zuletzt bis nach Ephesos vorgedrungen waren. Schwere Niederlagen mußten die Byzantiner auch auf dem Balkan im Kampf gegen die neu erstarkten Bulgaren hinnehmen, seit der Bulgarenchan Kardam (777– ca. 803) eine neue Phase bulgarischer Eroberungspolitik eröffnete. Im Jahre 789 führte ein Einfall im Thema Thrake zu einer vernichtenden Niederlage der Byzantiner. Die Expeditionen Konstantins VI. in den Jahren 791 und 792 endeten erneut mit empfindlichen Schlappen. Auch den Bulgaren wurde Byzanz Ende des 8. Jh. tributär.

Das herrscherliche Wirken der Kaiserin Eirene (797–802) entbehrt nach außen hin jeglicher Konzeption. Nicht genug damit, hat die Kaiserin, die als einzige Vertreterin weiblichen Geschlechts innerhalb der byzantinischen Geschichte die Rolle eines 'Hauptkaisers' erlangt hat, auch das finanzielle Rückgrat des Staates durch eine gefällige Steuerpolitik erschüttert. Das höfische Geschehen war von dem politischen Spiel der rivalisierenden Eunuchen Staurakios und Aetios bestimmt.

Die Geburt des abendländischen Kaisertums – Karl der Große: Das eigentliche, weltgeschichtliche Ereignis der Regierung Kaiserin Eirenes kam auf Byzanz von außen zu, ohne daß der Hof von Konstantinopel auf den Gang der Ereignisse Einfluß zu nehmen vermochte: schon seit Mitte des 8. Jh. hatten die Frankenkönige, seit Papst Stephan König Pippin den Titel eines Patricius Romanorum angetragen hatte und um Hilfe gegen die Langobarden angegangen war, als weltliche Schutzherrn der römischen Päpste fungiert. Die Ausübung der Kaiserherrschaft durch eine Frau bot Papst Leo III. hinreichenden Vorwand, um aus der Lage im Osten eine Vakanz des legitimen Kaisertums künstlich herzuleiten: wenn nach weitverbreiteter Auffassung im Osten und Westen eine Frau für die politische Rolle kaiserlichen Herrschens als nicht geeignet galt, so war der Weg frei, einer illegitimen Kaiserin einen legitimen Kaiser im Westen gegenüberzustellen. Die byzantinisch-päpstlichen Beziehungen boten seit geraumer Zeit dank vielfacher Verstimmung genügend Anlaß, um einen derart feindseligen, Byzanz herausfordernden Akt vorzunehmen: Rom beharrte noch immer auf der Wiederherstellung seiner kirchlichen Aufsicht über Unteritalien, Sizilien und das Illyricum; die Bischöfe von Konstantinopel nannten sich seit kurzem anmaßend ökumenische Patriarchen; die Stimme der Päpste wurde im Osten schlankweg ignoriert. Eine politische Bedrohung der Bischöfe von Rom von seiten der Kaiser war seit dem merklichen Schwinden byzantinischer Macht in Italien nicht mehr zu befürchten. In dieser politischen Situation vermochte Papst Leo III. am 25. Dezember 800 in der Peterskirche zu Rom dem Frankenkönig Karl dem Großen ungestraft die Kaiserkrone aufzusetzen. Der fränkische Herrscher zeigte sich von dem Vorgehen des Papstes zunächst völlig überrascht, nahm dann aber die ihm zugefallene Machtüberhöhung wahr. Wie in der Spätantike existierten damit wiederum zwei Kaiserreiche; waren es aber im 4. und 5. Jh. zwei römische

Teilreiche, die aus der gleichen Wurzel und einem Reichsverband hervorgegangen waren, so bildeten nunmehr völlig verschiedenartige politische Voraussetzungen die Grundlage zweier konkurrierender europäischer Kaiserreiche, die fortan bis zum Untergang des byzantinischen Reiches im Jahre 1453, zumeist einander feindlich gesinnt, nebeneinander bestanden. Das abendländische Kaiserreich war zum Zeitpunkt seiner Entstehung zum bedeutendsten Machtfaktor auf dem Boden Europas herangewachsen: im Osten reichte sein Einfluß nach der Zerstörung des Awarenreiches bis in die ungarische Tiefebene, weiter nördlich nach Unterwerfung der Sachsen bis an die Elbe, im Westen an den Atlantik. Es berührte die Pyrenäen und dehnte nach der Vernichtung des Langobardenreiches seine Macht bis in die Poebene aus. Gleichwohl vermochte der westliche Kaiser zunächst nicht die nötige Anerkennung seines Kaisertums durch Byzanz durchzusetzen. Eine fränkische Gesandtschaft schlug nach dem Bericht des byzantinischen Geschichtsschreibers Theophanes angeblich Kaiserin Eirene sogar eine Heirat mit Karl dem Großen vor, um auf diese Weise die Legitimation Karls als Kaiser zu erreichen. Bald darauf verlor die Kaiserin durch eine Revolte den Thron (Oktober 802). Erst der schwächliche Kaiser Michael I. (811/813) fand sich zu einer Anerkennung des westlichen Kaisertums bereit (812), freilich mit dem einengenden Zusatz *Phrangon* (d. h. Kaiser 'der Franken'). Als universales, römisches Kaisertum hat der Osten das Westreich niemals legitimiert. Unbeschadet dessen hat sich indes die westliche Kaiseridee zu einem universalen, auf die Nachfolge Roms ausgerichteten politischen Weltherrschaftsgedanken ausgeprägt, stark beeinflußt vom byzantinischen Hofleben und Zeremoniell. Mit der Verschärfung der religiösen Gegensätze zwischen Rom und Konstantinopel übernahm das westliche Kaisertum zu seiner weltlichen Schutzherrenrolle auch die Aufgabe eines Hüters der Rechtgläubigkeit, ein politisches Programm, das schon in der Reichspropaganda Karls des Großen anklingt (*orthodoxus imperator*). Dieser politische Anspruch findet später einen Ausdruck in der Formel vom 'Heiligen

Römischen Reich'. Das abendländische Kaiserreich hat bis zu seinem Untergang im Napoleonischen Zeitalter ein Jahrtausend europäischer Geschichte wesentlich mitbestimmt.

Innere Reformen: Im Herbst des Jahres 802 setzt eine Revolte am byzantinischen Hof dem Regime Eirenes ein Ende. Die Herrscherin beschloß ihr Leben wenig später, im August 803, in der Verbannung. Ihr Sturz brachte mit Nikephoros I. (802–11) den ranghöchsten Finanzbeamten auf den Thron, eine starke und gebildete Persönlichkeit, die alsbald ein energisches innenpolitisches Programm entwickelte. Der Herrscher machte die Finanzreform des Staates zum dringlichsten Anliegen seiner Regierung: die Steuernachlässe aus der Zeit Kaiserin Eirenes wurden rückgängig gemacht, die Bevölkerung nach neuen Richtlinien veranlagt. Neben einer allgemeinen Steuererhöhung betrieb Nikephoros mit besonderem Augenmerk Maßnahmen, die dem Staat durch Vermeidung von Steuerausfällen ein Regelmaß an Steuereingängen sicherten. Diesem Zwecke diente insbesondere die Umlage der Steuerschuld auf die zuständige Steuergemeinde, die damit für den Ausfall einzelner Einwohner haftete – ein Steuersystem, das schon in der frühbyzantinischen Ära gehandhabt wurde. Mit dem Erlaß eines allgemeinen Zinsverbots, von dem ausschließlich der Staat ausgenommen war, verschaffte der Monarch der öffentlichen Hand eine zusätzliche Einnahmequelle: allein der Fiskus sollte fortan das Recht genießen, Kreditgeschäfte abzuwickeln, wobei dieses Monopol gleichzeitig zur Erhebung eines teuren Zinssatzes ausgenutzt wurde. Die Verteidigungspolitik Nikephoros' legt ein gesichertes Fundament für den Bestand der Flotte dank ihrer Maßnahmen zur Schaffung neuer Soldatengüter für die Angehörigen der kaiserlichen Marine. Zur Stärkung der Heereskraft wurden die finanziellen Erfordernisse für die Gestellung ärmerer Krieger ersatzweise auf die zuständige Dorfgemeinde umgelegt. Das bewährte Konzept der Reichsverteidigung wird mit der Gründung neuer Themen in den europäischen Besitzungen weiter ausgebaut. So entsteht ein Thema Kephallenia an der Adriaküste; wahrscheinlich wurden auch die Themen Thessalonike und Dyrrhachion um diese Zeit geschaffen. Schon seit dem ausgehenden 8. Jh. hatte Byzanz die Rückeroberung vor vielen Jahrhunderten von den Slawen besiedelter Landstriche Griechenlands, Thrakiens und Makedoniens in Angriff genommen. Nikephoros knüpfte an die expansiven Bestrebungen seiner Vorgänger an. Freilich erlitten die Bemühungen immer wieder Rückschläge; so kommt es im Jahre 805 zu einem gewaltigen Aufstand der Slawen auf der Halbinsel Morea und zur Belagerung von Patras. Um Festigung des byzantinischen Einflusses in den rückgewonnenen balkanischen, noch immer von slawischer Bevölkerung majorisierten Territorien bemühte sich die Umsiedlung erheblicher Kontingente bis dahin in Kleinasien ansässiger Soldaten (um 810).

Die Kirchenpolitik des Heerschers verfolgte den seit längerem traditionell gewordenen bilderfreundlichen Kurs. Gleichwohl geriet der unbequeme, wegen seiner Strenge allgemein unbeliebte Herrscher auch mit dem Klerus, insbesondere mit den Exponenten eines streng asketischen Mönchtums, schon bald in Gegensatz, da Nikephoros einen Laien mit dem Bischofsstuhl der Hauptstadt betraute (806), wenig geschickt den kirchlichen Hader um die Ehe Kaiser Konstantins VI. durch die nachträgliche Sanktionierung (809) neu belebte und zahlreiche Güterschenkungen Kaiserin Eirenes von der Kirche zurückforderte.

Abwehrkampf gegen die Bulgaren: Die Außenpolitik Nikephoros' I. stand unter einem ungünstigen Stern: Venedig und dalmatinischer Besitz des Reiches gelangten unter den Einfluß der fränkischen Könige. Im Jahre 806 vermag ein gewaltiges arabisches Heer unter Harun-al-Raschid weit in Anatolien einzudringen. Auch die Insel Zypern erduldet eine arabische Plünderung. Byzanz kann nur um den Preis jährlichen Tributs mit dem Kalifen Frieden schließen. Noch unglücklicher verläuft die kriegerische Auseinandersetzung mit den Bulgaren: der Versuch der Byzantiner, den Kampf in das Land des Feindes zu tragen, scheitert zunächst (807/08). Im darauffolgenden Jahr vermag der Bulgarenchan Krum den Griechen Serdika zu entreißen; griechische Truppen zerstören im Gegenzug die bulgarische Hauptstadt Pliska (Frühjahr 811). Nikephoros weist das Friedensanerbieten Krums zurück und drängt auf völlige Vernichtung des Gegners; der Vorstoß ins unwegsame Gebirge endet für die Byzantiner mit einer Katastrophe: es gelingt den Bulgaren, ihre Gegner einzuschließen und völlig zu vernichten. Der Kaiser selbst erleidet den Tod (26. Juli 811). Aus seinem Schädel ließ der Chan als Symbol seines Triumphes eine kostbare Trinkschale für höfische Gelage schaffen.

Mit dem Tode Nikephoros' fiel seinem Sohn Staurakios der Thron zu. Indes wurde auch der Thronfolger in derselben Schlacht tödlich verletzt. Staurakios siechte noch mehrere Monate dahin. Das Reich verlangte im Augenblick des Triumphs des Bulgarenchans nach einem entscheidungsfähigen Herrscher. Aristokratie und Heer glaubten dem Wohl des Staates zu dienen, wenn sie über den Kopf des todwunden Staurakios hinweg seinen Schwager Michael auf den Thron erhoben.

Der neue Kaiser offenbarte sich freilich nicht als jene ersehnte kraftvolle Herrscherpersönlichkeit, wie sie der Staat im Augenblick fortgesetzter Bedrohung durch die Bulgaren erwartete. Unentschlossenheit und Nachgiebigkeit prägten ihn zu einem ausgesprochen schwachen Staatsmann.

Die Innenpolitik war von der Macht kirchlicher Kreise bestimmt. Theodoros, der Abt des Studiu-Klosters der Hauptstadt, nahm am Hofe selbst auf zentrale Entscheidungen der Außenpolitik Einfluß. Eine ungünstige Wirkung auf die Verteidigungskraft des Reiches hatte die Vergeudung des Staatsschatzes, den der Monarch freigiebig an Kirche, Adel und Heer verschwendete.

Blieb Karl dem Großen von seiten Nikephoros' I. die ersehnte Anerkennung als Kaiser versagt, so zedierte diese der schwache Michael dem mächtigen Frankenherrscher im Augenblick der ernsten Bedrohung durch die Bulgaren widerstandslos (812). Wenn die byzantinischen Gesandten bei ihrem Besuch in Aachen Karl als *Basileus* titulierten, so hatte dieses Zugeständnis einen motivierenden Hintergrund aber auch in der Besetzung

Venedigs und dalmatinischer Ländereien durch das Frankenreich – Gebiete, die nunmehr nach der Anerkennung Karls an das griechische Reich zurückfielen. Den Gedanken der Weltherrschaft hat Byzanz mit der neuen politischen Konzeption freilich nicht aus der Hand gegeben: wohl wurde Karl als *Basileus,* d. i. 'Kaiser', anerkannt, doch blieb einzig und allein der Kaiser von Konstantinopel auch in Zukunft 'Kaiser der Römer'.

Im Jahre 812 erneuerte Krum die Offensive gegen die Byzantiner und eroberte Develtos und Mesembria. Kaiser Michael neigte unter dem Eindruck der neuen Erfolge des Bulgarenchans zur Annahme eines demütigenden Friedens, gab dann aber dem Drängen des Abtes Theodoros zu einer Entscheidungsschlacht nach. Nahe Adrianopel kam es im Frühsommer 813 zur militärischen Machtprobe. Der Ungehorsam der kleinasiatischen Heereskontingente brachte den Kaiser um Sieg und Thron. Die Revolte vom Juli 813 hob eben jenen Strategen Leon auf den Thron, welcher in der verlorenen Schlacht Kaiser Michael die Unterstützung versagte.

In die Person des harten Kriegers Leon V. (813–20) setzten Aristokratie und Heer ihre Hoffnung für ein Bestehen der bulgarischen Gefahr. Unter dem Eindruck seiner jüngsten Erfolge führte Krum seine Operationen auf thrakischem Boden fort, belagerte Adrianopel und näherte sich unmittelbar nach dem Regierungswechsel in Konstantinopel mit gewaltiger Heeresmacht der byzantinischen Hauptstadt. Der Ansturm auf die Metropole schlug fehl. Als sich die Byzantiner schließlich zu Friedensgesprächen bereit erklären, entrinnt der Chan nur knapp einem von den Griechen inszenierten Attentat. Wenig später fällt Adrianopel in die Hand der Bulgaren. Obschon im Herbst 813 die Byzantiner ihrerseits nahe Mesembria einen bedeutenden Sieg erfochten, erneuert Krum im Jahre 814 den Angriff auf Konstantinopel. Der plötzliche Tod des Chan im April 814 rettet Byzanz unerwartet aus schwerer Gefahr. Zwar folgt auf den Chan mit Omurtag abermals eine kraftvolle Herrscherpersönlichkeit, doch vermochten die Byzantiner mit den Bulgaren um den Preis bedeutender territorialer Zugeständnisse langfristig Frieden zu schließen. Die friedliche Einigung kam den Bulgaren um so gelegener, als der Machtzuwachs des fränkischen Reiches mittlerweile ihre westlichen Gebiete gefährdete. Auch an der anatolisch-arabischen Grenze war Ruhe eingekehrt, seit der mächtige Kalif Harun-al-Raschid verstorben war und innere Unruhen die Kräfte des Kalifats von Bagdad lähmten.

Unter dem armenischen Kaiser erneuerte sich der Kampf um die Bilder nach einer Epoche der Befriedung unter Kaiserin Eirene (787). Freilich fehlte der neuen Auseinandersetzung zunächst die volle Schärfe, da das gläubige Volk an ihr nicht wie einst leidenschaftlichen Anteil nahm. Die Seele der ikonoklastischen Bemühungen bildete der Gelehrte Johannes Grammatikos, der später unter Kaiser Theophilos den Patriarchenthron von Konstantinopel bestieg. Gegen den hartnäckigen Widerstand des amtierenden Oberhirten Nikephoros und des unter Kaiser Michael vormals politisch einflußreichen Abtes Theodoros erstrebte der Herrscher eine neue Synode in Sachen Bilderverehrung. Um den Erfolg der Kirchenversammlung zu sichern, wurde Nikephoros seines Bischofsstuhls enthoben und gleich Theodoros verbannt. In Gestalt des Theodotos Melissenos fand sich ein höfischer Würdenträger für das hohe kirchliche Amt, der im Frühjahr 815 eine Synode einberief, die im Sinne des Kaisers die Bestimmungen des Konzils von 754 verdammte. Die Gegner der Beschlüsse wurden grausam verfolgt. Die Saat des religiösen Haders sollte erst ein Jahrzehnt später, unter Kaiser Theophilos, voll aufgehen.

Die großen äußeren und inneren Ereignisse zeit Leons V. fallen in seine Regierungsanfänge. Nach nur siebenjähriger Regierung setzte ein Komplott seines einstigen Freundes Michael, dessen Anhänger als Kleriker vermummt während der kirchlichen Zeremonien am Morgen des Weihnachtsfestes in die Palastkapelle drangen, seinem Regime ein gewaltsames Ende.

Michael II. (820–829) war gleich Leon ein kleinasiatischer Krieger. Seine Regierung eröffnet die Herrschaft der amorischen Dynastie (820–867). Der Kaiser war kein Mann feiner Gesittung und Bildung; obschon zum Herrscher befähigt, hinderte ihn die Ungunst der inneren Verhältnisse, wichtige Entscheidungen zu verwirklichen. Von den wenigen Jahren seiner Herrschaft füllt allein ein Drittel die blutige Auseinandersetzung mit dem kleinasiatischen Aufrührer Thomas dem Slawen, der unter Ausnutzung der Unzufriedenheit breiter Schichten mit der Steuerpolitik der Krone zeitweise ganz Anatolien an sich riß und vom Patriarchen von Antiocheia die Kaiserkrone aufgesetzt erhielt. Mit Unterstützung eines schlagkräftigen Heeres konnte sich Thomas an die Belagerung Konstantinopels wagen (821/22). Erst im Frühjahr 823 wandten sich die Ereignisse zugunsten des lange Zeit in Konstantinopel eingeschlossenen Michael: der Bulgarenchan Omurtag griff mit seinen Truppen als Verbündeter Michaels auf dem Schlachtfeld vor der Hauptstadt ein und zersprengte den Belagerungsring. Der Usurpator vermochte sich noch fünf Monate hinter den Mauern von Arkadiopolis gegen eine Übermacht zäh zu verteidigen, ehe er in die Hand der Kaiserlichen geriet und ein gewaltsames Ende fand.

Michaels Regierung verfolgt wie die Kaiser Leons V. eine bilderfeindliche Politik, doch hat der religiöse Hader die einstige Schärfe nie erreicht. Die blutige und langwierige Auseinandersetzung mit Thomas hat ohne Zweifel arabische Eroberer ermutigt. Sie setzen sich im 3. Dezennium des 9. Jh. in den Besitz Kretas und vermögen auch auf Sizilien Fuß zu fassen. Eine schlagkräftige Flotte, die einen Gegenschlag wider die arabische Expansion zu See hätte führen können, fehlte. Auch auf dem Balkan traten Rückschläge im Kampf mit den noch immer gegen byzantinische Herrschaftsansprüche aufbegehrenden Slawenstämme ein.

Michaels Sohn Theophilos (829–842) zeigte sich anders als sein Vater aufgeschlossen für Literatur und Bildung und förderte das Geistesleben. Seine staatsmännische Leistung liegt auf dem Feld der inneren Politik: er war es, der die Themenverwaltung nunmehr auch im nördlichen Anatolien und in den auf der Krim liegenden Besitzungen einführte. Theophilos verfolgt einen verschärft bilderfeindlichen Kurs. Die äußeren Ereignisse bringen im Kampf mit den Arabern in Ost und

West empfindliche Rückschläge: auf Sizilien fällt im Jahre 831 Palermo, in Anatolien erleiden die Griechen nach länger hin- und herwogenden Kämpfen im Kampfe mit dem Kalifen Mutasim eine vernichtende Niederlage; die beherrschenden Festungen Ankyra und Amorion gehen verloren. Konstantins V. Restaurationswerk byzantinischer Macht in Ostanatolien und Nordsyrien war weithin vernichtet. Theophilos' Tod setzt eine tiefe Zäsur auch in der östlichen Kirchengeschichte: er blieb der letzte Herrscher, unter dem der Bildersturm noch einmal aufflackerte, grausame Verfolgungen in den Reihen von Klerus und Laien empfindliche Opfer forderten.

Religiöse Befriedung – Restitution der Bilderverehrung: Michael (III., 842–867) war beim Tode seines Vaters noch unmündig. Für ihn übernahm seine Mutter Theodora die Geschäfte der Regentschaft. Die militärischen Ereignisse brachten eine Wende zugunsten des Kaiserreichs. Noch unter der Regentschaft Theodoras wagte sich die griechische Heerführung an eine Flottenexpedition gegen das von den Arabern besetzte Kreta. Zwar scheitert das Unternehmen, doch vermag nur wenige Jahre später eine griechische Flotte bis an die Gestade Ägyptens vorzustoßen, wird Damietta erobert und in Asche gelegt. Als Bardas, der Onkel Michaels, das Regime der Kaiserinwitwe Theodora und des mit ihr verbündeten Logotheten Theoktistos stürzt (856), verstärkt sich der Druck der Byzantiner auf dem anatolischen Kriegsschauplatz, und erscheinen griechische Heere wiederholt sogar in Syrien. Eine erneute Gegenoffensive der Araber dringt weit ins Innere Kleinasiens. Der überwältigende Sieg der Byzantiner über die Eindringlinge (863) eröffnet eine Periode stetiger griechischer Machtausdehnung, die wenige Generationen später Byzanz auch seit Jahrhunderten verlorene syrische Territorien wiederbringt. Den Erfolgen im Osten stehen schmerzliche Verluste im Abwehrkampf gegen arabische Eroberer auf Sizilien gegenüber. Große Teile der Insel gehen für länger verloren, die Araber können auch in Unteritalien Fuß fassen. Die Expedition der Russen gegen Konstantinopel (860) scheitert. Blieb die Auseinandersetzung mit den Orientalen noch über Jahrhunderte das wichtigste Anliegen byzantinischer Außenpolitik, so wurde die Gefahr von seiten der Russen durch die Christianisierung der bis dahin heidnischen Slawen gebannt.

Unter den inneren Ereignissen zeit der Regierung Kaiser Michaels setzen kirchenpolitische Geschehnisse einen dominierenden Akzent. Während Theodoras Regentschaft fällt eine der bedeutendsten Entscheidungen der byzantinischen Kirchengeschichte: hatte schon die Regierung der Kaiserin Eirene ein halbes Jahrhundert zuvor dem Wüten der Ikonoklasten ein Ende gesetzt, die Bilderverehrung im Reich wieder allgemein erlaubt, so zog nunmehr eine Synode im März 843 endgültig einen Schlußstrich unter die Jahrhunderte währenden Auseinandersetzungen, die das Reich in seinem Inneren tief erschüttert hatten, Familien zerrissen, die Kerker füllten und bittere Blutopfer forderten.

Missionierung der Slawen: Das zweite große, epochale kirchenhistorische Ereignis dieser Zeit ist der Beginn der kirchlichen Mission der Slawen. Die Brüder Konstantin und Methodios aus Thessalonike, die in die Geschichte als 'Apostel der Slawen' eingegangen sind, haben bei der Bekehrung der Mähren einen großen Einfluß gehabt. Ihr Wirken steht zugleich am Beginn slawischer Literatur, da Konstantin zum Schöpfer einer ersten slawischen Schrift wurde. Den missionarischen Erfolgen der byzantinischen Kirche blieb allerdings eine längere kirchenpolitische Nachwirkung versagt, da der Stuhl von Rom schon bald im Ringen um Einfluß im böhmisch-mährischen Raum gegenüber dem Stuhl von Konstantinopel siegreich blieb. So wird die byzantinische Mission schon wenig später von der lateinischen abgelöst. Ein ähnlicher Prozeß hat sich auch bei den den Byzantinern benachbarten Bulgaren abgespielt: zwar empfing Fürst Boris die Taufe von griechischer Hand, doch öffneten sich die christianisierten Bulgaren in der Hoffnung auf den Gewinn kirchlicher Autonomie schon nach kurzem dem römischen Einfluß. Doch erst im 13. Jh. hat die bulgarische Kirche die langersehnte Selbständigkeit gewonnen.

Der Kampf der Stühle von Rom und Konstantinopel um kirchliche Vorrangstellung: Auf die Schicksale der östlichen Christenheit dieser Zeit nahm der Patriarch von Konstantinopel, Photios, der bedeutendste Bischof der byzantinischen Reichsmetropole zeit des gesamten Mittelalters, nachhaltigen Einfluß. Seine kirchenpolitische Tätigkeit vollzieht gegenüber dem Stuhle Petri jene Mündigkeitserklärung der byzantinischen Kirche, die Jahrhunderte zuvor die römische Kirche im Zeitalter des schwindenden byzantinischen Einflusses in Italien ihrerseits umgekehrt gegenüber den Kaisern von Byzanz abgegeben hatte. So wie sich die Päpste der Schutzherrschaft der Kaiser von Konstantinopel entzogen und die fränkischen Könige als neue Schutzmacht der westlichen Christenheit anerkannt hatten, so verfocht nunmehr Photios die Unabhängigkeit des Stuhls von Konstantinopel vom päpstlichen 'Primat'. Papst Nicolaus I. hat die Auseinandersetzung mit dem byzantinischen Patriarchat noch angeheizt, indem er die Wahl des Photios für ungültig erklärte (863). Der Kampf zwischen den Patriarchaten von Rom und Konstantinopel erhitzte sich immer mehr. Im Jahre 867 hieß Photios eine Synode einberufen, welche die römische Kirche der Häresie in der Lehre vom Ausgang des Heiligen Geistes (*filioque*) bezichtigte. Die alten Irrlehren der Manichäer fanden durch die Sekte der Paulikianer neue Belebung. Michael III. gab Befehl zu grausamer Verfolgung ihrer Anhänger.

Eine fühlbare Gesundung der Finanzen und reger Aufschwung geistigen Lebens kennzeichnen die Ära des Kaisers und des mit ihm den politischen Einfluß teilenden Caesars Bardas. Sie fand ein vorzeitiges und gewaltsames Ende durch den Coup des politisch ehrgeizigen Günstlings des Kaisers, Basileios, der sich über die Ermordung des Bardas (865) und Kaiser Michaels (September 867) den Weg zur Macht im Staate ebnete.

Ungewöhnliche Befähigung, ungezügelter Ehrgeiz, nicht minder das Wohlwollen Kaiser Michaels III., dessen einstige Geliebte Eudokia Ingerina Basileios ehelichte, hatten den Makedonier in steiler Karriere vom niedrigen Amt eines Stallknechts am Hofe von Konstantinopel zu höchster Macht emporgeführt.

Basileios (I., 867–886) vermochte den Angriff arabischer Korsaren auf die dalmatinischen Küstenlande zurückzuweisen. Dalmatien wurde mit der Errichtung des gleichnamigen Themas dem straffen Verteidigungskonzept des Reiches eingeordnet (867). Seine abendländische Politik, welche die byzantinische Macht ohne Konflikte mit dem fränkischen Kaiser Ludwig II. auf unteritalienischem Boden zu rekonsolidieren trachtete, erntete nach anfänglichen Rückschlägen mit der Wiederherstellung der Abhängigkeit des Fürstentums Benevent (873) und der Rückgewinnung Baris (875) bedeutende Erfolge. Auf Sizilien ging Syrakus an die Araber verloren (878). Nur vorübergehend kehrte Zypern aus islamischer Fremdherrschaft zurück. Bleibenden territorialen Gewinn brachte die Offensive gegen Syrien.

Basileios entfaltete eine rege kirchliche Politik. Die Verständigung mit Rom gelang um den Preis der Absetzung des Patriarchen Photios (867). Erst nach dem Scheitern seines eigenen diplomatischen Konzepts gegenüber der römischen Kurie hat ihn der Kaiser ein Jahrzehnt später in sein Amt restituiert. Der Disziplinarfall Photios, den die Synode von 869/70 im Beisein der päpstlichen Legaten im Sinne Roms erledigte, gewinnt innerhalb der christlichen Kirchengeschichte auch deshalb eine besondere Bedeutung, weil die römische Tradition der konstantinopolitanischen Kirchenversammlung, auf der es im Grunde lediglich um innerkirchliche Rangfragen ging, den Charakter eines ökumenischen Konzils verlieh. Daß sich im Jahre 870 Bulgarien entgegen den Bestrebungen Roms der kirchlichen Jurisdiktion Konstantinopels unterwarf, erwies sich nicht nur als außergewöhnlich kirchenpolitisch bedeutsam, sondern darüber hinaus als bis zur Gegenwart auch kulturgeschichtlich entscheidend. In die Regierungszeit Basileios fällt der Beginn der Christianisierung der Serben durch byzantinische Missionare. Im Kampfe gegen die Paulikianer führte der Kaiser einen militärischen Schlag gegen das kleinasiatische Tephrike, das politische wie kirchliche Zentrum der Sekte. Basileios veranlaßte die Kodifikation zweier bedeutender Rechtssammlungen, des *Procheiron* – einer Auswahl der wichtigsten Bestimmungen des öffentlichen wie privaten Rechts – und der *Epanagoge*, welche eine Art Einleitung zum *Procheiron* darstellen soll. Der tödliche Jagdunfall des Kaisers im August 886 bringt Basileios' Sohn Leon (VI., 886–912) vorzeitig an die Macht.

Er war Schüler des Patriarchen Photios. Sein Lehrer hatte ihn zu einer der gebildetsten Kaiserpersönlichkeiten der byzantinischen Ära geformt. Leon versuchte sich mit Erfolg auch als Schriftsteller und Redner. Im Gegensatz zu seinem Vater fehlte ihm eine politische Konzeption. Den Primat nahm fraglos die Innenpolitik ein. Die Vernachlässigung der Grenzen sollte sich schon bald rächen: nach einer längeren Pause des Friedens erneuerte der Bulgarenchan Symeon (893–927) den Kampf mit den Byzantinern. Der Versuch, den gefährlichen Gegner mit Hilfe der Ungarn zum Frieden zu zwingen, scheiterte, da die Bulgaren mit Unterstützung durch die Petschenegen den Angriff der Ungarn zurückwiesen. Nach dem Sieg der Bulgaren bei Bulgarophygon (896) mußte sich Leon zu jährlichem Tribut bereitfinden. Nicht besser stand es an der Ostgrenze. Die Araber drangen in Kilikien vor, Armenien war arabischen Einfällen schutzlos ausgesetzt. Auch auf Sizilien ging die letzte byzantinische Bastion an die Araber verloren (902). Die Ägäis bildete einen Tummelplatz arabischer Korsaren. Das Übergewicht der arabischen Seemacht gipfelte in der Eroberung der zweitwichtigsten Handelsmetropole des Reiches, Thessalonike (904). Der Untergang des Reiches schien nur eine Frage der Zeit. Unter dem Eindruck der schweren Schläge entschloß sich Leon zu einer Stärkung der kaiserlichen Flotte. Schon bald zeichnet sich ein deutlicher Umschwung der Ereignisse ab: im Jahre 908 brechen die Byzantiner die Seeherrschaft der Araber in der Ägäis, landen wenig später auf Zypern (910) und tragen von dort den Angriff bis auf syrisches Gebiet vor. Aber schon im darauffolgenden Jahr erweist sich der Angriff auf das gleichfalls von den Arabern besetzte Kreta als Fehlschlag. Der Rückzug der byzantinischen Flotte endet mit völliger Vernichtung. Die Schwäche der Byzantiner zur See war es, die es auch den Russen ermöglichte, mit einer mächtigen Flotte erneut vor der

Hauptstadt des Kaiserreiches zu erscheinen und mit Hilfe dieser eindrucksvollen Flottendemonstration den Byzantinern weitreichende Privilegien im Handel abzunötigen (911).

Eine wesentliche Leistung der Regierung Leons VI. bildet die Kodifizierung des geltenden byzantinischen Rechts in der Sammlung der sog. *Basilika* in 60 Büchern. Nach der großen Gesetzessammlung unter Kaiser Justinian I. ist sie die bedeutendste und ihrem Umfang nach die größte Gesetzessammlung des griechischen Mittelalters überhaupt. Sie verarbeitet Vorschriften des *Codex Justinianus,* der 'Digesten' und 'Institutionen' sowie 'Novellen' Justinians ebenso wie spätere kaiserliche Erlasse zu Problemen des öffentlichen und privaten, aber auch des kirchlichen Rechts. Das Sammelwerk bildet das Ergebnis der Arbeit einer Kommission bedeutender Rechtsgelehrter. Sein Interesse an einem geordneten Rechtsleben hat Leon auch mit dem Erlaß zahlreicher Novellen bekundet. In ihrer wichtigsten Verfügung heben sie die Rechte des einst mächtigen Senats der Hauptstadt, der nach und nach seinen politischen Einfluß eingebüßt hat, endgültig auf.

Nach außen hin durch empfindliche militärische Rückschläge getroffen, war im Inneren die Regierung Leons überschattet von dem Zwist mit der griechischen Kirche, die gegen die dritte und vierte Eheschließung des Kaisers Sturm lief, aber vom Kaiser geschickt durch den Dispens von seiten der römischen Kirche überspielt wurde. Was sich für den Patriarchen Nikolaos Mystikos als ein schwerer Verstoß wider die Dogmen der orthodoxen Kirche darstellte, war für den Kaiser ein Problem zur Sicherung der Dynastie. Aus seiner vierten Ehe ging nach dem vorzeitigen Tode seiner früheren Gattinnen Theophano, Zoë Zautzina und Eudokia Prinz Konstantin hervor (905), der später als Konstantin VII. auf den byzantinischen Kaiserthron gelangte.

Vormund des unmündigen Thronfolgers wurde mit dem Tode Leons im Mai 912 sein Bruder Alexander (912–913). Konstantin sollte erst über ein Menschenleben später in den Besitz der alleinigen Macht gelangen. Anders als seine kaiserlichen Vorgänger nahm Alexander sein Herrscheramt ohne Ernst wahr; sein Sinn stand nach heiterem Lebensgenuß. Seine Alleinherrschaftsansprüche wußte Alexander mit Gewalt zu erzwingen. Die Kaiserwitwe Zoë, um deren Person sich wenige Jahre zuvor der große Konflikt mit der Kirche entzündet hatte, verschwand in Klosterhaft. Alle einflußreichen Ämter wurden neu besetzt. Dem Revirement fiel auch der Patriarch von Konstantinopel Euthymios zum Opfer, den der einst von Leon VI. zur Abdankung genötigte Patriarch Nikolaos ersetzte. Schon die Ära Leons war von der kriegerischen Auseinandersetzung mit den Bulgaren begleitet. Alexander hat den erneuten Ausbruch des Konflikts durch die Ablehnung weiterer tributärer Leistungen heraufbeschworen. Wenig später, im Juni 913, verschied Alexander. Noch im Sterben legitimierte er den Patriarchen der Hauptstadt zum Haupt einer Regentschaft für den jugendlichen Konstantin.

Erneute bulgarische Bedrohung: Byzanz erlebt eine der dunkelsten Epochen seiner Geschichte: Chan Symeon erscheint im Jahre 913 mit einem gewaltigen Heere vor der byzantinischen Hauptstadt. Seine politische Konzeption erstrebt nicht weniger denn Würde und Herrschaft eines Kaisers von Konstantinopel. Nur die Bollwerke der Hauptstadt retten Byzanz vor dem Untergang. Immerhin vermag der Bulgarenherrscher den Byzantinern die Krönung zum Zaren abzutrotzen. Um die Konzession einer dynastischen Verbindung zum griechischen Kaiserhause ist Symeon zunächst zum Frieden bereit. Als die Byzantiner nur wenig später die abgesprochene eheliche Allianz verwerfen, überzieht der Zar erneut Makedonien und Thrakien mit Krieg. Die Griechen erleiden empfindliche Niederlagen. Der Kampf zieht sich über Jahre für die Byzantiner militärisch verlustreich, jedoch für den Bulgarenzaren politisch ergebnislos hin.

Die Regentschaft des Patriarchen Nikolaos scheiterte an ihrer Konzessionsfreudigkeit gegenüber den Bulgaren. Nunmehr nahm die Kaiserwitwe Zoë die Geschicke des Staates in die Hand. Zeigte sich Nikolaos nachgiebig, so verfolgte Zoë einen starren außenpolitischen Kurs, der angesichts der militärischen Schwäche der Byzantiner neue, vernichtende Schläge mit sich brachte und die Macht des Bulgarenherrschers nur noch steigerte. Der Zar wußte sich im Besitze nahezu des gesamten Balkans, seine Truppen drangen selbst bis ins zentrale Griechenland vor.

In das zweite Jahrzehnt des 10. Jh. fällt der steile Aufstieg des Flottenbefehlshabers Romanos Lakapenos zum Mitkaiser des noch unmündigen Konstantin. Romanos I. übte seither nahezu ein Menschenalter die Macht im Staate (920–944). Bald tauscht Romanos auch staatsrechtlich die Rollen mit Konstantin und avanciert zum regierenden Kaiser. Konstantin VII. bleibt bis zum Tode des Romanos bedeutungslose politische Marionette. Romanos vermag seine Sippe mit der Ernennung seiner Söhne zu Mitkaisern auch dynastisch abzusichern.

Im Innern blieb seine Herrschaft unangefochten. Staatsmännische Klugheit hieß ihn ein enges Bündnis mit der Kirche knüpfen. Seine innenpolitischen Entscheidungen entsprangen Scharfblick und Besonnenheit. Romanos hat der fortschreitenden Feudalisierung mit der Restitution des Vorkaufsrechts der Grundstücksnachbarn entgegengewirkt (922). Andererseits trieb seine harte Steuerpolitik ungewollt zahlreiche Kleinbauern in die Arme des Großgrundbesitzes, bei dem sie als Hörige Schutz vor steuerlicher Ausbeutung fanden.

Den Schwerpunkt der außenpolitischen Ereignisse bildete die Auseinandersetzung mit Bulgaren und Arabern. Auch unter Romanos zeigte sich Byzanz den Bulgaren nicht gewachsen. Der Kaiser mußte zusehen, wie der Zar seine Macht auch über Serbien breitete. Erst in der Auseinandersetzung mit den Kroaten erlitt Symeon eine Schlappe. Bald darauf, im Mai 927, verstarb der Bulgarenzar plötzlich. Konstantinopel war eines seiner mächtigsten Feinde ledig. Noch im gleichen Jahre ging der Bulgarenherrscher Peter mit den Byzantinern einen langersehnten Frieden ein, der wohl empfindliche territoriale Einbußen bedeutete, indes zugleich die Chance wirtschaftlicher und militärischer Erholung bot. Zugleich gelangte auch Serbien wieder unter byzantinische Souveränität.

Mit dem Sieg über die Flotte des Admirals Leon von Tripolis war die arabische Seeherrschaft in der Ägäis gebrochen (924). Seit den dreißiger Jahren stoßen unter dem Oberbefehl des Johannes Kurkuas byzantinische Heere im östlichen Anatolien vor und dringen ins nördliche Mesopotamien ein; Nisibis fällt in griechische Hand (943). Der Angriff einer russischen Flotte auf Konstantinopel mißlingt (941). Nach einer Ära politischer Ohnmacht zeit des Zaren Symeon hatte sich das Reich erholt und gewann in der Auseinandersetzung mit seinen politischen Nachbarn die Initiative allmählich wieder.

Wiewohl legitimer Thronerbe, hatte Konstantin VII. (Alleinherrscher 944–959) über drei Jahrzehnte im Schatten erst der Vormundschaft Kaiser Alexanders, der Regentschaft des Patriarchen Nikolaos und der Kaiserinmutter Zoë, dann der Herrschaft Kaiser Romanos' verbracht. Seit früher Jugend stand im Vordergrund seiner Interessen die Beschäftigung mit Kunst und Wissen. Die Gunst des Augenblicks machte ihn zum Nutznießer des Komplotts der Söhne Kaiser Romanos' I. wider ihren Vater im Dezember 944; Romanos endete sein Leben in der Verbannung. Als Stephan und Konstantin Lakapenos wenig später auf Betreiben Konstantins VII. inhaftiert wurden, war der Weg frei für die Alleinherrschaft des Sohnes Kaiser Leons VI.

Kaiser Konstantin VII. blieb auch als Regent seinen literarischen Neigungen treu. Als Feldherr hatte Konstantin nur wenig Erfolg. Byzanz blieb zeit seiner Regierung in wechselvolle Kämpfe wider die Araber in Nordsyrien und Mesopotamien verwickelt. Nur vorübergehend konnten die Byzantiner den Euphrat überschreiten (952). Empfindliche Rückschläge folgten, und erst Ende der fünfziger Jahre vermochten die Byzantiner unter dem begabten Heerführer Johannes Tzimiskes, dem späteren Kaiser Johannes I., die Initiative im Kriegsgeschehen an sich zu reißen. Die Seeräuberplage milderte der Herrscher durch einen konzentrierten Schlag gegen die Schlupfnester arabischer Korsaren auf Kreta. Besser stand es um die Sicherheit der byzantinischen Ländereien auf der Balkanhalbinsel: die Bulgaren waren zur Ruhe gekommen, die Angriffe der Ungarn auf das Reichsterritorium mißlangen (959/61).

Innenpolitisch wurde das Wirken des Herrschers bedeutsam vor allem auf dem Felde der Gesetzgebung. Die Verteidigungskraft des byzantinischen Staates stärkte Konstantins Novelle über die Unveräußerlichkeit der Soldatengüter, welche die byzantinischen Krieger ernährten und deren Bewaffnung sicherten. Den fortschreitenden Feudalisierungsprozeß unterbrach der Kaiser durch ein Gesetz, das die Rückerstattung sämtlicher Bauerngüter, die seit dem Regierungsantritt von reichen Adeligen aufgekauft worden waren, veranlaßte. Der Erlaß sicherte zugleich für die Zukunft den Bauern ein Vorkaufsrecht auf dem Grundstücksmarkt bei Kaufangeboten des grundbesitzenden Adels.

Eine besondere Note gewinnt das Herrscherporträt Konstantins mit etlichen von ihm veranlaßten, teilweise auch persönlich redigierten Werken, die – unter historischem Blickwinkel – faszinierend sind. Unter ihnen ragt sein Jugendwerk über die Themenverfassung des Reiches hervor, das allerdings nicht die tatsächlichen politischen Gegebenheiten seiner Zeit, sondern die Situation des 6. Jh. skizziert; daneben verdient seine Sammelschrift über die Verwaltung des Reiches Augenmerk, eine Art Fürstenspiegel an die Adresse seines Sohnes Romanos II. – ein Werk, dem wir unschätzbare Nachrichten über die Nachbarvölker der Byzantiner, namentlich über die Frühgeschichte der slawischen Völker, über die Ungarn und Bulgaren, verdanken; sein Œuvre über das höfische Zeremoniell bildet neben der Schrift des sog. *Pseudokodin* unsere wichtigste Quelle zum höfischen Leben und zur byzantinischen Kaiseridee.

Als der Kaiser im November 959 seine Augen schloß, gelangte mit Romanos II. (959–963) eine noch schwächere Persönlichkeit auf den Thron. Seine nur kurzlebige Regentschaft stand ganz unter dem Einfluß seiner zweiten Gattin, der schönen Theophano. Wenn Byzanz seine äußere Stärke weiter zu mehren vermochte, so war dies nicht das Verdienst des Hofes, sondern allein dem Genius des Feldherrn Nikephoros Phokas zuzuschreiben, der Kreta im Kampf wider die Araber zurückgewann (961) und auf dem Boden Syriens bis Aleppo vordrang.

Die Kaiserwitwe Theophano übernahm die Regentschaft für die noch unmündigen Söhne Romanos' II. Wenig später bringt eine Heeresrevolte den erfolgreichen Feldherrn Nikephoras Phokas I. (963–969) auf den Thron. Der neue Machthaber ehelichte Theophano und knüpfte so Blutsbande mit der makedonischen Dynastie. Eine rege innenpolitische Tätigkeit kennzeichnet seine Herrschaft. Seine Gesetzgebung stärkt die feudalen Kräfte im Staate dadurch, daß er die weite Ländereien besitzende Hocharistokratie vom Vorkaufsrecht der Armen und der kleinen Bauern befreit. Nach einem kaiserlichen Erlaß sollten in Zukunft nur Reiche an Reiche Landbesitz veräußern und umgekehrt nur Arme an Arme. Seine Haltung gegenüber Kirche und Klöstern atmet eine asketisch-reformerische Gesinnung. Die christliche Kirche sollte getreu dem Evangelium arm sein. Seine Novelle vom Jahre 964 untersagt die Stiftung von Liegenschaften an Bischofssitze, fördert aber die Erhaltung von Klöstern und den Wiederaufbau verfallener Konvente. Die Maßnahmen der Krone zur Sicherung und Erhaltung der Soldatengüter bedeuteten einen dem Adel günstigen Entscheid, entsprachen aber auch dem Erfordernis zeitgerechter Bewaffnung. In die byzantinische Währungsgeschichte ging der Kaiser durch die in seiner Regierungszeit durchgeführte Münzverschlechterung ein; die Prägung des sog. *tetarteron* (seit 964) brachte gegenüber dem *solidus*, der im gesamten europäischen Raum Weltgeltung hatte, einen nicht unwesentlichen Gewichtsverlust. Zugleich wuchs infolge der ausgedehnten militärischen Expedition des Kaisers die steuerliche Belastung.

Frömmigkeit und soldatische Härte bestimmten den Herrscher zum fanatischen Kampf gegen den Islam. Der Krieg wider die Araber, der seine ganze Regierungszeit begleitete, brachte unter Nikephoros für das Reich bedeutende Erfolge: nach dem Fall der kilikischen Festungen (August 965) glückte der Durchbruch nach Syrien (969); ihn krönte der Rückgewinn der Handelsmetropole Antiocheia und Aleppos. Schon im Jahre 965 hatte die byzantinische Flotte den Arabern Zypern entrissen. Den Bulgaren verweigerte Nikephoros weiteren Tribut. Die Bedrohung durch die nördlichen Nachbarländer wähnte der Herrscher durch das Bündnis mit dem Russenfürsten Svjatoslav zu bannen: Svjatoslav unterwarf zwar Bulgarien (969), wurde damit zugleich aber zu einem noch gefährlicheren Gegenspieler des anrainenden Byzanz.

Otto der Große scheiterte beim Versuche, die unteritalischen Besitzungen der Byzantiner durch ein Ehebündnis zwischen seinem Sohne Otto II. und einer griechischen Prinzessin für das abendländische Kaiserreich auf diplomatischem Wege zu gewinnen. Untreue und Verrat seiner Gattin Theophano, die sich mit dem einstigen Freunde des Kaisers, Johannes Tzimiskes, verband, raubten Nikephoros im Dezember 969 Thron und Leben.

Neuer Zenit politischer Blüte – Die Regierung Johannes' I. und Basileios' II.: In der Person Kaiser Johannes' I. (969–976) gelangte ein Armenier auf den byzantinischen Thron. Unter seine Vorfahren rechnete der berühmte General Johannes Kurkuas. Seiner mütterlichen Aszendenz nach knüpften sich verwandtschaftliche Bande zu Kaiser Nikephoros Phokas. Johannes I. war ein harter Krieger und genialer Feldherr. Scharfblick bestimmte seine Überlegungen. Theophano, die Gattin des meuchlings ermordeten Herrschers, hatte sich verrechnet, wenn sie glaubte, an der Seite des neuen Kaisers das höfische Leben bestimmen zu können. Kaiser Johannes beugte sich dem Einfluß der Kirche, wenn er sich von Theophano trennte und statt ihrer Theodora, eine Tochter Kaiser Konstantins VII., ehelichte. Johannes' Herrschaft schien zunächst nicht ungefährdet. Ein wesentliches Anliegen der Innenpolitik mußte es sein, den Einfluß des Geschlechts Phokas im Staate zu brechen. Ein Versuch des Neffen des gestürzten Kaisers Nikephoros, Bardas Phokas, über eine Revolte den Thron für sein Geschlecht zurückzugewinnen (970), scheiterte ebenso wie die Erhebung von Bardas' Vater Leon (971). Unter dem kraftvollen Wirken des Patriarchen Polyeuktos wuchs der Einfluß der Kirche. Der Kaiser sah sich gezwungen, die bilderfeindliche Politik seines Vorgängers zu revidieren.

Schwerpunkt der Ereignisse zeit Johannes' I. bilden außenpolitische Vorgänge. Es galt, der gefährlichen Herausforderung auf dem Balkan entgegenzutreten: nach einer Ära friedlicher Beziehungen hatte unter dem russischen Fürsten Svjatoslav eine gewaltige militärische Expansion eingesetzt, die russischen Einfluß bis weit nach Westen, in das Herz des Balkans, schob. Svjatoslav unterwarf das bulgarische Reich und stellte nunmehr auch die politische Existenz von Konstantinopel in Frage, wenn er vom Kaiser die Aufgabe seiner europäischen Besitzungen auf dem Balkan forderte. Im Frühjahr 971 erschien der Kaiser vor der bulgarischen Hauptstadt Preslav, während die Flotte zur Donaumündung segelte, um den Russen Versorgungswege und Rückzug abzuschneiden. Preslav fiel, der bulgarische Zar Boris wanderte in byzantinische Gefangenschaft. Das Heer zog weiter, um nun auch Svjatoslav niederzuzwingen, der sich in der Donaufestung Dorystolon (Silistria) verschanzte. Am 22. Juli 971 mußte der Russe kapitulieren. Um den Preis der Räumung ganz Bulgariens wurde ihm freier Abzug gewährt. Auf dem Rückmarsch verlor Svjatoslav in einem Gefecht mit den Petschenegen bald danach das Leben. Die russische Bedrohung hatte ein Ende, Bulgarien wurde dem Reich einverleibt, seine kirchliche Autonomie beseitigt. Noch während der Kaiser auf dem Balkan festgehalten war, erneuerte sich der Kampf mit den Arabern um den Besitz Syriens. Eine Blockade Antiocheias wurde mit Erfolg abgewehrt (970/71). Im darauffolgenden Jahr begibt sich Johannes I. persönlich in den Orient: Amida und Nisibis fallen in byzantinische Hand. Der große Feldzug vom Jahre 974/75 bringt für Byzanz den Gewinn von Emesa, Baalbek und Damaskos, auf dem Boden Palästinas die Eroberung von Akkon und Kaisareia. Auf dem Rückmarsch werden Beirut und Sidon besetzt.

Die politischen Spannungen mit dem abendländischen Kaiserreich schlichtete der Herrscher klug durch ein Ehebündnis seiner Verwandten Theophano mit Kaiser Otto II. Bald nach seiner Rückkehr von seiner so erfolgreichen zweiten Expedition in den Orient ist Johannes im Januar 976 früh verstorben.

Basileios II. (976–1025) war ein Sohn Kaiser Romanos' II. Unter ihm setzt sich die erfolgreiche expansive Politik Johannes' I. fort. Zunächst übte der mächtige namensgleiche Hofbeamte Basileios, ein Verwandter des Kaisers, für den noch jungen Thronfolger die Regierungsgeschäfte aus. Die Erhebung des Bardas Skleros (976–979) stürzte das Reich in eine lange und schwere innere Krise. Erst nach weiteren sechs Jahren fortschreitender innerer Konsolidierung vermochte sich der Thronerbe der Vormundschaft zu entledigen (985).

Kaiser Basileios sah sich der ernsten Gefährdung der Nordgrenze durch das neuentstandene makedonisch-bulgarische Reich des Zaren Samuel gegenüber. Die Feldzüge Samuels führten bis in das Herz Thessaliens; ein byzantinischer Gegenschlag wider die bulgarischen Kernlande blieb ohne Erfolg. Innere Unruhen verunsicherten die Herrschaft des Kaisers. Von allseits anrückenden Insurgenten bedroht, verdankte Basileios einzig einem Hilfskontingent russischer Varäger, die Vladimir von Kiew dem bedrängten Kaiser entbot, die Rettung (988). Die Varäger sollten fortan für lange Jahrhunderte in Byzanz als kaiserliche Gardetruppe eine außerordentliche Bedeutung behaupten. Mit der Schlacht von Abydos (989) endet im wesentlichen die Phase der inneren Kämpfe.

Seit 991 wurde Basileios mehrere Jahre durch den Krieg gegen die Bulgaren auf dem Balkan festgehalten. Während sich der Kaiser an die von fatimidischen Eindringlingen bedrohte mesopotamische Reichsgrenze begibt, vermag Samuel auf dem Balkan seine Herrschaft bis Dyrrhachion und nach Raszien vorzuschieben, ja er dringt bis nach Morea vor. Die Rückkehr Basileios' auf den europäischen Kriegsschauplatz (1001) beendet die Periode des Aufschwungs des makedonischen Reichs: nacheinander erobert der Kaiser in blutigen Kämpfen, die ihm den Beinamen *Bulgaroktonos* ('Bulgarentöter') eintrugen, Makedonien, Thessalien und die bulgarischen Kernlande. Das Soldatenglück hatte sich mehr und mehr zugunsten der Byzantiner entschieden, als Samuel plötzlich im Herbst 1014 verstarb. Die inneren Wirren nach dem Tode des makedonischen Potentaten erlaubten Basileios, nach und nach auch noch sämtliche Restgebiete Samuels zu unterwerfen: im Jahre 1018 hat Byzanz die Herrschaft über den gesamten Balkan bis an die Donau zurückgewonnen. Die Krönung der Ostpolitik bildet die Annexion georgischen Siedlungsraumes und der Gewinn der Oberherrschaft über Armenien.

Die inneren Bemühungen des Herrschers waren vor allem darauf ausgerichtet, die politische Macht und die wirtschaftliche Sonderstellung des Adels zu brechen wie nicht minder die Ballung von Besitz in der Hand der Kirche, vorab der Klöster, zu verhindern. Basileios straffte die militärische Organisation der Randprovinzen und überwachte die administrative Eingliederung der neugewonnenen Ländereien. Der unteritalienische Besitz wurde fester an das Reich gekettet.

In die Regierungszeit Basileios' fällt der Beginn der Christianisierung Rußlands. Fürst Vladimir von Kiew willigt um den Preis der Hand der griechischen Prinzessin Anna, der Schwester Basileios', in die byzantinische Missionierung ein. Die Tatsache, daß die neugegründete russische Kirche dem Patriarchat von Konstantinopel untergeordnet wurde, erwies sich kirchengeschichtlich, politisch und kulturhistorisch bis zur Gegenwart von kaum hoch genug einzuschätzender Tragweite.

Die Vorbereitungen zu einem entscheidenden Feldzug gegen die arabischen Machthaber Siziliens unterbricht der jähe Tod des Kaisers (Dezember 1025). Basileios' II. Herrschaft setzt innerhalb der byzantinischen Geschichte nach der welthistorisch bedeutsamen Epoche des 4.–7. Jh. noch einmal einen Höhepunkt.

Innerer und äußerer Verfall – Die Herrschaft des Ziviladels von Konstantinopel: Zeit Basileios' Wirkens hatte das griechische Reich nicht nur seine Macht über den gesamten anatolischen Raum, über Teile des Vorderen Orients und damit das politische Lebenswerk Johannes' I. erhalten; Basileios hatte auch die Auseinandersetzung mit den Bulgaren auf dem Balkan gewonnen. Das griechische Kaiserreich hatte sich als Großmacht auf europäischem und asiatischem Boden behauptet. Mit dem Ableben des Kaisers beginnt nach einer Ära der Kräftigung eine Epoche inneren und äußeren Verfalls, dem erst die Thronbesteigung Alexios' I. (1081) ein Ende setzt: binnen kurzem wurde das außenpolitische Prestige des Reiches verspielt, leistete Sorglosigkeit in Staatsführung und Verwaltung einer Entwicklung Vorschub, die Jahrzehnte später durch den erfolgreichen Seldschuken-Einbruch in Anatolien besiegelt wurde. Mehr als ein halbes Jahrhundert lenken militärisch unfähige Kaiser die Schicksale des Reiches. Der Ausfall der steuerlichen Leistungen der von ihrer Scholle abgewanderten Kleinbauern trifft den Fiskus empfindlich; der Landbesitz konzentriert sich mehr und mehr in der Hand weniger steuerlich privilegierter Feudalherrn. Das Rückgrat der Reichsverteidigung, die Soldatengüter, verfallen und damit die Möglichkeit, die Grenzen des Reiches wirksam zu schützen. Der Beamtenadel der Hauptstadt bestimmt dominierend die Geschicke des Kaiserreichs.

Kaiser Konstantin VIII. (1025–28), der Bruder Basileios' II., hat sich zeit seiner Regierung mehr dem Genuß unbeschwerten höfischen Lebens überlassen, als sich um die Staatsgeschäfte zu kümmern. Das außenpolitische Programm Basileios' II., das nach der Konsolidierung der Machtverhältnisse im Orient und auf dem Balkan auf den Rückgewinn der verlorenen unteritalischen Territorien zielte, blieb ein Torso. Schon betagt und vom Tode gezeichnet, regelte Konstantin die Thronfolge durch die Verehelichung seiner bereits fünfzigjährigen Tochter Zoë mit dem Eparchen von Konstantinopel, Romanos Argyros (November 1028).

Romanos III. (1028–1034), dem Sohne eines hauptstädtischen Geschlechts, mangelten wesentliche Herrschertugenden. Eitle Selbstüberschätzung beeinträchtigte seine Entschlüsse. Als militärischer Oberbefehlshaber erlitt der Kaiser auf dem orientalischen Kriegsschauplatz eine empfindliche Schlappe. Es blieb dem

Feldherrntalent des Strategen Georgios Maniakes vorbehalten, das Prestige des Kaiserreichs in Syrien wiederherzustellen und die griechische Macht noch einmal, durch die Eroberung von Edessa, kurzzeitig auszudehnen (1032). Verhängnisvoll erwies sich die Order des Herrschers, den Großgrundbesitz von dem Steuerzuschlag auf von Kleinbauern verlassenes Land zu befreien. Nicht nur erlitt der Fiskus damit eine empfindliche Minderung seiner Einnahmen, vielmehr wurde der Feudalisierungsprozeß im Reiche damit nur noch beschleunigt. Wenn der Herrscher seine alternde Gattin mehr und mehr vernachlässigte, zudem den Ausgabenetat Zoës zu beschneiden wagte, so führte er damit seinen eigenen Untergang herbei. Zoë verliebte sich in den jungen Paphlagonier Michael. Im Komplott mit dem jungen Bauernsohne wurde Romanos III. im April 1034 beseitigt; Zoë ehelichte ihren jugendlichen Günstling, der als Michael IV. (1034–1041) zugleich die Kaiserherrschaft gewann.

Der neue Herrscher schmälerte Zoës politischen Einfluß und vernachlässigte sie ebenso wie es einst Romanos getan hatte, kaum daß er in Besitz des Throns gelangt war. Schlüsselfigur des politischen Spiels war der mächtige Höfling und Bruder des Kaisers, Johannes Orphanotrophos. Den neuen Kurs begleitete eine harte Steuerpolitik, die breite Bevölkerungsschichten verunsicherte. Die unter Kaiser Basileios II. unterworfenen Slawen hatten frühere Naturallasten nunmehr in Geld abzuführen; sie erwiderten die finanzielle Bedrückung mit einem gewaltigen Aufstand, der die byzantinische Herrschaft in weiten Gebieten in Frage stellte und nur infolge der Unfähigkeit seiner Anführer ohne größeren Schaden zusammenbrach (1041). Hart war auch der grundbesitzende Adel Kleinasiens durch die neue Finanzpolitik betroffen. Die balkanischen Unruhen nutzte Fürst Stefan Vojislav von Zeta, um sich byzantinischer Oberherrschaft zu entziehen. Mehrfach drangen die Petschenegen über die untere Donau ins Reich. Im Westen kämpften die Byzantiner auf Sizilien mit wechselndem Erfolg gegen die Sarazenen. Messina (1037) und Syrakus (1040) gelangten kurzzeitig in griechischen Besitz. Auf dem unteritalischen Festland fiel Bari in griechische

Hand (1040). Die mächtiger gewordenen Normannen verstärkten gleichzeitig mit dem Gewinn von Melfi (1041) ihren Einfluß in Apulien. Im Orient hielt auf dem Boden Mesopotamiens und Nordsyriens der Kampf wider das Expansionsstreben des ägyptischen Kalifen an. Vom schweren Siechtum der Epilepsie gezeichnet, entschied der Kaiser die Nachfolge mit der Adoption seines Neffen Michael durch Zoë, kurz bevor er im Dezember 1041 verstarb.

Der neue Kaiser (Michael V., 1041/42) unterband den Einfluß der bis dahin bestimmenden Machthaber. Johannes Orphanotrophos trat den Weg in die Verbannung an. Gegner des früheren Regimes erhielten ihre Freiheit zurück. Als sich der Kaiser auch Zoës zu entledigen wagte und die Kaiserin wegen angeblicher Beteiligung an einem Komplott ins Kloster verschwinden ließ, erhoben sich Adel, Kirche und Volk der Hauptstadt gegen den Herrscher. Michael V. wurde gestürzt und geblendet (April 1042), Zoë kehrte auf den Thron zurück. Nach dem Wunsche einflußreicher kirchlicher Kreise sollte sie die Herrschaft mit ihrer Schwester Theodora teilen. Die neue Situation versetzte indes die politische Führung bald in eine neue schwierige Lage, da sich ein Konsens der verfeindeten Schwestern nicht erreichen ließ. Als Zoë nur sieben Wochen später abermals einen Adeligen der Hauptstadt, Konstantinos Monomachos, ehelichte (Konstantin IX., 1042–1055), wechselten nur die Exponenten der Herrschaft, ohne daß die inneren Schwierigkeiten des Staates wichen.

Konstantin fehlten jene Tugenden, die den erfolgreichen Herrscher auszeichnen: Entschlossenheit und Härte. Die Erfordernisse der Tagespolitik bekümmerten ihn wenig. Umgeben von einem Kreis gebildeter, der Philosophie und Literatur zugetaner Persönlichkeiten genoß er ein unbeschwertes Leben. Zoë nur durch das Band des Gesetzes ehelich verpflichtet, pflegte er unverhohlen das Zusammenleben mit der jungen Sklerina, mit der später eine Alanenprinzessin die Rolle tauschte. Mit Konstantins Zeit verknüpft sich eine Ära hoher Blüte geistiger Kultur. Unter den zeitgenössischen Literaten ragt die glanzvolle Erscheinung des berühmtesten mittelalterlichen griechischen

Philosophen, des politisch einflußreichen Michael Psellos, hervor. Das Studium der beiden größten Denker der Antike, Platons und des Aristoteles, gelangt zu neuem Leben.

In den äußeren Ereignissen der Zeit bahnt sich ein für Byzanz bedrohlicher Umschwung an: wohl konnte das Reich im Vollzug alter Verträge im Jahre 1045 das armenische Reich von Ani annektieren, aber fast um die gleiche Zeit setzen die ersten seldschukischen Einfälle in Kleinasien ein (seit 1048). Im gleichen Jahre überqueren die Petschenegen die untere Donau und lassen sich auf Reichsboden nieder, fortan über lange Jahrzehnte für die byzantinische Zentralgewalt eine ständige Gefahr und Herausforderung. Während sich Byzanz eines Angriffs der Russen auf Konstantinopel von der See her ohne größere Mühen zu erwehren vermag, geraten die Griechen wie auf dem Balkan nun auch in Unteritalien im Abwehrkampf gegen die erstarkten Normannen in Bedrängnis. Konstantin IX. hat sich in schwieriger Situation mit der Abberufung seines im Westen erfolgreichen Feldherrn Georgios Maniakes seines besten Heerführers beraubt. Maniakes, der Eroberer von Messina und Syrakus, rächte sich für den Amtsentzug mit dem Aufruhr wider das herrschende Regime Konstantinopels; seine Revolte brachte ein jäher, unerwarteter Tod im siegreichen Kampf gegen ein kaiserliches Heer (1043) um den Erfolg.

Im Verhältnis zur römischen Kirche beginnt mit der Thronbesteigung des Patriarchen von Konstantinopel Michael Kerullarios eine für die kirchliche Einheit der Christen verhängnisvolle Entwicklung. Wie einst Photios bemühte sich Michael um eine Stärkung des Ansehens des Stuhles von Konstantinopel gegenüber den anderen christlichen Patriarchaten. Der Kirchenfürst führte eine heftige literarische Fehde mit dem alten Rom und bezichtigte den Stuhl Petri des Verstoßes wider die dogmatische Reinheit der christlichen Lehre, mit dem Vorwurf alter Gegensätze, wobei insbesondere der Unterschied in der Lehre vom Ausgang des Heiligen Geistes und das im Westen erst im Mittelalter eingeführte Verbot der Ehe von Priestern eine Rolle spielten. Seinen Angriffen entgegnete in nicht minder scharfer

Form Kardinal Humbert von Silva Candida als Sachwalter des römischen Standpunkts. Der Streit gipfelte in der Bannung des griechischen Patriarchen durch Papst Leo IX. (1054). Wenn man über Jahrhunderte hin annahm, daß damals das bis heute währende Schisma zwischen abendländischer und östlicher Christenheit entstanden sei, so mag diese Beurteilung den Nachrichten unserer geschichtlichen Quellen nicht standhalten; immerhin aber bleibt die Affäre Kerullarios eine entscheidende Etappe im Prozesse gegenseitiger Entfremdung zwischen abend- und morgenländischer Christenheit.

Eine verhängnisvolle Innenpolitik sah dem Verfall der Soldatengüter untätig zu. Wer noch auf Soldatengütern saß, konnte sich vom Heerdienst freikaufen. Es gibt keine Themenheere mehr, Byzanz verteidigt sich mit Hilfe von Söldnern. Beträchtlichen Ausfall an Steuern verursacht die zunehmende Befreiung des Großgrundbesitzes von jeglichen Abgaben. Wie die Immunität des Landadels, so bedeutet auch die Vergabe der Steuervereinnahmung an Steuerpächter einen weiteren Ausfall für den Fiskus. Der Kaiser sah sich gezwungen, die leere Staatskasse auf dem Umweg über eine Münzverschlechterung zu füllen.

Die Mitte oder spätestens das Ende des 11. Jh. gilt als Geburtsstunde einer für die spätere byzantinische Geschichte eigentümlichen Institution, der sog. *pronoia,* d. h. der staatlichen Vergabe von Liegenschaften an Adel und Soldaten zu Nutzung und uneingeschränktem Genuß ihrer Einkünfte auf Lebenszeit. Diese Gunsterweise, die ihrem Besitzer in der Regel lebenslange wirtschaftliche Sicherheit garantierten, wurden bis ans Ende der byzantinischen Epoche häufig praktiziert. Seit dem 13. Jh. wurde Pronoiabesitz auch erblich übertragen. Die Gnadenerweise minderten die Einnahmen des Staates in nicht unerheblichem Maße.

Der Tod Konstantins (Januar 1055) brachte noch einmal kurzzeitig Theodora in den Besitz kaiserlicher Macht. Nachdem ihre Schwester Zoë schon Jahre zuvor verstorben war, blieb sie der letzte überlebende Sproß der makedonischen Dynastie. Eine Revolte des makedonischen Heeres schlug fehl. Anders als Zoë war Theodora entschlossen, allein die Geschicke des Reichs in die Hand zu nehmen. Nach ihrem baldigen Tode im August 1056 gelangte unter dem Einfluß höfischer Kreise ein Beamter der Hauptstadt als Michael VI. (1056–1057) auf den Thron.

Michaels an Gunsterweisen, Ämter- und Titelverleihungen überreiches Regime währte nur kurz (1056–57). Das Heer erhob in der Person des Isaak Komnenos einen Kandidaten seiner Gunst auf den Schild. Als Adel und Kirche sich auf die Seite Isaaks schlugen, ging Michaels Herrschaft nach knapp einem Jahr zu Ende. Der Kaiser verschwand hinter Klostermauern.

Mit Isaak (I., 1057–1059) gelangt erstmals in der byzantinischen Geschichte ein Sohn des kleinasiatischen Geschlechts der Komnenen auf den Thron, jener hochangesehenen Sippe, die zweieinhalb Jahrzehnte später Byzanz zu neuer Blüte heraufführen sollte. Isaak war ein Sproß des Militäradels. Die Vorherrschaft der Beamtenaristokratie in Konstantinopel schien gebrochen. Es galt, nach Jahrzehnten der Verschwendung die Staatskasse zu füllen; eine herbe Steuerpolitik schreckte auch von der Konfiskation kirchlicher Güter nicht zurück. Der Kaiser wagte sich damit an einen schweren Konflikt mit dem mächtigen Patriarchen Kerullarios. Isaak ließ den unbequemen Oberhirten kurzerhand verhaften. Eine Synode sollte Michaels Amtsenthebung sanktionieren. Der Tod des Patriarchen kam ihrem Spruch zuvor.

Die äußere Situation des Reiches war gekennzeichnet vom Abwehrkampf wider die im östlichen Anatolien eindringenden Seldschuken. Das Frühjahr 1059 führt den Herrscher in den Kampf gegen die Ungarn; die Gefahr von seiten der Petschenegen wurde gebannt.

Die Gegnerschaft zu Patriarch Michael raubte dem Herrscher den Rückhalt der Kirche und breiter Volksschichten. Ungeschicktes Taktieren zwischen der Beamtenhierarchie und dem Militär, dem Isaak einst den Thron verdankte, isolierte ihn zusehends. Als ihn zu allen innenpolitischen Schwierigkeiten Krankheit schwächte, verzichtete der Kaiser im Dezember 1059 auf den Thron.

Seine Resignation ebnete einem Sproß des berühmten Geschlechts Dukas in der Person Konstantins X. (1059–67) den Weg auf den Thron. Der Sohn der hauptstädtischen Aristokratie verdankte der Freundschaft zu dem politisch mächtigen Psellos und Unterstützung durch den Klerus von Konstantinopel seinen politischen Aufstieg. Der Einfluß des berühmten Philosophen erreichte unter Konstantin schier grenzenlose Macht. Mit dem neuen Herrscher kehrte die von Isaak I. verbannte Verschwendung am Hofe wieder ein. Wenn es nunmehr möglich wurde, höchste Ämter in der Finanzverwaltung zu erkaufen, so brach diese Konzession der staatlichen Kontrolle über den Fiskus das Rückgrat. Der kaiserlichen Gunstbeweise für die Freunde des Hofes war kein Ende, in der Hoffnung, damit dem Regime den Rückhalt zu stärken. Verhängnisvoll wirkte die drastische Kürzung der Ausgaben für das Heer. Byzanz hat sich am Vorabend schwerster äußerer Bedrohung selbst seiner Verteidigungskraft beraubt. Diese unglücklichen Maßnahmen verstehen sich indes aus der Todfeindschaft zwischen dem mit Konstantin abermals im Staate siegreichen Ziviladel und dem mit Isaaks Sturz noch einmal zurückgedrängten Militäradel der Provinz, der wenig später unter dem Eindruck der äußeren Ereignisse in Byzanz zu entscheidendem Einfluß kam.

War es Isaak mühsam gelungen, den Besitzstand des Reiches gegen die äußeren Feinde zu behaupten, so ließ sich dieser unter dem neuen Regime nicht mehr wahren: auf dem Boden Unteritaliens dehnte der Normanne Robert Guiskard seinen Machtbereich zusehends auf Kosten der Byzantiner aus. Auf dem Balkan fluteten plündernde Scharen der Petschenegen und Uzen ins griechische Reichsland und brandschatzten Thrakien, Makedonien und Griechenland, ja bedrohten selbst die Hauptstadt (1064). Nur eine Seuche unter den Eindringlingen bewahrte die balkanischen Provinzen vor schlimmerem Schaden. Gleichzeitig besetzten die Ungarn Belgrad. Weit gefährlicher noch sollte der Seldschukensturm dem Reiche werden. Ihre Horden hatten den Vorderen Orient durchzogen, Persien erobert und den Kalifenthron von Bagdad an sich gerissen. Im Jahre 1065 eroberten seldschukische Truppen das erst kurz an Byzanz gefallene Reich von Ani und drangen dann weit in Anatolien bis Kaisareia vor (1067). Byzanz sah sich einer dreifachen Bedrohung nahezu wehrlos gegenüber. Die Entscheidungsfähigkeit Konstantinopels wurde durch den Tod des Herrschers im Mai 1067 in schwierigster außenpolitischer Situation noch weiter geschwächt.

Mit dem Tode Konstantins war die Regentschaft für die unmündigen Prinzen an die Kaiserwitwe Eudokia gefallen. Der Einfluß des Philosophen Psellos und des Bruders des toten Herrschers, Johannes Dukas, bestimmte wesentlich die politischen Entscheidungen. Unter dem Eindruck der Seldschukengefahr ehelichte Eudokia wenig später Romanos Diogenes, einen Vertreter des kleinasiatischen Militäradels.

Die Niederlage von Mantzikert – Der Zusammenbruch der byzantinischen Herrschaft in Anatolien: Nahezu ein halbes Jahrhundert war seit dem Tode des großen Basileios II. verstrichen, der das byzantinische Reich im Inneren rekonsolidiert, seine äußere Macht neu begründet hatte. Nach ihm war in Konstantinopel eine Ära der Sorglosigkeit, der Vernachlässigung der Verteidigungsbereitschaft und höfischer Verschwendung eingezogen. Das griechische Heer war größeren Kraftproben nicht mehr gewachsen. Fremde Söldner mußten wiederholt die griechischen Interessen schützen. Die Seldschuken hatten schon unter den Vorgängern Romanos' IV. das erst kurz zuvor an Byzanz gefallene Armenien und weite Teile des übrigen Anatolien wiederholt gefährdet. Nunmehr war die Auseinandersetzung in ein entscheidendes Stadium getreten. Der neue Herrscher, dessen Karriere über das Feldherrnamt auf den Thron geführt hatte, war sich des Ernstes der Situation bewußt. Die Bannung der Seldschukengefahr bildet das zentrale Anliegen seines herrscherlichen Wirkens. Anfangs schien der Erfolg den Byzantinern zuzuneigen (1068/69), doch kam den Feinden der Zwist zwischen dem Herrscher und der noch immer mächtigen Partei des Beamtenadels der Hauptstadt zugute. Des inneren Rückhalts beraubt, geriet der Kaiser auf dem Feldzug des Jahres 1071 durch Verrat von Söldnerkontingenten und des griechischen Truppenführers Andronikos Dukas bei Mantzikert in ein für die Byzantiner vernichtendes Gefecht und selbst in türkische Gefangenschaft. Nur um den Preis des Versprechens tributärer Zahlungen, von Bündnishilfe und Lösegeld erlangte Romanos die Freiheit. Auch nach der Schlacht schien die Situation für die Byzantiner in Anatolien nicht aussichtslos, da die Eroberungspläne des Seldschukenführers Alp Arslan mehr in Richtung einer Inbesitznahme Syriens tendierten. Als verhängnisvoll erwies sich, daß sich in diesem Augenblicke in der Hauptstadt der Ziviladel empörte, Romanos IV. das Vertrauen entzog und den Sohn Eudokias, Michael, auf den Thron hob (Oktober 1071). Die herrschenden Kreise der Hauptstadt unterliefen damit die vom Kaiser mit den Seldschuken eingegangenen Vereinbarungen. Als Romanos vom östlichen Kriegsschauplatz zurückkehrte, verhaftete man ihn in Adana; wenig später wurde er entgegen eidlicher Zusicherung seiner Unverletzbarkeit geblendet. Den Folgen der Verstümmelung erlag der Herrscher wenig später in der Verbannung. Während Byzanz alle Mühe hatte, Kleinasien vor den anstürmenden türkischen Scharen zu behaupten, ging in Unteritalien zur gleichen Zeit (1071) im Abwehrkampf gegen die Normannen mit Bari die wichtigste Bastion byzantinischer Herrschaft für immer verloren.

Mit Kaiser Michael VII. (1071–1078) war das Haus Dukas auf den Thron zurückgekehrt. An dem Staatsstreich hatte Michael Psellos entscheidenden Anteil. Der Regierungsantritt des ältesten Sohnes Konstantins X. brachte eine politisch unfähige Marionette zur Herrschaft, die sich in das Ränkespiel des Psellos widerstandslos fügte. Von ihm erzogen, in Literatur und Philosophie eingeführt, mangelte dem Prinzen das Verständnis für die Erfordernisse der rauhen politischen Wirklichkeit. Der neue Kaiser war unfähig, der chaotischen Entwicklung in Anatolien und dem Aufstieg des Normannenfürsten Robert Guiskard zu steuern. Auf dem Balkan verschlimmerte sich die politische Situation, seit auch die Slawen gegen die byzantinische Oberherrschaft aufbegehrten (1072). Mit der Krönung des Fürsten von Zeta zum König durch den Stuhl Petri (1077), noch mehr durch die Aufwertung der Herren von Kroatien zu Königen von Gnaden des Heiligen Stuhles (1076), vermochte der diplomatisch klug taktierende Gregor VII. den römischen Einfluß in Gebieten zu kräftigen, die noch unter Basileios II. unbestritten byzantinischer Souveränität gehorchten. Die Weltfremdheit und Unerfahrenheit des jungen Monarchen nutzte bald auch der am Hofe mächtige Logothet Nikephoritzes, um seinerseits die Zügel der Politik an sich zu ziehen. Michael Psellos verlor seinen Einfluß auf das politische Kräftespiel ebenso wie der bis dahin mächtige Bruder Konstantins X., Johannes Dukas. Um die Steuereinnahmen zu kräftigen, bediente sich Nikephoritzes mit der Konzentration des gesamten Getreidehandels in staatlicher Hand eines dem grundbesitzenden Adel und den Kaufleuten des Reiches feindlichen Schachzuges. Die dirigistische Maßnahme führte zu einer starken Verteuerung des Grundnahrungsmittels Brot in Byzanz, vermochte gleichzeitig jedoch nicht vor Schwierigkeiten bei der Versorgung der Bevölkerung zu schützen. Die feindliche Haltung gegen das herrschende Regime machte sich in mehreren Revolten Luft. Während die Usurpation des Cäsars Johannes Dukas, der sich mit normannischen Söldnern verschwor, bald erfolglos zusammenbrach, bedrohte wenig später die gleichzeitige Erhebung des Dux von Dyrrhachion, Nikephoros Bryennios, vom Balkan aus und die Empörung des Dux des kleinasiatischen Themas Anatolikon, Nikephoros Botaneiates, das herrschende Regime. Botaneiates versicherte sich der Unterstützung durch die Seldschuken. Während im Westen Bryennios im November 1077 nach Adrianopel zog, seine Truppen sodann in Richtung auf Konstantinopel vorstießen, besetzte Botaneiates in Kleinasien Nikaia (März 1078). Schon Anfang Januar 1078 hatte die Menge Botaneiates in der Hagia Sophia der Hauptstadt zum Kaiser ausgerufen. Am 3. April zog er als neuer Herrscher in Konstantinopel ein.

Der betagte Nikephoros III. (1078–81) sah sich außerstande, der sich vollendenden Katastrophe in Anatolien entgegenzutreten. Wie unter Michael blieb Byzanz zeit Nikephoros' Herrschaft gelähmt von inneren Machtkämpfen. Dem befähigten General Alexios Komnenos, der bald darauf selbst den Kaiserthron besteigen sollte, oblag es, den Gegenkaiser Nikephoros Bryennios, dann die Usurpation des Dux Nikephoros Basilakios niederzuwerfen. Als sich Ende 1080, unterstützt von den Seldschuken, Nikephoros Melissenos zu Nikaia als Kaiser ausrufen ließ, entwickelte Alexios Komnenos eigene politische Absichten; Alexios verband sich mit dem aufrührerischen Melissenos. Im Frühjahr gelangt der Komnene durch Verrat in die Hauptstadt; nach kurzem Kampf entsagt Kaiser Nikephoros der Herrschaft. Alexios besteigt in einem Augenblick völligen äußeren und inneren Zerfalls den Thron des gefährdeten Reiches (April 1081).

Politischer Wiederaufschwung – Das Zeitalter der Komnenen: Mit dem Regierungsantritt Kaiser Alexios' I. Komnenos (1081 bis 1118) gelangt ein anatolisches griechisches Adelsgeschlecht an die Macht, das die Vorherrschaft des Militäradels im byzantinischen Staate begründet und den Triumph der feudalistischen Kräfte vollendet. Im gleichen Atemzug endet die über ein halbes Jahrhundert dauernde Epoche außenpolitischen Verfalls, die seit dem Tod Basileios' II. in Anatolien und Italien dem Reiche schwere territoriale Verluste gebracht hatte. Entscheidend für die neuerliche Aufwärtsentwicklung des griechischen Staates war die betonte Stärkung der Verteidigungskraft als schützenden Rückgrats des Reiches. Die Komnenenkaiser entschlossen sich zu diesem Zwecke zu umfangreicher Landvergabe (*pronoia*) an den griechischen Adel, die seinen Inhaber in die Lage versetzte, dem Heere eine im Umfang schwankende, von der Größe des Besitzes abhängige begleitende Mannschaft zu stellen. War es nötig, den Staat vor äußerem und innerem Verfall zu retten, so war allerdings auch eine Stärkung der staatlichen Finanzkraft durch einschneidende Steuererhöhungen und neu geschaffene Steuern, Fronleistungen der Bevölkerung und Naturalabgaben erforderlich. Die Finanzkraft des Staates zu stärken, scheute der

Kaiser auch vor der Konfiskation kirchlichen Besitzes nicht zurück. Die Ämterpyramide wurde neu geordnet und eine Fülle neuer Titel geschaffen, die den Adel von der breiten Bevölkerung abhoben und reiche Möglichkeiten schufen, Verdienste um Krone und Reich zu belohnen. Wie schon die Vorgänger im 11. Jh., so griff Kaiser Alexios I., um die außenpolitischen Auseinandersetzungen seiner Zeit finanziell zu bewältigen, jedoch auch zum Mittel der Münzverschlechterung, welche die alte Weltwährung des *solidus* auf ein Drittel des frühbyzantinischen Nennwertes herabsinken ließ. Kein anderer Herrscher seit Basileios II. hat so entscheidend in alle Bereiche des inneren staatlichen Lebens in Byzanz eingegriffen wie Alexios: es war zweifellos sein Verdienst, wenn sich das klösterliche Leben im ausgehenden 11. Jh. reformierte. Auf den Synoden hat der Kaiser persönlich auf die dogmatischen Kämpfe seiner Zeit Einfluß genommen und insbesondere die Sekte der Bogomilen grausam verfolgt. Diese Häresie, die alte Irrlehren der Manichäer und Massalianer aufgriff und in den von Byzanz beherrschten bulgarischen Landstrichen seit dem 10. Jh. eine breite Anhängerschaft fand, glaubte, in einer vom Bösen beherrschten Welt ihre Gläubigen zu seligmachender Reinheit und Engelsgleichheit emporführen zu können, und war so gesehen eine konkurrierende Herausforderung für die institutionalisierte und staatlich privilegierte orthodoxe Christenheit.

Die Seldschuken in Kleinasien und die sizilischen Normannen waren die großen äußeren Feinde, die von der Thronbesteigung an alle außenpolitischen Schachzüge des Kaisers bestimmten. Die Auseinandersetzung mit den Seldschuken hat das Reich mit nur geringfügigen Unterbrechungen in Atem gehalten; ihre Nachfolger, die Osmanen, waren es schließlich, die später die politische Existenz des byzantinischen Reiches vernichten sollten. Kleinasien befand sich zu Beginn der Regierung Alexios' in seiner Gesamtheit in der Hand der Seldschuken.

Invasion der Normannen in Griechenland – Der Erste Kreuzzug: Ehe der Herrscher an eine Rückgewinnung denken konnte, galt es, die europäischen Besitzungen vor dem Zugriff der Normannen zu retten, die bei Dyrrhachion gelandet waren. Zwar gelang es, mit Hilfe der verbündeten Venezianer die sizilische Flotte zu schlagen, doch drang der Feind dessen ungeachtet weit in den Epeiros, nach Makedonien und Thessalien vor, und erst der Tod Robert Guiskards im Jahre 1085 schenkte den Byzantinern eine Atempause. Der Hilferuf an die Republik Venedig freilich sollte sich auf lange Sicht für Byzanz als verhängnisvoll erweisen: im Mai 1082 hat Kaiser Alexios als Gegenleistung neben anderen Privilegien für das Gebiet des gesamten Reiches Venedig das Recht freien Handels und die Konzession eigener Quartiere in Konstantinopel zuerkennen müssen. Der benannte Staatsvertrag hat bereits im 12. Jh. zu einer völligen Aushöhlung der Wirtschaft des griechischen Reiches und damit zugleich der steuerlichen Leistungskraft des Staates geführt, von der sich Byzanz nie mehr erholte. Nur kurz nach dem Abklingen der normannischen Gefahr erschien in Gestalt der Petschenegen im Jahre 1090 eine neue ernste Bedrohung für den Bestand des Kaiserreiches: Konstantinopel sah sich im Winter 1090/91 zu Land und zu Wasser belagert, und nur mit Hilfe der mit den Byzantinern verbündeten nomadischen Kumanen, einem aus Südrußland an die untere Donau gewanderten Turkvolke, wurden Staat und Reich gerettet: in einer entscheidenden Schlacht haben die Kumanen am 29. April 1091 am Levuniongebirge die Petschenegen niedergemetzelt. Die Situation war nicht minder gefährlich gewesen als einst die arabische Belagerung, hatten doch die Petschenegen sich mit dem Seldschukenemir Tzachas von Smyrna verbündet, der wie die Petschenegen zu Land seinerseits mit einer gewaltigen Flotte Konstantinopel zernierte. Nur fünf Jahre später wurde der Bestand des Reiches erneut auf eine ernste Bewährungsprobe gestellt: es waren die disziplinlosen Haufen des Kreuzzugpredigers Peter von Amiens, die den Balkan überfluteten und weite Teile des Reiches auf ihrem Durchmarsch plünderten. Gelang es Kaiser Alexios binnen relativ kurzer Zeit, sich ihrer mittels der Gewährung freier Überfahrt zum kleinasiatischen Ufer, wo sie bald von den Türken bis auf geringe Reste vernichtet wurden, zu entledigen, so bildete der nachfolgende große Heereszug westlicher Kreuzritter unter Herzog Gottfried von Bouillon und dem Normannenfürst Bohemund eine weit größere Gefahr für das Reich. Dem Gros der Kreuzfahrer ist eine ehrliche Begeisterung und der Wunsch, nicht etwa Byzanz anzugreifen, sondern das Heilige Land von den Seldschuken, die im Jahre 1077 Jerusalem erobert hatten, zu befreien, keineswegs abzusprechen. Der Aufruf Papst Urbans II. auf dem Konzil von Clermont zu dieser religiösen Bewegung hatte eine aufrichtig religiöse Zielsetzung und war nicht gegen das in den Augen des Abendlandes schismatisch-griechische Kaiserreich gerichtet. Andererseits befand sich in der Person Bohemunds in den Reihen der führenden Fürstenpersönlichkeiten ein Normanne, der Sohn jenes Robert Guiskard, der im Jahre 1081 tief nach Griechenland eingedrungen war. Bohemund hatte selbst in Griechenland mitgekämpft: eine Eroberung Konstantinopels und die Gründung eines normannischen Kaiserreiches am Bosporus ist ein reales politisches Ziel nicht anders gewesen, als hundert Jahre später es das Ziel des venezianischen Dogen Enrico Dandolo war, ein von den Venezianern beherrschtes lateinisches Kaiserreich an der Meerenge zwischen Europa und Asien zu schaffen. Was den Venezianern des Vierten Kreuzzuges gelang, wäre den Kreuzrittern des Ersten Kreuzzuges gleichfalls möglich gewesen: zu überlegen war bereits der Westen schon aus waffentechnischer Perspektive. Dem byzantinischen Kaiser Alexios gelang es, den Kreuzrittern den Lehenseid abzunehmen und die Übergabe aller, von den Kreuzfahrern eventuell eroberten, einst byzantinischen Gebiete in Anatolien und Syrien im voraus zu vereinbaren. Der Herrscher stellte seinerseits freie Überfahrt und Unterstützung der Kreuzfahrer mit Proviant und Waffen in Aussicht und gab vor, selbst am Kreuzzug teilzunehmen. Die abendländische Kreuzzugsbewegung hatte den byzantinischen Kaiser in einer Schwächephase der kleinasiatischen Seldschukenstaaten daran gehindert, seine eigenen Rückeroberungspläne in die Tat umzusetzen. Nunmehr schufen die mit den abendländischen Kreuzrittern geschlossenen Verträge die Grundlage für den nahezu kampflosen Rückgewinn weiter anatolischer Gebiete: bereits im Juni 1097 eroberten die Abendländer Nikaia und übergaben die Stadt an Kaiser Alexios. Byzantinische Heereskontingente vermochten Smyrna, Ephesos und Sardeis zu besetzen. Die Kreuzfahrer rückten, verstärkt durch byzantinische Truppen, über Kilikien nach Syrien vor und eroberten die syrische Metropole Antiocheia (3. Juni 1098). Blieb bis dahin der Besitzanspruch des byzantinischen Reiches stets geachtet, so gelang es, weit entfernt vom Bosporus, in Antiocheia, dem Normannen Bohemund, sich politisch festzusetzen und ein fränkisches Fürstentum zu begründen, das gegenüber Byzanz völlige Unabhängigkeit beanspruchte. Der Kreuzzug erreichte mit der Eroberung Jerusalems im Juli 1099 sein eigentliches Ziel. Ein fränkischer König regierte nunmehr über Palästina.

Die Byzantiner verstanden es, den zähen Kleinkrieg zwischen Bohemund und seinen türkischen Nachbarn zur Rückeroberung der südanatolischen Festung Tarsos, Adana und Mamistra zu nutzen; an der syrischen Küste fielen Laodikeia und Tripolis an die Griechen zurück. Der erste christliche Kreuzzug hat so entgegen den Intentionen der Normannen das byzantinische Reich nicht vernichtet, sondern rekonsolidiert. Freilich war den Byzantinern die Wiederinbesitznahme der Hochebenen Inneranatoliens versagt. Hier blieben die Seldschuken für dauernd ansässig. Nach einer längeren Periode der Schwäche sollte sich von hier in der zweiten Hälfte des 12. Jh. der Druck auf die byzantinische Ostgrenze erneuern und nach dem Mongoleneinbruch in der Mitte des 13. Jh. so verstärken, daß Kleinasien Ende des 13. Jh. für Byzanz endgültig verlorenging. Seine Eroberungspläne gegen Byzanz hat Bohemund noch einmal im Jahre 1107 mit der Landung bei Aulona und dem Zug gegen Dyrrhachion zu verwirklichen versucht. Seine Niederlage befreite Byzanz nicht nur für ein Menschenalter von der normannischen Gefahr, sondern zwang Bohemund darüber hinaus auch zur Anerkennung griechischer Oberherrschaft über das Fürstentum Antiocheia. Die Jahre des Ersten Kreuzzugs brachten nicht nur bedeutende politische Wandlungen und Umstürze, sondern nach einer langen Ära kulturellen Auseinanderlebens zwischen griechischem Osten und lateinischem Westen eine Phase intensiver wechselseitiger kultureller Begegnung. Die Konfrontation mit den abendländischen Kreuzrittern hat bei den Griechen freilich gleichfalls eine tiefe Furcht hinterlassen, welche die spätere Westpolitik der Byzantiner wesentlich bestimmt hat. Kaiser Alexios hat mit diplomatischem Geschick den Ersten Kreuzzug in seinen Dienst gestellt, war erfolgreich gegen die Seldschuken geblieben, hatte die Normannengefahr gebannt; es blieb seinen Nachfolgern vorbehalten, die unruhigen Serben, die ihren Einflußbereich südwärts zu vergrößern versuchten, zu befrieden und byzantinischer Reichssouveränität unterzuordnen.

Johannes, der älteste Sohn Kaiser Alexios I., übernahm ein Reich, das dank der kraftvollen Herrscherpersönlichkeit des ersten Komnenen rekonsolidiert und gestärkt aus der langen Periode der außenpolitischen Schwäche hervorgegangen war. Der Kampf um die Thronfolge steht am Anfang seiner Regierung: die Auseinandersetzung mit seiner Schwester Anna, der Gattin des Cäsars Nikephoros Bryennios, die nach dem Wunsch der Kaiserwitwe Eirene auf den Thron gelangen sollte. Ein Komplott wider das Leben des Prinzen Johannes scheiterte; Anna zog sich aus dem öffentlichen Leben zurück. In der Stille klösterlicher Abgeschiedenheit verfaßte sie ihre berühmte *Alexias*, die Geschichte ihres Vaters Alexios.

Johannes II. Komnenos (1118–43) erwies sich als ungewöhnlich fähiger Herrscher. Klarer Blick für das Mögliche und strenge Selbstbeherrschung kennzeichnen seine staatsmännischen Entscheidungen. Seine größten militärischen Erfolge hat Johannes auf dem Balkan erfochten; er war es, der die nomadisierenden Petschenegen, die das Reich nahezu pausenlos an seiner Nordgrenze bedrohten, im Jahre 1122 derart vernichtend besiegte, daß sie als politische Kraft fortan nicht mehr in Erscheinung traten. Die Serben mußten nach einem Sieg des Kaisers über den Zupan von Raszien sich byzantinischer Oberherrschaft fügen. Die Auseinandersetzung mit den Ungarn, die Belgrad zerstörten, endete gleichfalls mit einem Triumph der Byzantiner. Johannes II. erkannte sehr wohl die Gefahren, die sich für Byzanz aus dem Aufstieg der Handelsrepublik Venedig ergaben. Schon gegen Ausgang des 11. Jh. beherrschte die Signorie mit ihren Handelsflotten den östlichen Teil des Mittelmeeres und war zur größten wirtschaftlichen Handelsmacht mit weitreichenden Marktrechten auf den Handelsplätzen auch des byzantinischen Reiches emporgestiegen. Die Auseinandersetzung mit Venedig, die darauf hinauslief, die Zugeständnisse des Vertrages vom Jahre 1082 zu stornieren, hat der Kaiser verloren: ähnlich wie später unter Manuel I. erzwang die Republik mit der Repressalie einer fürchterlichen Plünderung der Ägäis die Erneuerung der ihr verbrieften Konzessionen (1126). Dieses Jahr bildete aus wirtschaftshistorischer Sicht ein Epochedatum am Beginne einer die ganze weitere mittel- und spätbyzantinische Ära überdauernden, mehr als 300jährigen wirtschaftlichen Vormachtstellung italienischer Handelsherren im byzantinischen Reiche. Erfolge waren Johannes bei der konsequenten Fortführung der Rückeroberungspolitik im westlichen Kleinasien wider die Seldschuken und im Orient beschieden, wo der Kaiser daran ging, seit langem verlorene syrische Territorien im Kampf wider die fränkischen Barone, die sich nach dem Ersten Kreuzzug etabliert hatten, zurückzuerobern. Die Kämpfe begleiten die gesamte zweite Hälfte der Regierungszeit Johannes' II. Sie führen zur Rückgewinnung Kilikiens, das unter armenischen Einfluß gelangt war. Im Jahre 1137 unterwirft sich auch Antiocheia den Byzantinern. Die Bedrohung durch das sizilische Normannenreich bannte der Herrscher durch ein Bündnis mit dem deutschen Kaiser.

Im Inneren des Reiches scheinen diese Jahrzehnte nach dem Urteil von Zeitgenossen eine der glücklichsten Epochen byzantinischer Geschichte, gekennzeichnet von Aufschwung und Sicherheit, gewesen zu sein. Sie enden vorzeitig im April 1143 mit dem tödlichen Jagdunfall des Herrschers.

Johannes' II. vierter Sohn, Manuel I. (1143–1180), übernahm ein nach außen hin gesichertes, finanziell gesundetes Reich, das nach den schweren Rückschlägen des 11. Jh. noch einmal den Rang einer balkanischen und mittelmeerischen Großmacht gewonnen hatte. Dem Thronfolger fehlte jene Besonnenheit, die Johannes II. auszeichnete; anders als sein Vater übersah er in der Außenpolitik die Grenzen der Möglichkeiten und versuchte, eine gesamtmittelmeerische Großraumpolitik im Stile Kaiser Justianians I. zu erneuern. Am Hofe zog heiterer Lebensgenuß ein, der im Vereine mit maßlosen militärischen Ausgaben den Staatsschatz in kurzer Zeit verzehrte.

Der Eckpfeiler seiner Großmachtpolitik war für Manuel das Bündnis mit dem deutschen Kaiserreich, das durch die Ehe Manuels mit Berta von Sulzbach, der Schwägerin Konrads III., auch dynastisch gefestigt wurde; die außenpolitischen Ziele Manuels bildeten der Rückgewinn Italiens im Kampf gegen die Normannen, im Osten weiterer Bodengewinn in Anatolien im Kampf wider die Seldschuken, darüber hinaus Einfluß auf den Vorderen Orient, im Norden die Oberherrschaft über die gesamte Balkanhalbinsel.

Der Zweite Kreuzzug – Erneutes Eindringen der Normannen – Die Schlacht von Myriokephalon: Die Existenz des byzantinischen Staates schien ernstlich bedroht, als im Jahre 1147 abendländische Kreuzfahrer mit einer gewaltigen Streitmacht auf dem Landweg durch byzantinisches Territorium nach Kleinasien zogen, der die Byzantiner im Falle einer militärischen Kraftprobe sicherlich unterlegen wären. Klug wurde eine kriegerische Auseinandersetzung vermieden: die Byzantiner stellten die nötigen Schiffe zur Verfügung, die die Abendländer nach Kleinasien übersetzten, wo das Kreuzfahrerheer, schlecht organisiert und geführt, binnen kurzem von den Seldschuken aufgerieben wurde. Mit dem Ende dieser Gefahr bekam Manuel freie Hand gegen die Normannen, die im Herbst 1147 mit der Landung auf Korfu und der Besetzung von Korinth und Theben byzantinisches Territorium überfallen hatten. Der Kampf gegen den Normannenkönig Roger II. führte zunächst zum Rückgewinn Korfus (1149). Als der mächtige Normanne dann im Jahre 1154 verstarb, nützte Manuel die Gunst der Stunde und unterwarf Apulien (1155). Dazwischen lagen der serbische Aufstand im Jahre 1149 und ein langwieriger Krieg mit den Ungarn – eine Auseinandersetzung, die Byzanz bis in die Mitte der sechziger Jahre des 12. Jh. beschäftigte. Während es aber schließlich gelang, Ungarn auch dynastisch durch die Erhebung des Ungarnprinzen Bela zum byzantinischen Thronfolger an das Reich zu ketten und den Widerstand der aufrührerischen Serben zu brechen, war die Italienpolitik nur von kurzlebigen Erfolgen begleitet. Schon im Jahre 1156 erleiden die Byzantiner im Kampf gegen Wilhelm I. von Sizilien eine vernichtende Niederlage. Das von Manuel I. erstrebte Bündnis mit dem deutschen Kaiser Friedrich I. kommt nicht zustande, da Friedrich in Italien eigene Ziele verfolgt; Byzanz allein erweist sich als zu schwach, um sich in Süditalien zu behaupten. Die Mißerfolge im Westen vermögen den Kaiser nicht davon abzuhalten, im Orient eine Großmachtpolitik zu inszenieren, die sich die Lehensherrschaft über die lateinischen Fürstentümer Syriens und Palästinas zum Ziele macht. Sie gipfelt in der Unterwerfung Raymunds von Antiocheia im Jahre 1159 und in der Anerkennung byzantinischer Oberherrschaft durch König Balduin III. von Jerusalem. Im Kampf wider die Ungarn fallen Dalmatien, Kroatien und Bosnien (1167) an die Byzantiner. Auch der Zupan von Rascien, Stefan Nemanja, muß sich nach hartnäckigen Kämpfen (1172) dem Kaiser unterwerfen. Als verhängnisvoll für Byzanz erwies sich die Unterschätzung der Macht, welche die Republik Venedig in der Ägäis und im östlichen Mittelmeer gewonnen hatte. Die beherrschende Rolle der Venezianer auf allen wichtigen Handelsplätzen des Reiches sucht Manuel I. vergeblich durch ein blutiges Lateinerpogrom zu beseitigen (12. März 1171). Das zum Kampf gegen Venedig eingegangene Bündnis mit Genua und Pisa vermag Byzanz nicht vor der Vergeltung der Signorie zu schützen, die sich in einer furchtbaren Plünderung der byzantinischen Inseln und Ägäisküsten manifestiert. Erst der Vertrag vom Jahre 1177 mit Venedig beendet die für Byzanz mißliche Auseinandersetzung. Schon ein Jahr zuvor war es in dem neuentbrannten Kriege mit dem Seldschukensultan Kilidsch Arslan zu einer verhängnisvollen militärischen Niederlage der Byzantiner in Phrygien nahe Myriokephalon (17. September 1176) gekommen. Von dieser militärischen Katastrophe, die schon manche byzantinische Chronisten ähnlich der Niederlage von Mantzikert vom Jahre 1071 als eine Peripetie der byzantinischen Geschichte betrachteten, hat sich das Reich der Komnenen nicht mehr erholt. Nach dem Tode Manuels im September 1180 sollte die schon zu Lebzeiten des Herrschers zerbrechende weitgesteckte Reichskonzeption unter den Schlägen neuerstarkter politischer Nachbarn zusammensinken und wenig später durch die Invasion abendländischer Kreuzfahrer von der Landkarte hinweggefegt werden. Das byzantinische Reich war durch die militärische Großmachtpolitik Manuels, nach nahezu vierzigjährigen Kämpfen im Orient, in Kleinasien, auf dem Balkan und in Italien, finanziell völlig erschöpft.

Der erst elfjährige Thronfolger Alexios II. (1180–1183), der unter Vormundschaft der Kaiserwitwe Maria die Herrschaft antrat, war der schwierigen außenpolitischen Situation des im Westen durch die Normannen, im Norden durch die Serben und Ungarn, in Kleinasien durch die Seldschuken bedrohten Reiches in keiner Weise gewachsen. Die politischen Nachbarn der Byzantiner erkannten die Gunst der Stunde: Bela III. von Ungarn eroberte Dalmatien und Kroatien (1181), die Serben entzogen sich byzantinischer Oberhoheit. Die Macht der Republik Venedig im östlichen Mittelmeer wuchs mit der außenpolitischen Schwächung des byzantinischen Reiches und nötigte zu einem verstärkt lateinerfreundlichen Kurs. Im Inneren hatten sich starke soziale Gegensätze durch die reiche Privilegierung des Militäradels zeit der Komnenendynastie herausgebildet. Andronikos Komnenos, ein Neffe Kaiser Manuels, machte sich die Unzufriedenen zu Bundesgenossen. Es gelang ihm, ein Heer in Kleinasien zu bilden und im Frühjahr 1182 das herrschende Regime in Konstantinopel zu stürzen. Die Revolte artete zu einem blinden Lateinermorden aus; die führenden Köpfe der Regentschaft wurden hingerichtet oder politisch kaltgestellt. Andronikos heuchelte zunächst die Rolle eines Schutzherrn des jungen Kaisers Alexios. Als sich sein politischer Einfluß konsolidiert hatte, ließ er sich zum Mitkaiser küren (September 1183) und wenig später, im November, den legitimen Kaiser beseitigen.

Mit der Herrschaft Andronikos' I. (1183–85) gelangte ein adelsfeindliches Regime an die Macht. Die Komnenenkaiser hatten die einflußreichen Ämter im Heer, in Verwaltung und am Hofe an wenige, protegierte Sippen vergeben. Zahlreiche Mißstände, Bestechung und Rechtsbeugung waren im Staate eingerissen. Nunmehr begann die große Abrechnung mit den alten Familien. Der Hinrichtungen und des Terrors war kein Ende. Auf ihn antwortete Verschwörung auf Verschwörung. Mit der Ausrottung bedeutender Geschlechter verstümmelte sich der Staat am eigenen Rumpfe. Geradezu selbstzerstörerisch aber wirkte die betont antilateinische Politik des auch von der breiten Masse mehr und mehr als grausamer Tyrann empfundenen Herrschers: sie schenkte jenen politischen Hasardeuren des Abendlandes einen billigen Vorwand, die hinter der Parole christlichen Kreuzzuges eine Chance militärischer Eroberungen und territorialen Gewinns im Osten witterten. Die Erwartungen westlicher Abenteurer sollten sich in der durch Papst Innozenz III. neu erweckten, unter venezianischer Führung vom eigentlichen Ziele Jerusalem bewußt abgedrängten Bewegung des Vierten Kreuzzuges knapp zwei Jahrzehnte später durch einen für das Kaiserreich am Bosporus vernichtenden Schlag verwirklichen. Die Usurpation des Andronikos lieferte gleichzeitig jenen Kräften einen billigen Vorwand, die sich als Verteidiger der legalen byzantinischen Dynastie aufspielten: für König Bela III. von Ungarn, der im Bunde mit den Serben die balkanischen Territorien verwüstete, Belgrad, Niš und Sofia eroberte, für Isaak Komnenos, der sich auf Zypern zum Kaiser ausrufen ließ; mit seiner Revolte ging die Insel dem Reich für immer verloren: schon wenige Jahre später erwirbt sie das fränkische Geschlecht der Lusignan und wird Zypern auf Jahrhunderte Sitz eines lateinischen Königreichs (1192). Die Schwäche der Byzantiner ermutigte die Normannen zu einem erneuten Griff nach griechischem Boden und zum Bemühen, ein normannisches Kaiserreich am Bosporus zu gründen: im Juni 1185 erobern sie Dyrrhachion, ziehen dann weiter vor Thessalonike; nach nur neuntägiger Belagerung fällt die Stadt. Als das sizilische Heer gegen Konstantinopel vorrückt, fegt eine Revolte die blutige Herrschaft Andronikos' I. hinweg.

Die Ära der Angeloi – Der Vierte Kreuzzug: Die Byzantiner haben nach der Zerstückelung des verhaßten Andronikos Kaiser Isaak II. (1185–1195, 1203–1204), einen Sohn des vornehmen Geschlechts der Angeloi, in etymologisierender Deutung seines Geschlechternamens als 'Engel des Himmels' begrüßt. Mit ihm kehrte das Regime des Feudaladels der Zeit vor Andronikos zurück, zurück auch die Korruption der Verwaltung. Der Spielraum der byzantinischen Politik war weithin eingeschränkt: Byzanz stellte keine agierende Macht, sondern nur noch einen reagierenden, kraftlosen Kleinstaat dar. Im Jahre 1185 machen sich die Bulgaren über die Revolte der Brüder Peter und Asen unabhängig; wenig später wird in Trnovo Asen zum Zaren gekrönt. Aus der militärischen Schwäche der Byzantiner ziehen auch die Serben Nutzen und erweitern ihren Einflußbereich um vormalig byzantinische Besitzungen. Hingegen vermag Isaak die Normannengefahr, die den Sturz Andronikos' I. herbeigeführt hatte, mit Siegen bei Mosynopolis und Dimitrica endgültig zu bannen. Thessalonike, wenig später Dyrrhachion und Korfu gelangen wieder in byzantinischen Besitz. Im Sommer des Jahres 1189 durchqueren die Heerscharen des Dritten Kreuzzuges den Balkan und besetzen die byzantinischen Städte Philippopel und Adrianopel, ehe es zu einer Übereinkunft kommt, durch die Kaiser Isaak sich zur Verproviantierung und Überfuhr der Kreuzfahrer über den Bosporus nach Kleinasien bereit erklärt. Die Lähmung der Byzantiner durch die Kreuzfahrer bildete für Serben und Bulgaren ein Signal, über die Städte Makedoniens und über Sofia herzufallen; vermochte Isaak die Serben zu zügeln, so endeten die Feldzüge der Jahre 1190 bis 1194 gegen die

Bulgaren mit Mißerfolgen. Im Frühjahr 1195 wird Kaiser Isaak von seinem Bruder Alexios (III.) gestürzt und geblendet. Isaak gelangt noch einmal zur Herrschaft, als sein Sohn aus dem Verlies, das er mit seinem Vater teilte, zu entkommen vermag und mit Unterstützung abendländischer Kreuzfahrer im Juli 1203 als Alexios IV. auf den Thron erhoben wird. Seine lateinerfreundliche Politik führt indes schon im Jahre 1204 zu einer Revolte in der Hauptstadt, die Alexios IV. und Isaak um die Herrschaft bringt.

Isaak II. hat es nicht an ernsthaftem politischen Willen gefehlt; doch blieb das Reich militärisch und finanziell erschöpft. Angesichts der Vorherrschaft des Großgrundbesitzes und reicher steuerlicher Privilegierung von Kirche und Klöstern war dem geschrumpften Reiche die unentbehrliche Rekonsolidierung nicht abzugewinnen. Der innere Verfall zeichnet sich nicht zuletzt in der Auflösung der alten byzantinischen Provinzen in Kleinstthemen ab. Zwei Jahrzehnte nach dem Tode des mächtigen Manuel wartete der kraftlose Rumpf des griechischen Kaiserreiches nur noch auf den Zugriff eines entschlossenen Eroberers.

Alexios III. (1195–1203) vermochte den weiteren Verfall des Reiches nicht aufzuhalten: vergeblich bemühte sich eine drastische Steuerpolitik, die sprunghaft gewachsenen Staatsausgaben auszugleichen, seit an Kaiser Heinrich VI., der Sizilien besetzt hatte und von dort großangelegte Eroberungspläne im Mittelmeerraum entwickelte, in Gestalt des sog. *alamanikon* erheblicher Tribut zum Erkauf eines faulen Friedens aufzubringen war. Die ernste finanzielle Situation tat der höfischen Verschwendung keinen Abbruch. Auf dem Balkan zeichneten sich um diese Zeit grundlegende Machtverschiebungen ab: die Bulgaren wurden wieder ein ernstzunehmender politischer Faktor. Ihre Einfälle gefährdeten zentrale griechische Landstriche. Auf makedonischem Boden gründete unter den Augen der byzantinischen Zentralgewalt Dobromir Chrs ein selbständiges Fürstentum, in Westmakedonien annektierte Ivanko ausgedehnte Ländereien. Während man Ivanko, der seine Macht bis nach Mittelgriechenland auszudehnen suchte, durch List auszuschalten wußte, fielen die von Dobromir entrissenen Landstriche bald darauf an die Bulgaren. Der Prestigeverlust des byzantinischen Kaiserreichs wird auch auf kirchenpolitischem Terrain deutlich: die mit Byzanz verfehdeten Bulgaren vermögen sich ungestraft der römischen Kirche zu unterstellen. Päpstliche Legaten sollten fortan in Trnovo die bulgarischen Zaren krönen. Auch die serbische Kirche ging dem Einflußbereich des orthodoxen Patriarchen von Konstantinopel verloren, seit sich der serbische Prinz Vukan im Jahre 1202 der geistlichen Suprematie der römischen Kurie unterwarf. Die weitaus größte Gefahr bildete in den ersten Regierungsjahren Alexios' III. allerdings die weitgespannte Eroberungskonzeption Heinrichs VI. Der an die abendländische Kaiserkrone geleistete Tribut hätte sicherlich den schwelenden Konflikt mit Heinrich nur verzögert, der durch die Eheschließung seines Bruders Philipp mit Eirene, der Tochter des gestürzten Kaisers Isaak, einen billigen Vorwand fand, sich als Anwalt des entmachteten Fürsten aufzuspielen. Der Tod des westlichen Kaisers im Herbst 1197 gönnte Byzanz noch einmal eine rettende Atempause. Als nach dem Tode Heinrichs das abendländische Kaiserreich verfiel, Italien aus dem Reichsverband schied, nahm das politische Gewicht der römischen Kurie erheblich zu. In der Person Innozenz' III. hatte im Jahre 1198 eine entschieden machtpolitisch orientierte Persönlichkeit den Stuhl Petri bestiegen. Der Papst belebte die abendländische Kreuzzugsbewegung zu einem Zeitpunkt, da die christlichen Eroberungen des 11. und 12. Jh. im Orient im Gefolge der Kriegszüge des Kalifen Saladin verlorengegangen waren. Anders als anderthalb Jahrzehnte zuvor unter Kaiser Friedrich I. waren es indes diesmal die Realpolitiker, die in dem sich in Venedig sammelnden Heeresaufgebot den Ton angaben: es war der große venezianische Doge Enrico Dandolo, der mit genialem Weitblick erkannte, daß sich für die Republik Venedig eine Sternstunde ihrer Geschichte bot. Ein unwiederbringlicher Zeitpunkt schien gekommen, um nicht nur in Dalmatien für die Venezianer wichtige Häfen in Besitz zu nehmen, sondern darüber hinaus als Zwischenbastion auf dem Wege zu den Märkten des Orients ein venezianisch-abendländisches Kaiserreich an den Schwarzmeerengen zu gründen. Angesichts der Unsicherheit der balkanischen Landrouten waren die westlichen Kreuzfahrer auf den Transport durch die venezianische Flotte angewiesen. Venedig konnte so über die Seeroute des Kreuzfahrerheeres entscheidend bestimmen. Umsonst hat sich Papst Innozenz III. einem Mißbrauch der Kreuzzugsidee widersetzt. Man fuhr der dalmatischen Küste entlang (Herbst 1202) und besetzte zunächst die bis dahin vom ungarischen Königreich abhängige Küstenstadt Zara. Die Bitte des byzantinischen Prinzen Alexios, des Sohnes des inhaftierten Kaisers Isaak, um Befreiung seines Vaters, die dem deutschen Thronprätendenten Philipp von Schwaben vorgetragen und gleichzeitig auch dem Kreuzzugsheer nach Zara überbracht wurde, schien ein willkommener Vorwand, statt ins Heilige Land gegen das schismatische Konstantinopel weiterzusegeln. Im Sommer 1203 langte man vor der griechischen Kaiserstadt an, eroberte binnen kurzem Galata und sah sich schon am 17. Juli 1203 im Besitz Konstantinopels. Der regierende Kaiser, Alexios III., hatte sich durch die Flucht in Sicherheit gebracht, Isaak II. wurde als Kaiser wiedereingesetzt, sein Sohn Alexios, der für die Eroberung der Hauptstadt im Abendland geworben hatte, als Alexios IV. zum Mitkaiser erhoben. Byzantinische Herrscher regierten fortan von des Abendlands Gnaden. Die Kreuzfahrer, die vor der Hauptstadt lagerten, beobachteten argwöhnisch alle Entscheidungen des Hofes. Alexios IV. vermochte die in Zara und später auf Korfu versprochenen Zahlungen an die Abendländer nicht zu gewährleisten: die griechische Bevölkerung revoltierte gegen die unerträgliche Steuerlast. In dem Aufstand verlor Alexios IV. Thron und Leben: Kaiser Isaak II., erneut in Haft, fand bald danach den Tod.

Die Antilateinerpartei der Hauptstadt erhob in der Person Alexios' V. einen Schwiegersohn des von den Abendländern gestürzten Kaisers Alexios III. zum Herrscher. Die neue Entwicklung war für die Abendländer das Signal zu einem erneuten Anschlag auf Konstantinopel. Noch ehe man zum Sturm auf die Mauern ansetzte, war die Teilung des byzantinischen Reiches und seiner Hauptstadt unter die Eroberer beschlossene Sache. Am 13. April 1204 zogen die Kreuzfahrer zum zweiten Male in der Kaiserstadt ein: mehrtägigem Rauben und Plündern fielen unersetzliche Kunstschätze zum Opfer. Das Gros der geraubten Kleinodien und Habseligkeiten nahm den Weg nach Venedig. Niketas Choniates, ein griechischer Zeitgenosse, hat in seinem Buch 'Über die Bauten' das Blutbad von Konstantinopel und die Vernichtung seiner Prunkdenkmäler in ergreifenden Worten festgehalten. Eine ruhmvolle, annähernd 900jährige, glanzvolle Epoche griechischer Kaiserherrschaft war zu Ende gegangen.

III. DAS ZEITALTER DES LATEINISCHEN KAISERREICHES

Politische Ohnmacht und Zerstückelung: Der Vierte Kreuzzug und die Ereignisse des Jahres 1204 setzen in der griechischen Geschichte des Mittelalters eine tiefe Zäsur: weder vorher noch nachher im Verlaufe des Mittelalters verloren die Byzantiner vor der Katastrophe von 1453 jemals völlig staatliche Souveränität und selbständige Bestimmung des völkischen Schicksals. Kaum wurde eine europäische Staatenbildung jemals derart zerstückelt. Die Chance für das Wiedererstehen eines griechischen Kaiserstaates am Bosporus stand zunächst gleich Null. Auf die griechischen Zeitgenossen haben die Geschehnisse des Frühjahrs 1204 niederschmetternd gewirkt. Dennoch fehlte es nicht an mutigen Köpfen in der adeligen Oberschicht und an dem Willen, den griechischen Staatsgedanken zu erhalten und neu zu beleben. In der dunkelsten Stunde dieser Tage haben die Byzantiner noch in der alten Hauptstadt zunächst Konstantin Laskaris, dann, als dieser die Annahme der höchsten staatlichen Würde ablehnte, dessen Bruder Theodoros (I.) Laskaris zum neuen Kaiser ausgerufen. Mit wenigen Getreuen flüchtete der neue Herrscher auf das anatolische Ufer. In Kleinasien suchte und fand man die Chance, ein neues griechisches Reich zu gründen, während die abendländischen Eroberer sich um die territoriale Beute auf europäischem Boden und in der griechischen Inselwelt stritten. Gleichzeitig formte sich an der Nordküste des Schwarzen Meeres um den Herrschaftssitz Trapezunt ein weiterer griechischer Teilstaat, dessen Beherrscher sich 'Großkomnenen' nannten und sich die Kaiserkrone aufs Haupt setzten. Im westlichen Griechenland gelang es der Sippe der Angeloi, im Epeiros inmitten abendländischer Prinzipate ein griechisches Staatengebilde zu konsolidieren. Mittlerweile teilten Venezianer und fränkische Barone auf Grund der schriftlich paraphierten *Partitio Romaniae* Konstantinopel, Thrakien, Makedonien, Thessalien, Böotien, Attika und die Peleponnes unter sich auf. Zur See waren die Venezianer die unbestrittene Vormacht der Ägäis. Alle wichtigen Eilande, darunter Kreta, Euboia, Lemnos, Naxos und Rhodos waren in ihrer Hand. Sie kontrollierten darüber hinaus die gesamten Schiffahrtswege des östlichen Mittelmeeres und die Zufahrt zum Schwarzen Meer. Ehrgeizige abendländische Ritter errichteten sich Burgen auf den unwirtlichen Felsen des griechischen Festlandes. Mit ihnen hielten katholischer Glaube und westliche höfische Kultur ihren Einzug in Griechenland.

Der Kleinkrieg zwischen den weltlichen Baronen um den Besitz der vertraglich fixierten Ländereien und die Beutegier der Besatzer schenkten in einem geschichtlich entscheidenden Augenblick den nach Kleinasien entkommenen Byzantinern eine Atempause, die sie zur Gründung eines griechischen Kaiserreiches um das Zentrum Nikaia erfolgreich nutzten. Die kleinasiatische Küste von Adramyttion bis zur Grenze zu den Seldschuken im Süden und der Besitz des anatolischen Binnenlandes, soweit Byzanz dieses seit den Kämpfen gegen Kilidsch-Arslan zu behaupten vermochte, bildeten eine hinreichende Grundlage für die agrarwirtschaftliche Sicherung und militärische Verteidigung eines neuen griechischen Kaiserstaates, dessen Herrscher sich als Nachfolger der byzantinischen Kaiser betrachteten. Bald sollte das junge Staatengebilde aus neugewonnener Kraft den Kampf um den Besitz Konstantinopels gegen die Abendländer wieder aufnehmen. Nikaia wurde zugleich die Heimat bedeutender literarischer Persönlichkeiten, die das griechische Geistesleben zu neuer Blüte heraufführten.

Die Abendländer wähnten sich im sicheren und endgültigen Besitz ihrer politischen Beute. Am 16. Mai 1204 wurde mit der Unterstützung der Venezianer in der Hagia Sophia Graf Balduin von Flandern zum lateinischen Kaiser von Konstantinopel gekrönt. Wie bei der Planung des Kreuzzuges gegen Byzanz, wie bei der Teilung, so hatte auch bei der Gründung des lateinischen Kaiserstaates der geniale Doge Enrico Dandolo die Hand im Spiel.

Kaiser Balduin erhielt ein Viertel des einstigen byzantinischen Reichsterritoriums zugewiesen, während von den übrigen drei Vierteln die Venezianer eine Hälfte, die andere die abendländischen Kreuzritter empfingen. Im Gegensatz zu den Venezianern waren die Feudalherren Lehensleute des lateinischen Kaisers. Der Anteil Balduins sollte Thrakien und Nordwestkleinasien umfassen, sowie mehrere Inseln, insbesondere Lesbos, Chios, Samos. Zum Glück für die Byzantiner schlug Bonifaz von Montferrat den ihm zugewiesenen Besitz auf kleinasiatischem Boden aus und eroberte sich im Kampf gegen seine vormaligen Bundesgenossen die große zweite Stadt des einstigen byzantinischen Reiches, Thessalonike, sowie weite Gebiete Makedoniens und Thessaliens. Nachdem die Venezianer auf umfangreiche Flächen auf dem Festland verzichtet hatten, konnte sich in Athen mit Unterstützung Bonifaz' Otto de la Roche, auf Morea unter Wilhelm Champlitte ein französisches Fürstentum, das sich Achaia benannte, etablieren, das bald darauf in den Besitz des Geschlechtes Villehardouin überging. Mit der Besetzung von Ragusa, Dyrrhachion und der Städte Koron und Modon auf Morea schloß Venedig die Lücken zwischen seinen Stützpunkten, die seither eine nahtlose Kontrolle auch über die gesamte Adria garantierten. Der subtilen Teilung des byzantinischen Reiches entsprach auch die Aufteilung der Hauptstadt: auch hier annektierten die Venezianer drei Achtel der Stadt, darunter das Gelände der Hagia Sophia, in der nunmehr ein Venezianer, Tommaso Morosini, als lateinischer Patriarch seinen Stuhl bestieg. So politisch vernichtend für die Griechen die Situation des beginnenden 13. Jh. auch war, so hat diese kulturgeschichtlich eine Vermählung byzantinischer und abendländischer Kultur ermöglicht: fränkisches Hofleben zog in die Residenzen westlicher Feudalherren ein, orientalische und europäische Sagen und literarische Motive begegneten einander und schufen die Anregung zur dichterischen Bearbeitung fremdländischer Stoffe. Die Schöpfungen byzantinischer Architektur und Malerei gewannen einen verstärkten Einfluß auf den Westen. Andererseits übernahmen die neuen Herren vielerlei byzantinische Rechtsgewohnheiten in ihre Rechtsprechung, die später unter dem Namen 'Assisen' kodifiziert wurden.

Nikaia auf dem Weg zur Konsolidierung – Theodor I. und Johannes III.: Die kleinasiatischen Griechen waren in den ersten Jahren nach dem Desastre von 1204 nicht nur von seiten der Lateiner gefährdet. Politische Abenteurer, wie Theodoros Mankaphas, Manuel Maurozomes und Sabas Asidenos strebten an, vom nikäischen Territorium selbständige Teilherrschaften abzusplittern; an der Ostgrenze suchten die Seldschuken die Schwächen der Griechen für sich zu nutzen; die neuen Kaiser von Trapezunt erweiterten ihr Einflußgebiet an der Schwarzmeerküste mehr und mehr nach dem Westen. Der erste militärische Schlagabtausch mit den Lateinern unter Heinrich von Flandern und Louis von Blois endete in der Schlacht von Poimanenon mit einer Niederlage der Byzantiner. Bithynien mußte an die Abendländer abgetreten werden; es sah schlecht aus um die Zukunft des nikäischen Staates. In dieser Situation war es ein ungeahntes Glück für die Griechen, daß sich die westlichen Feudalherren mit dem Bulgarenzaren Kalojan überwarfen. Nahe Adrianopel wurde das Kreuzritterheer im April 1205 von der bulgarischen Heeresmacht vernichtet. Eine mittelbare Folge der Katastrophe war die Räumung Kleinasiens durch die Lateiner, die nur noch die Stadt Pegai besetzt hielten.

Den Anspruch auf die rechtliche Kontinuität seines Kaisertums vermochte Theodoros I. Laskaris (1204, gekrönt 1208, bis 1222) aus seiner Verwandtschaft zu dem früheren Kaiser Alexios III. Angelos, seinem Schwiegervater herzuleiten. Der Aufbau des nikäischen Reiches glich weithin dem feudalistischen Vorbild Byzanz, die Gliederung in sogenannte Themen blieb beibehalten. Von Nikaia aus regierte als geistlicher Oberhirte wie vordem in Konstantinopel ein griechischer Patriarch, der Anspruch auf die Nachfolge auf dem Stuhle der konstantinopolitanischen Bischöfe erhob.

Das nikäische Reich war einigermaßen gefestigt, als nach dem Tode des bei Adrianopel von den Bulgaren gefangengenommenen lateinischen Kaisers Balduin dessen Bruder Heinrich eine entscheidende Machtprobe mit den Griechen Kleinasiens herbeizuführen suchte. Die Lateiner waren ihrerseits durch wiederholte Einfälle der Bulgaren, die bis Thessalonike vorstießen, bedroht. Nach dem Tode des Bulgarenzaren Kalojan (1207) vermochte die Republik Venedig eine geheime Allianz zwischen Abendländern und dem Sultan von Ikonion zu vermitteln. Theodoros I. gelang es, im Kampf zunächst gegen die Seldschuken im Frühjahr 1211 mit dem Siege von Antiocheia eine Entscheidung herbeizuführen, die den Griechen den Rücken frei machte. Schon im Herbst des gleichen Jahres kam es dann am Rhyndakos in Westkleinasien zu einer Schlacht mit Kaiser Heinrich von Konstantinopel, die mit einer Niederlage der Griechen und einem Vorstoß der Lateiner bis Pergamon und Nymphaion endete. Zum Glück für Nikaia vermochten die Lateiner ihren militärischen Vorteil nicht zu nutzen; auch ihre Kräfte waren erschöpft und damit der Weg frei zu einem für die Griechen relativ günstigen Friedensschluß, der nur Nordwestkleinasien bis Adramyttion den Abendländern zuerkannte. Um die gleiche Zeit konnte Theodoros I. die Auseinandersetzung mit dem Konkurrenzkaisertum von Trapezunt zu seinen Gunsten entscheiden: die Nikäer besetzten die westliche Schwarzmeerküste Anatoliens mit den wichtigen Städten Herakleia und Amastris; als die Seldschuken ihrerseits das östlich gelegene Sinope annektierten, den trapezuntischen Kaiser Alexios Komnenos besiegten und sein Kaisertum türkischer Lehensoberhoheit unterwarfen, war Trapezunt als machtpolitischer Konkurrent ausgeschaltet.

Es blieb mit der geographischen Trennung durch die dazwischengestoßenen Seldschuken für mehr als zweieinhalb Jahrhunderte bis zur türkischen Eroberung im Jahre 1461 vom westlichen Griechentum abgeschnitten; als territorial bedeutungsloser Pufferstaat durchlief Trapezunt eine politisch einflußlose Sonderentwicklung während des gesamten Spätmittelalters.

Die auf den Schlachtfeldern erkämpfte außenpolitische Festigung ermöglichte es dem nikäischen Reich, sich weiter zu konsolidieren. Eine Periode friedlicher Beziehungen zu den lateinischen Nachbarn schien möglich: die Venezianer gingen mit dem Reich von Nikaia einen Handelspakt ein, der ihnen auf den Markt- und Handelsplätzen des griechischen Kleinasien bedeutende Vorrechte sicherte und ihre Handelsvorherrschaft im ägäischen Raum rundete (1219). Im Westen Griechenlands hatte sich zur gleichen Zeit eine Entwicklung angebahnt, die zu völlig neuen politischen Kräfteverhältnissen auf dem Boden Makedoniens und Thessaliens führte: das kleine, im Epeiros nach der Katastrophe von 1204 entstandene Teilreich, das die Sippe der Angeloi beherrschte, erlebte seit der Regierungsübernahme durch Theodoros Angelos einen ungeahnten Aufstieg. Theodoros gelang es, das von Bonifaz von Montferrat einst gegründete lateinische Reich Thessalonike zu erobern (1224). Damit war auf dem Festland eine mächtige Bresche zwischen den Territorien des lateinischen Kaiserreiches von Konstantinopel und den abendländischen Prinzipaten in Südgriechenland geschlagen. Theodoros Angelos beanspruchte nach den Herren von Nikaia und Trapezunt nun auch seinerseits den Kaisertitel und trat damit in Wettbewerb zu zwei griechischen und einem lateinischen Kaiserreich.

Das erste Ziel des Nachfolgers Theodoros' I. Laskaris, Johannes' III. Dukas Vatatzes (1222–1254), bildete die Vertreibung der Lateiner aus Kleinasien. Die Nachbarschaft auch eines geschwächten lateinischen Anrainers in Kleinasien mußte von den wiedererstarkten Griechen stets als latente Gefahr empfunden werden: auf dem gleichen Schlachtfeld, auf dem sein Vorgänger Theodoros eine empfindliche Niederlage gegen die Abendländer erlitten hatte, die zu schmerzlichen Gebietsverlusten führte, konnte Johannes einen glänzenden Sieg erringen, der die Lateiner im Friedensschlusse von 1225 zum Verzicht auf nahezu sämtliche kleinasiatischen Territorien mit Ausnahme des Konstantinopel gegenüberliegenden Ufers und der Landstriche rund um Nikomedeia zwang. Aber die Ziele des neuen Herrschers waren weiter gesteckt: der Bau einer Kriegsflotte erlaubte es den Byzantinern, den Lateinern die Inseln Chios, Lesbos, Samos zu entreißen; bald darauf bot die Einwohnerschaft von Adrianopel dem Kaiser mit einem Hilfeersuchen einen willkommenen Vorwand zur Invasion auf dem europäischen Festland und zur Besetzung der Stadt samt der umliegenden thrakischen Landstriche. Ein entscheidender Brückenschlag auf den europäischen Kontinent war gelungen, eine wichtige Phase zur Rückeroberung Konstantinopels schien eröffnet. Doch schon bald darauf errangen die Streitkräfte des erstarkten griechischen Reiches von Thessalonike in Thrakien beträchtliche Bodengewinne und näherten sich Adrianopel. Die nikäischen Truppen mußten die Stadt räumen. Neben Theodoros Angelos liebäugelte der Bulgarenzar Ivan Asen II. mit einer Eroberung der Kaiserstadt Konstantinopel. Der alte Traum eines bulgarischen Kaisertums am Bosporus schien sich zu erfüllen, als Kaiser Robert von Courtenay verstarb (1228) und die Lateiner die Vormundschaft über den unmündigen Balduin II. dem Zaren antrugen. Die neue Situation führte zu einem Zerwürfnis zwischen dem Bulgarenherrscher und seinem einstigen Verbündeten Theodoros Angelos. Theodor suchte die Entscheidung auf dem Schlachtfeld, wurde aber von den Bulgaren bei Klokotnica (1230) entscheidend geschlagen. Der Herrscher geriet selbst in die Hand der Bulgaren. Sein Reich verlor wesentliche Erwerbungen, vermochte sich aber unter seinem Bruder Manuel zumindest in Thessalien und im Epeiros zu behaupten. Die Macht der Bulgaren beherrschte Makedonien und Thrakien, und selbst Serbien hörte auf das Wort des Zaren. Die Bulgaren und Nikaia waren nunmehr die politisch bestimmenden Faktoren in den Ländereien rund um die Ägäis. Die Abendländer Konstantinopels enthoben den Bulgarenzaren schon nach kurzem der Regentschaft und kürten den politisch unbedeutenden Johannes von Brienne zum lateinischen Kaiser. In der Folgezeit haben Bündnisse zwischen Nikaia und dem bulgarischen Reich eine wichtige Rolle gespielt. Den Vorteil hieraus zog Nikaia. Die Bündnispolitik brachte den nikäischen Griechen auch kirchenpolitisch einen großen Erfolg, als der Zar die Verbindung zur römischen Kurie und die Union mit der römischen Kirche im Gefolge der Neuorientierung seiner Außenpolitik löste: mit Zustimmung der östlichen Patriarchate wurde zugleich die Kirche von Trnovo zu einem orthodoxen bulgarischen Patriarchat aufgewertet (1235). Im gleichen Jahr stürmten Bulgaren und Nikäer gemeinsam gegen die Mauern Konstantinopels; das Unterfangen wiederholte sich im darauffolgenden Jahre ohne Erfolg.

Mit dem Tode des Zaren im Jahre 1241 geht eine Epoche bulgarischer Vormachtstellung auf dem Balkan zu Ende. Nach dem Ausscheiden der Bulgaren aus der großen Politik und mit der zunehmenden Schwäche des lateinischen Kaiserreiches von Konstantinopel wird Nikaia zur führenden Kraft im ägäischen Raum und beginnt seine Macht nunmehr auch auf dem Boden West- und Nordgriechenlands auszuspielen. In die gleiche Zeit fällt der große welthistorische Auftritt der Mongolen, die Vorderasien überfluten, in Kleinasien eindringen, das Sultanat von Ikonion, das Königreich Armenien und das Kaiserreich von Trapezunt in ihrer Existenz bedrohen, in Südrußland das Reich der Goldenen Horde gründen und, weiter nördlich, bis nach Schlesien (Schlacht bei Liegnitz) vordringen. Ihr Auftreten in Kleinasien bedrohte Nikaia nur vorübergehend, schwächte andererseits den östlichen Nachbarn der Griechen, die Seldschuken, empfindlich und löste zugleich eine neue Welle von Wanderbewegungen in den östlichen und zentralen Gebieten Anatoliens aus, die sich der kleinasiatischen griechischen Grenze näherte und in den siebziger Jahren des 13. Jh. unter Kaiser Michael VIII. zu einer heimlichen Inbesitznahme auch byzantinischer Territorien durch nomadisierende Turkstämme führte, als nach dem Rückgewinn Konstantinopels die anatolischen Landesgrenzen weniger im Blickpunkt der Reichspolitik lagen und der Kaiser zudem in Konflikt mit den kleinasiatischen, bis dahin die Grenzen schützenden Soldatenbauern geriet. Das Chanat der Goldenen Horde blieb über ein Jahrhundert auch für Byzanz ein ernstzunehmender Machtfaktor. Mongolische

Eroberungsscharen fegten aber auch die alten Reiche des Vorderen Orients hinweg: von persischem Boden aus beherrschte die Dynastie der Ilchane nunmehr gewaltige Territorien, in Ägypten und Syrien etablierten sich die Mameluken.

Das Jahr 1246 schenkte Johannes III. einen wichtigen Sieg über die Bulgaren, durch den weite Teile Makedoniens und Thrakiens an den nikäischen Staat gelangten. Ihr Reich wurde den Mongolen tributär und sank, von Thronwirren geschwächt, zu politischer Bedeutungslosigkeit herab. Das nämliche Jahr 1246 brachte dem Kaiser aber auch den kampflosen Gewinn Thessalonikes. Über mehrere Jahre zog sich der Kleinkrieg gegen den Epeiros hin. Aus der Auseinandersetzung schlug Nikaia weiteren territorialen Gewinn (1252).

Eineinhalb Menschenalter nach dem Desastre von 1204 besaß das nikäische Reich ansehnliche Ländereien an beiden Ufern der Ägäis. Ihnen stand ein weit verstreuter insularer Besitz abendländischer Herren, insbesondere Venedigs, gegenüber, daneben die fränkischen Baronien Moreas und des böotisch-attischen Raumes, eine geschwächte griechische Herrschaft im Epeiros, dazu die noch den Lateinern gehörende Stadt Konstantinopel. Die neugeschaffenen Machtverhältnisse konsolidierten sich zunächst. Der Krieg mit dem Epeiros, der auch über Thessalien herrschte, brachte den Nikäern nur in Westmakedonien bescheidene Gewinne. Die erstarkte Geltung des kleinasiatischen Griechenreiches kam in dem Bündnis mit dem deutschen Kaiserreich zum Ausdruck, das durch die Eheschließung Johannes' III. mit Konstanze, der Tochter Kaiser Friedrichs II., gefestigt wurde. Das krönende Ziel der Außenpolitik des griechischen Kaisers war unter diesen günstigen Voraussetzungen der Rückgewinn der alten Hauptstadt am Bosporus. Johannes III. hat zur politischen Absicherung eines Feldzuges gegen Konstantinopel die Unionsbemühungen nach nahezu einem halben Jahrhundert neu belebt. Freilich kam es ähnlich wie in allen früheren Verhandlungen auch diesmal nicht zu dem greifbaren nahen, versöhnenden Abschluß der beiderseitigen Anstrengungen in Gestalt einer kirchlichen Union. Ebensowenig vermochte Johannes III. sein politisches Restaurationswerk mit dem Rückgewinn des alten Byzanz zu vollenden. Auch so bleibt das geschichtliche Porträt des Herrschers neben dem des späteren Michael VIII. das einer großen gestaltenden Kraft im balkanisch-kleinasiatischen Raume zeit des 13. Jh. Neben militärischen Erfolgen stehen innenpolitische Leistungen, die den Staat von Grund auf erneuerten: die Stärkung der Verteidigungsstruktur durch den Bau von zahlreichen Grenzfestungen, durch die Neubesiedlung gefährdeter Grenzgebiete und durch weiteren Ausbau des Pronoiasystems. Der Kaiser hat auch der Zivilverwaltung reges Interesse geschenkt: ein gewissenhaft geführter Kataster legt den Grundstein zu einer sorgfältigen Steuerpolitik; die Landwirtschaft erfährt rege Förderung; oberstes Motto der höfischen Verwaltung und der Wirtschaftspolitik war strenge Sparsamkeit. Die Einfuhren wurden auf lebensnotwendige Artikel eingeschränkt, jeglicher übertriebene Luxus war verpönt. Die staatlichen Kassen füllten sich. Nach bitteren Jahren kehrte Wohlstand im Reiche ein. Das Los der Armen hat der Herrscher als freigiebiger Wohltäter erleichtert. Von den Zeitgenossen hochgeschätzt, wurde Johannes III. nach seinem Tode von der griechischen Kirche in die Schar der Heiligen erhoben. Byzanz war unter und dank ihm wieder ein ernstzunehmender Machtfaktor im östlichen Mittelmeerraum geworden. Johannes' III. politisches Lebenswerk hat überhaupt erst die spätere umspannende Außenpolitik Michaels VIII. ermöglicht. Aber während Michael ohne Rücksicht auf die tatsächlichen Möglichkeiten kraftvoll Geschichte schrieb, zog Johannes III. es vor, die von der Realität gezogenen Grenzen niemals zu überschreiten.

Theodor II. (1254–1258) war aus anderem Holze geschnitzt als sein Vater. Noch stärker als sein Vater vom Leiden der Epilepsie gezeichnet, war der körperlich schwache Herrscher andererseits ein bedeutender Schriftsteller und Gelehrter, ebenbürtig vielen großen Gestalten der mittelalterlichen byzantinischen Geisteswelt. Sein Lehrer war der berühmte Literat Nikephoros Blemmydes gewesen, neben Pachymeres der größte Polyhistor seines Jahrhunderts. Nikaia wurde unter Theodoros eine Hochburg der Literatur und Wissenschaft, wie selbst Konstantinopel es nur im 10. und 11. Jahrhundert gewesen war. Freilich fehlten im Charakter Theodors viele der großen Tugenden seines Vaters: Mäßigung und Klugheit im Umgang mit Hof und Untertanen. Die äußeren Positionen des Reiches vermochte der Kaiser zu behaupten. Der Krieg gegen den Bulgarenzaren Michael Asen entwickelte sich zu einer für das Reich verlustreichen Auseinandersetzung, endete aber gleichwohl im Jahre 1256 mit einem vorteilhaften Frieden. Mit dem Epeiros wurde das Reich in neue und wechselreiche Kämpfe verwickelt, als Theodor Dyrrhachion und Servia mitten im Frieden okkupierte. Eine nicht geringe Gefahr für die Krone bildete das Machtstreben des Michael Palaiologos, des späteren Usurpatorenkaisers, der sich mit Hilfe des Sultans von Ikonion einen erfolgreichen Staatsstreich versprach. Gleich Andronikos I. war der Kaiser ein entschiedener Feind des Adels, eine angesichts der mächtigen Stellung der führenden Geschlechter verhängnisvolle Haltung, die nach seinem frühen Tode den Untergang der Laskaridendynastie herbeiführen sollte. Theodoros war bestrebt, unbedeutende und einflußlose Persönlichkeiten mit den entscheidenden Positionen im Reiche zu betrauen: so Georgios Muzalon als Mann seines Vertrauens in weltlichen Angelegenheiten, so den Mönch Arsenios als Patriarchen. Die byzantinische Aristokratie hat Theodoros nach seinem Tode im August 1258 seine Feindschaft heimgezahlt: der von dem sterbenden Fürsten als Vormund ausersehene Muzalon wurde beseitigt und damit der noch junge Thronfolger Johannes IV. Laskaris seines Schutzes beraubt. Der Adel erhob wenig später einen seiner führenden Repräsentanten, Michael Palaiologos, auf den Schild. Anfang 1259 erhält Michael VIII. die Kaiserkrone vom Patriarchen zu Nikaia aufs Haupt gesetzt, der legitime Thronfolger Johannes verschwindet im Kerker und aus dem Licht der Geschichte.

IV. DIE SPÄTBYZANTINISCHE ÄRA. DIE HERRSCHAFT DES PALAIOLOGENGESCHLECHTES

Wiederaufschwung unter den Palaiologen – Rückkehr des griechischen Reichs an den Bosporus: Michael VIII. (1259–82), der mit seiner Usurpation die längstwährende Dynastie der byzantinischen Geschichte begründete, ein Herrscher von außergewöhnlichem Format, geleitete das Kaiserreich Nikaia, begünstigt durch Schlachtenglück und die Kunst fähiger Feldherrn, aus der Emigration zurück in die alte Kaiserstadt am Bosporus. Seine Außenpolitik, die alle Winkelzüge neuzeitlicher Schaukelpolitik in den Schatten stellt, gewinnt Konturen europäischer Großmachtpolitik. Der König überforderte dabei bewußt militärische und finanzielle Kräfte des Staates. Am Beginne seiner Regierung stand die Auseinandersetzung mit König Manfred von Sizilien, dem Sohne jenes Kaisers Friedrich II., der einst mit den Griechen verbündet war. König Manfred trat in die Spuren der Normannenkönige des 12. Jh., landete auf Korfu (1258) und besetzte die Küste des Epeiros. Mit Manfred verbündete sich Michael von Epeiros und Fürst Wilhelm Villehardouin, der Herrscher über das fränkische Fürstentum Achaja; die Serben nutzten die günstige Situation ihrerseits, um das makedonische Skopje und Prilep zu besetzen. Nach gewaltigem Truppenaufmarsch kam es im Juli 1259 in der Ebene von Pelagonia zu einer Schlacht zwischen fränkischen Rittern und Griechen, die mit der völligen Vernichtung der Abendländer endete. Der Streit um die westgriechischen Besitzungen war endgültig zugunsten der Byzantiner entschieden. Anders als die militärische Machtprobe im Westen bildete der Rückgewinn Konstantinopels eher ein Produkt des Zufalls. Zwei glückliche Umstände schufen die Voraussetzung für den Handstreich auf die als uneinnehmbar geltenden Mauern: zum einen war die venezianische Flotte aus dem Goldenen Horn ausgelaufen, zum anderen fand sich ein Verräter, der das kleine byzantinische Heer, das in Thrakien operierte, im Dunkel der Nacht zum 25. Juli 1261 in die Stadt einließ. Der lateinische Kaiser Balduin und die in Konstantinopel weilenden Abendländer flüchteten. Michael VIII. hatte Byzanz faktisch kampflos zurückgewonnen. Am 15. August zog Michael VIII. im Triumph in die Stadt ein und begab sich zum Dankgebet in die berühmte Hagia Sophia.

Wohl besaß das byzantinische Reich damit wieder seinen Mittelpunkt. Aber wie sehr zusammengeschmolzen war der Besitzstand des einst mächtigen Imperiums! Im Westen befand sich der Epeiros weithin in der Hand griechischer Separatherrschaft; die Serben hatten sich weit nach Makedonien vorgeschoben; auf Morea, in Attika, in der Inselwelt der Ägäis und auf Kreta hatten sich Venezianer, französische Feudalherren und italienische Handelsmagnaten etabliert; die Herrschaft über die Meere beanspruchten die gewaltigen Flotten der Venezianer und Genuesen. Die lange Zeit einzig sichere Landesgrenze zwischen den kleinasiatischen Besitzungen und dem Sultanat von Ikonion wurde zunehmend durch vorrückende türkische Nomaden verunsichert. Hinzu kam, daß die abendländischen Mächte das wiedererstandene Reich am Bosporus nicht widerstandslos als neuen politischen Machtfaktor hinnnahmen, sondern nach der Rückeroberung trachteten. Byzanz war von einer Welt von Feinden umgeben. Lediglich das Bündnis von Nymphaion, das Michael schon vor dem Wiedergewinn Konstantinopels mit den Genuesen (März 1261) geschlossen hatte, schlug für kurze Zeit eine Bresche in die Front feindlicher Abendländer. Die militärischen Erfolge Michaels hielten zunächst mit der Eroberung wichtiger Landstriche an der bulgarischen Küste (1262) und der Unterwerfung des Epeiros unter byzantinische Oberhoheit (1264) an. Wenig später erschien Karl von Anjou (1266) auf der politischen Bühne, als Nachfolger Manfreds König von Sizilien und Neapel. Seine Eroberungspläne bestimmten seither fast bis zum Tode Michaels im wesentlichen die bald aus der

Aktivität zu Reaktionen zurückgedrängte Außenpolitik des Palaiologen. Grundlage des Mächtespieles des Angiovinen bildete der Vertrag von Viterbo (1267) zwischen Exkaiser Balduin von Konstantinopel und Karl von Anjou, der die gemeinsam geplanten Eroberungen im voraus aufteilte. Dem Bündnis traten Wilhelm II. Villehardouin, die Serben und die Bulgaren bei. Aus dogmatischen Unterschieden zwischen rechtgläubigen, römischen Christen und 'schismatischen' Griechen gedachten die Abendländer wiederum politisches Kapital zu schlagen. Michael VIII. griff in dieser Situation zu einem klugen diplomatischen Trick in Gestalt des Angebotes von Unionsverhandlungen an die Kurie. Michael VIII. fand Verständnis auch am französischen Königshofe bei Ludwig IX., der seinen unruhigen Bruder Karl von Anjou mit dem Kreuzzug nach Tunis (1270) im Augenblick der größten Gefahr für Byzanz vom Osten ablenkte. Demgegenüber war das Bündnis, das Michael im Jahre 1272 durch die Vermählung seines Sohnes Andronikos mit der Tochter des Ungarnkönigs Stephan V. schuf, politisch bedeutungslos. Auch auf dem Balkan blieb Byzanz ernsthaft bedroht, insbesondere durch die Allianz von Tataren und Bulgaren. Erst der Frieden mit der 'Goldenen Horde' (1272) brachte ein Ende der Spannungen. Die auf dem 2. Konzil von Lyon im Juli 1274 vereinbarte kirchliche Union schien die Gefahren seitens der westlichen Mächte zu bannen: Karl von Anjou schloß mit Byzanz einen Waffenstillstand. Nunmehr wuchsen die innenpolitischen Spannungen im byzantinischen Reich: Klerus und Volk widersetzten sich der kirchlichen Aussöhnung mit Rom. Eine heftige religiöse Verfolgung brachte für breite Schichten tiefes Elend. Mit der Wahl Papst Martin IV. (Februar 1281) gelangte dann ein Franzose auf den päpstlichen Thron, der die Grundlagen der gesamten Außenpolitik Michaels VIII., die Unionspolitik, in Frage stellte. Martin machte sich zum Bundesgenossen Karls von Anjou. In dem Vertrag von Orvieto (1281) war die Rückeroberung des byzantinischen Reiches durch die Abendländer beschlossene Sache. Die Offensive setzte in Thessalien und Makedonien ein mit dem Vordringen der verbrüderten Serben und des Sebastokrators Johannes Angelos. In genialem diplomatischem Gegenzug konnte der byzantinische Kaiser dank der entscheidenden Unterstützung der Verschwörung der Sizilianer gegen Karl von Anjou ('Sizilianische Vesper' vom 31. März 1282 zu Palermo) die Grundlage der gesamten westlichen, byzanzfeindlichen Konstellation vernichten. Wenig später raffte der Tod Michael VIII. von der politischen Bühne (Dezember 1282). Sein herrscherliches Engagement erschöpfte sich nicht in einer kraftvollen Außenpolitik, wie sie Byzanz seither nie wieder erlebt hat. Michael VIII. hat auch die byzantinische Reichsidee zu erneuern versucht. Eine neue Hierarchie trat am Hofe in Erscheinung. Mit besonderem Interesse sorgte sich der Herrscher um die finanzielle Basis der über das Reich verstreuten Kirchen und Klöster. Seine Großmachtpolitik freilich hat die Möglichkeiten des geschrumpften griechischen Reiches bei weitem überfordert. Die Staatskasse war beim Tode Michaels völlig erschöpft.

Niedergang und politische Auflösung – Die Ära der Andronikoi: Die Bedrohung des Reiches durch Nachbarn und Abendländer, die wie ein Alpdruck auf Byzanz lag, war mit der Sizilianischen Vesper zunächst gewichen; im Inneren herrschte im Gefolge der Unionspolitik Michaels VIII. völlige Zerrissenheit. Der neue Kaiser Andronikos II. (1282-1328) entschied sich ohne Zögern für die Rückkehr zu einer romfeindlichen Kirchenpolitik, doch blieb nach der grausamen religiösen Verfolgung der Anhänger des Patriarchen Arsenios (Arseniten) die Atmosphäre noch auf Jahre vergiftet, ehe im Jahre 1310 mit der Verkündung einer allgemeinen Amnestie der religiöse Zwist ein Ende fand. Die finanzielle Erschöpfung zwang Andronikos II., die militärischen Ausgaben bis an die unterste Grenze des Möglichen zu kürzen, insbesondere die Aufwendung für den Unterhalt der kaiserlichen Flotte. Diese Entscheidung vereitelte umgekehrt eine Verteidigung der unruhigen anatolischen Grenze gegenüber nomadischen Turkmenen und Seldschuken. Die Schwäche der Byzantiner ermunterte ihre Feinde. So ist in diesen Jahren jene weltgeschichtliche Entwicklung in Westkleinasien ermöglicht worden, die in die völlige Inbesitznahme aller anatolischen griechischen Besitzungen durch die Türken in der Zeit des ausgehenden 13. und beginnenden 14. Jh. mündete. Mit dem Verzicht auf eine Kriegsflotte wurde Byzanz noch mehr als bis dahin zur See von Venedig und Genua abhängig. Schlimme Erfahrungen bewogen den Kaiser späterhin, wenigstens ein schwaches Flottenkontingent von 20 Schiffen neu zu erstellen. Das Landheer war nur noch ein Schatten der früheren byzantinischen Kriegsmacht. Byzanz wurde abhängig von ausländischen Söldnern. Unter Andronikos II. hat der Feudalisierungsprozeß einen absoluten Höhepunkt erreicht: gelang es dem Großgrundbesitz sich über Privilegien mehr und mehr den Steuerpflichten zu entziehen, so verfiel umgekehrt ländlicher Kleinbesitz und damit eine der tragenden Säulen staatlicher Finanzkraft. Der Kaiser sah sich zu einschneidenden Steuererhöhungen genötigt, die weniger den besitzenden Feudaladel und die reichen Klöster, auch wenn deren Immunität eingeschränkt wurde, als vielmehr die breite Schicht der bereits darbenden Bevölkerung trafen. Die byzantinische Währung verfiel zunehmend, die Preise für Waren kletterten unaufhaltsam.

Dem Druck seiner balkanischen und westlichen Nachbarn war Byzanz nicht mehr gewachsen. Die Serben drangen in Makedonien weit nach Süden vor; der um die Jahrhundertwende mit den Venezianern geführte Krieg endet mit einer Niederlage. Im Jahre 1304 geht die Insel Chios an das genuesische Geschlecht Zaccaria verloren. Nur in Zentralgriechenland vermag das griechische Kaiserreich aus den Kämpfen zwischen dem Epeiros und den thessalischen Herrschaften Vorteile zu schlagen. Die Türkengefahr wurde für die Griechen zu einem doppelten Verhängnis, seit sich Kaiser Andronikos die Dienste der katalanischen Kompagnie, die einst für König Friedrich von Sizilien gegen die Angiovinen gekämpft hatte, erkaufte: zwar erstritten die katalanischen Söldner nach ihrer Ankunft (Ende 1303) zunächst vielversprechende Erfolge auf dem kleinasiatischen

Kriegsfeld, sie befreiten Philadelphia; aber seit die Abendländer damit begannen, auch byzantinische Städte und Dörfer wahllos zu plündern, war man nur noch darauf bedacht, sich ihrer auf schnellstem Wege zu entledigen. Als ihr Anführer Roger de Flor im April 1305 im Palaste des byzantinischen Mitkaisers Michaels IX. ermordet wurde, antworteten die abendländischen Krieger mit einem verheerenden zweijährigen Plünderungs- und Vernichtungszug quer durch Thrakien. Zur gleichen Zeit überfielen die neu erstarkten Bulgaren die byzantinische Schwarzmeerküste und eroberten Mesembria und Anchialos. Neue Gefahr drohte Byzanz auch in der Person des abendländischen Prinzen 'ohne Land', Karl von Valois, der die ehrgeizigen Pläne Karls von Anjou wiederbelebt und im Bündnis mit Venedig, Serben und Katalanen auf zentralgriechischem Boden Fuß zu fassen sucht (1308). Als die katalanische Kompagnie im gleichen Jahre zur Eroberung Thessaliens schritt, danach weiter südwärts nach Athen zog, die fränkische Herrschaft des Hauses Brienne in der Schlacht am Kephissos (1311) im Kampf wider die Katalanen ihr Ende fand, war Karl von Valois seines einzigen schlagkräftigen Bundesgenossen ledig. Für die Griechen folgten glücklichere Jahre im Verhältnis zu Serbien und Venedig, Teile von Thessalien und des Epeiros kehrten zurück.

Im Inneren machten sich zeit der Regierung Andronikos' II. stark zentrifugale Kräfte bemerkbar, die am politischen Zusammenhalt rüttelten: die zweite Gattin des Kaisers, Eirene von Montferrat, versuchte die zweite Stadt des Reiches, Thessalonike, zu einer Art Sekundogenitur zu profilieren; mächtige Grundherren entzogen sich zunehmend dem Zugriff der Reichsgewalt; in den letzten Lebensjahren Andronikos' schließlich erschütterte ein erbitterter Bürgerkrieg (1321–Frühjahr 1328) zwischen dem Kaiser und seinem Enkel, dem Mitkaiser Andronikos III., den Reichsverband, ehe der alternde Herrscher nach langwierigen Kämpfen unterlag. Dieses politisch düstere Zeitalter zeitigte noch einmal eine hohe Blüte griechischen Geisteslebens. Das Schrifttum des berühmten Staatsmannes und

Philosophen Theodoros Metochites, ein Redner vom Range des Nikephoros Chumnos, die historiographischen und mathematischen Leistungen eines Georgios Pachymeres stehen auf der Höhe 2000jähriger literarischer griechischer Tradition. Eine neue Ära humanistischer Geistesbestrebungen und der Besinnung auf das literarische Erbe der Antike hob an.

Der alte Kaiser verbrachte seine vier letzten Lebensjahre in Klosterhaft. Sein Nachfolger Andronikos III. (1328–41) übernahm ein noch weit mehr außen- und innenpolitisch geschwächtes Reich, als es einst Andronikos II. geerbt hatte. Die Finanznot des Staates nahm kein Ende, breite Schichten der städtischen und ländlichen Bevölkerung waren völlig verarmt. Nur wenige adelige Magnaten hatten die Stürme der vorausgehenden Jahrzehnte ohne Einbußen überstanden. Ihr Vermögen sicherte ihnen auf der politischen Bühne des Reiches einen bis dahin nicht gekannten Einfluß. Unter den zeit Andronikos' III. am Hofe mächtigen Aristokraten ragt die Persönlichkeit des Johannes Kantakuzenos heraus, der später selbst als Johannes VI. den Thron bestieg. Kantakuzenos hat in bestimmendem Maße auf die Regierungsgeschäfte des Kaisers Einfluß genommen. Der Außenpolitik der eineinhalb Jahrzehnte Andronikos' III. ist, gemessen an der Schwäche des Staates, ein gewisses Geschick nicht abzusprechen. In Thessalien vermochten die Byzantiner bedeutende Ländereien zurückzugewinnen. Im Jahre 1337 kehrte auch der Epeiros in Reichsbesitz zurück. Dem Bau einer neuen Flotte verdankten die Byzantiner die Rückeroberung der von den Genuesen besetzten Insel Chios. Dagegen erreichte der Landgewinn der Osmanen in Kleinasien bedrohliches Ausmaß. Schon während des großen Bürgerkriegs zwischen Andronikos II. und seinem Enkel war Brussa (Prusa) verlorengegangen (1326). 1331 fiel Nikaia, 1337 Nikomedeia. Die Niederlage bei Philokrene (1331) machte den Byzantinern deutlich, daß sie den Türken, wie früher im Grenzkrieg, so nunmehr auch in der offenen Feldschlacht nicht mehr gewachsen waren. Noch mehr gerieten die Griechen im Kampf gegen die Serben zeit des Zaren Stefan Dušan (1331–1355) in Bedrängnis.

Der Serbenkönig vermochte bis weit ins byzantinische Makedonien (Eroberung von Ochrid, Prilep, Kastoria) vorzudringen. Wenig später ging auch Thessalien an Stefan Dušan verloren. Das Bündnis mit den Bulgaren gegen den gemeinsamen übermächtigen Feind hatte sich schon bald als Fehlspekulation erwiesen: im Sommer 1330 vernichteten die Serben in der Schlacht bei Velbužd die gesamte bulgarische Heeresmacht und nahmen nunmehr sogar auf die Thronfolge von Trnovo Einfluß. In das machtpolitische Vakuum, das nach dem Ausscheiden der Bulgaren aus der großen Politik auf dem östlichen Balkan entstanden war, stießen die Tataren, deren Scharen im Frühjahr 1341 bis vor die Tore Konstantinopels gelangen.

Die Krisensituation des um seinen Bestand schwer ringenden Reiches führte zu einer allgemeinen Rechtsunsicherheit. Ihr suchte der Kaiser durch eine Gerichtsform, mit der Schaffung eines unabhängigen obersten Gerichtshofes, der sog. 'allgemeinen Richter', entgegenzuwirken. Als Andronikos III. im Juni 1341 verstarb, stürzte der persönliche Ehrgeiz des Johannes Kantakuzenos, der sich im Gegensatz zu den bestehenden dynastischen Verhältnissen als politischer Erbe des Kaisers fühlte, das byzantinische Reich in einen neuen schrecklichen Bürgerkrieg, der dem Staate jegliche Kraft raubte, sich gegen seine äußeren Feinde, Türken, Serben und abendländische Fürsten, zur Wehr zu setzen.

Bürgerkrieg und religiöse Kämpfe – Die Usurpation Johannes' VI.: Kantakuzenos rechnete sich eine Chance auf die Regentschaft für den unmündigen Thronerben Johannes V. (geb. 1332, Kaiser 1341–91) aus. Seinem Ehrgeiz widersetzte sich der Hof. Die Kaiserwitwe Anna von Savoyen bestimmte im Bunde mit Patriarch Johannes XIV. Kalekas und dem mächtigen Aristokraten Alexios Apokaukos nunmehr das politische Geschehen der Hauptstadt. Kantakuzenos mußte Konstantinopel räumen. Die Regentschaft erklärte ihn zum Staatsfeind und konfiszierte seine Besitzungen. Kantakuzenos antwortete mit der Annahme des Kaisertitels (Oktober 1341). Mehr als fünf

Jahre erbitterten Ringens um die Macht begannen zu einer Zeit, in der sich das Reich von Serben und Türken aufs Schlimmste bedrängt sah. Kantakuzenos' Heer war auf einen kaum leistungsfähigen Rest zusammengeschmolzen. Am serbischen Hof zu Pristina überstand der Usurpator eine Phase schwerer Rückschläge. Wenig später erlangt Kantakuzenos die Anerkennung als legitimer Kaiser durch die Provinz Thessalien. Der Gewinn der den Serben benachbarten Landstriche führt zum Bruch mit dem Hof von Pristina, der sich nunmehr mit den Gegnern Kantakuzenos' verband. In dieser Situation knüpft der Usurpator ein Bündnis mit dem Emir Umur von Aydin und erobert mit Hilfe der Türken Thrakien (1343/45). Die Serben nutzen ihrerseits die Wehrlosigkeit der westlichen griechischen Provinzen und unterwerfen wichtige mazedonische Gebiete sowie die noch unabhängigen Landstriche Albaniens. Seines Sieges über die Herren von Konstantinopel sicher, läßt sich Kantakuzenos im Mai 1346 zu Adrianopel krönen. In militärisch aussichtslose Situation gedrängt, gibt die Besatzung Konstantinopels dem Usurpatorenkaiser Johannes VI. Kantakuzenos im Februar 1347 den Weg frei zum Einzug in die Stadt.

Der neue Kaiser (1347–54) tolerierte die legitime Palaiologendynastie, indem er sich als älteren Kaiser erklärte und die Absicht kundtat, nur bis zur Vollmündigkeit Johannes' V. herrschen zu wollen. Erst nach dem Bruche mit dem jungen Palaiologen im Sommer 1352 versuchte Johannes VI. die Herrschaft des Kantakuzenenhauses dynastisch abzusichern. Seine Bemühungen gipfelten in der Krönung seines Sohnes Matthaios zum Mitkaiser im Jahre 1354.

Die kurze Regierung Johannes' VI. hat die Abwärtsentwicklung der vorangegangenen Jahre nicht unterbrochen. In Makedonien und Thessalien mußten die Byzantiner im Abwehrkampf gegen die Serben weitere bittere Niederlagen und erhebliche territoriale Verluste hinnehmen. Der serbische König Stefan Dušan schritt gleichzeitig zur Eroberung der letzten bis dahin den Griechen verbliebenen Gebiete des Epeiros. Während Byzanz so zu einem Rumpfstaat zusammenschmolz, der nur geringe thrakische und peloponnesische Gebiete und die für die Serben uneinnehmbare Hafenstadt Thessalonike umfaßte, bestimmte der Serbenherrscher über ein großbalkanisches Reich. Sein erhöhtes politisches Prestige schlug sich in dem Anspruch auf die Zarenwürde nieder. Das autokephale Erzbistum von Peć stieg zum serbischen Patriarchat auf. Es war eine seiner ersten Obliegenheiten, Ostern 1346 Stefan Dušan die Zarenkrone aufzusetzen. Der letzte politische Wunschtraum Dušans, von Konstantinopel als Herrscher über Serben und Griechen zu regieren, freilich hat sich nicht erfüllt. Als Stefan Dušan im Dezember 1355 verstarb, sanken die Serben in politische Bedeutungslosigkeit zurück.

Auch in dem Verhältnis zu den beiden großen abendländischen Seemächten Venedig und Genua verlief der Gang der Ereignisse ungünstig. Johannes VI. hatte sich durch eine Zollsenkung im Hafen der Hauptstadt den Groll der in Galata, am gegenüberliegenden Ufer des Goldenen Horns, handelnden Genuesen zugezogen. Der hieraus entbrannte Krieg endet mit der Vernichtung der byzantinischen Flotte. Wenig später mischte sich der Kaiser unglücklich in den genuesisch-venezianischen Krieg um die Seeherrschaft über das Schwarze Meer.

Die Kette der außenpolitischen Niederlagen begleiten endlose Plünderungen des verbliebenen thrakischen, ja selbst unmittelbar um die Hauptstadt gelegenen Gebietes durch türkische Heerhaufen. Die griechische Landwirtschaft geriet in größte Bedrängnis. Die wirtschaftliche Not erreichte ein ungeahntes Ausmaß. Von fremden Kriegern gequält, flüchtet sich die Landbevölkerung in die ummauerten Städte und gesellt sich zu dem verelendeten städtischen Proletariat. Nur wenige Aristokraten verfügen noch über gesicherte Einkünfte aus eigenen, beschützten Ländereien und aus Besitz in der Stadt. Die Steuereinnahmen des byzantinischen Reiches versiegten fast völlig. Schon im Jahre 1343 hatte der byzantinische Kaiserhof unter dem Druck der finanziellen Not kostbare Juwelen an die Republik Venedig verpfändet. Die Werbung fremdländischer Söldner schluckte den letzten Rest der Staatskasse.

Im Innern des Staates entzweite der religiöse Zwist um die Lehren des Athosmönchs Gregorius Palamas die Gläubigen. Palamas bekannte sich zur Mystik der sog. Hesychasten (griech.: *hesyche*, d. h. 'Ruhe'). Ihre Anhänger wähnten während religiöser Betrachtungen, in einer inneren Schau den verklärten Christus (das 'Licht vom Berge Tabor') zu erblicken. Gebetsformeln wie die ständige Wiederholung des sog. 'Jesusgebets' sollten, ähnlich Gebetspraktiken des Buddhismus, den Weg zur mystischen Schau öffnen. Genau besehen bildete diese Mystik griechischen Gepräges lediglich eine Erneuerung des bereits im 11. Jh. von Symeon 'dem Neuen Theologen' definierten Gedankenguts. Zur Rechtfertigung ihrer mystischen Lehren entwickelten die Palamiten theologische Spekulationen, die von der Annahme sogenannter göttlicher 'Energien' ausgingen, die, in der Welt wirksam und für die Menschen erkennbar, eine Verbindung zwischen sichtbarer Schöpfung und unsichtbarem Gotte verkörperten. Vielleicht hätten ihre Theorien in der Öffentlichkeit nicht weiter Aufmerksamkeit gefunden, wäre nicht unter Kaiser Andronikos III. in der Person des Theologen Barlaam aus Kalabrien ein an Maximen scholastischen Denkens geschulter, streitbarer italienischer Mönch nach Konstantinopel gekommen. Seine Polemik spielte den Streit zum Thema einer kirchlichen Synode hoch (1341). Sie ließ eine endgültige Klärung offen. Nach dem Tod Andronikos' III. entschieden sich die neuen führenden Kräfte in der Umgebung der Kaiserwitwe Anna gegen den Athosmönch. Palamas wurde inhaftiert. Der Usurpatorenkaiser Johannes VI., ein entschiedener Parteigänger der Palamiten, verhalf unmittelbar nach seinem Einzug in die Hauptstadt im Frühjahr 1347 der palamitischen Richtung zum Siege; antipalamitische Bischöfe und Prälaten verloren ihre Ämter; der Triumph des Palamas gipfelte in seiner Ernennung zum Erzbischof von Thessalonike.

Schon unter Kaiser Andronikos II. war Thessalonike zeitweise zu einer Art Sekundogenitur geworden. Seit Johannes VI. wird das System dynastischer Teilherrschaften zur Staatsraison, wobei seine Verwandten als sogenannte Despoten lange Zeit die

Herrschaft über Morea übten. Der älteste Sohn des Kaisers, Matthaios, der im Jahre 1353 zum Mitkaiser aufgerückt war, erhielt in Thrakien eine Sonderherrschaft zugesprochen, die ihm freilich nur wenige Jahre nach dem politischen Sturze seines Vaters bereits im Jahre 1357 der Palaiologenkaiser Johannes V. wieder entriß.

Im Jahre 1352 erneuerte sich der Machtkampf zwischen den Kaisern Johannes VI. Kantakuzenos und dem zum Manne gereiften Palaiologen. Schon hatte Johannes V. weite Gebiete Thrakiens, darunter die wichtige Metropole Adrianopel, gewonnen, als Johannes VI. mit Hilfe des türkischen Emirs Urchan die alte Situation restituierte. Die Entscheidung in dem wechselvollen Kampf brachte erst Johannes' V. Bündnis mit dem genuesischen Abenteurer Francesco Gattilusi. Der Genuese ließ sich für seine Hilfe den Besitz der Insel Lesbos verbürgen und eine eheliche Verbindung mit dem griechischen Kaiserhause garantieren. Der Anschlag auf die Hauptstadt gelang (21. November 1354); Johannes VI. tauschte den Kaiserornat mit dem Mönchskittel. Hinter Klostermauern hat der Exkaiser ein berühmtes Geschichtswerk über das 14. Jh. niedergeschrieben.

Fußfassen der Osmanen auf europäischem Boden: Im Taumel der politischen Erschütterungen und Kämpfe kaum wahrgenommen, trat mit der ersten dauernden türkischen Landnahme auf europäischem Boden ein weltgeschichtlich folgenschweres Ereignis ein: Gefolgsleute des Emirs Suleiman besetzten die von einem Erdbeben (2. März 1354) schwer gezeichnete, von ihren griechischen Bewohnern geräumte Stadt Kallipolis (Gallipoli). Der Brückenkopf am Hellespont ermöglichte es beutegierigen Scharen, türkischen Einfluß binnen weniger Jahre weit in Thrakien auszudehnen. Bald sollte ernste Bedrohung auch der byzantinischen Hauptstadt heraufziehen.

Als Johannes V. nach den Ären der Regentschaft und der Usurpation Johannes' VI. zur Alleinherrschaft gelangte, war das Reich nur noch ein Schatten einstiger Größe. Der Zwist zwischen Paläologen und Kantakuzenen hatte den politischen Zersetzungsprozeß nur noch beschleunigt. Die Türken hatten auf dem europäischen Festland Fuß gefaßt; Makedonien und weite Teile Westgriechenlands befanden sich in der Hand der Serben, die Inselwelt der Ägäis im Besitz abendländischer Prinzipate und der Venezianer; die attisch-böotischen Landstriche gehorchten der katalanischen Kompagnie, die sich noch bis zum Jahre 1388 in Mittelgriechenland zu behaupten vermochte, ehe nach kurzer florentinischer Zwischenherrschaft auch die Gebiete um Theben und Athen an die Venezianer fielen. Johannes V. blieb es mangels einer schlagkräftigen Flotte versagt, die auf Morea den Byzantinern verbliebenen Gebiete um Mistra der Kantakuzenenfamilie zu entreißen. Es gelang Johannes V., zumindest Kaiser Matthaios aus dem politischen Spiel auszuschalten, seit der Kantakuzene nach abenteuerlichen Schicksalen in byzantinische Gefangenschaft geriet (1357). Eine gewisse Verringerung des äußeren Druckes trat an der Nordwestgrenze nach dem Tode des mächtigen Serbenzaren Stefan Dušan ein.

Die Finanznot des byzantinischen Rumpfstaates raubte dem Herrscher nicht nur jegliche Möglichkeit außenpolitischer Initiativen, sondern zwang ihn auch, tatenlos zuzusehen, wie politische Abenteurer weitere Territorien kaiserlicher Souveränität entwanden. Die Gebrüder Alexios und Johannes Palaiologos ließen sich ihre Verdienste um das Reich mit der Schenkung der Insel Thasos reich entlohnen. Die administrative Struktur des zerfallenden Reiches befand sich in völliger Auflösung.

Seit dem siebten Jahrzehnt des 14. Jh. gehen die Osmanen daran, die europäischen Gebiete des byzantinischen Reiches, beginnend mit Thrakien und Makedonien, systematisch zu erobern: im Jahre 1361 fällt Didymoteichos in ihre Hand, wenig später Adrianopel, das unter dem Namen Edirne bald danach Residenzstadt der Osmanen wird, ehe Konstantinopel ('Istanbul') den älteren Regierungssitz ablöst. Die türkische Expansion entzündet im Abendland den christlichen Kreuzzugsgedanken: Graf Amadeus V. von Savoyen segelt mit einer bedeutenden Flotte in die Ägäis und befreit Kallipolis. Der Fürst trifft gerade zum richtigen Zeitpunkt ein, um seinen Vetter, Kaiser Johannes

V., der auf dem Rückweg von einer Reise an den Hof König Ludwigs von Ungarn in die Hand der Bulgaren gefallen war, zu befreien, und zwingt die nördlichen Nachbarn der Byzantiner gleichzeitig zur Herausgabe der Schwarzmeerstädte Mesembria und Sozopolis. Der Retter des Kaisers hat sich seine militärische Expedition mit der in den Augen der Byzantiner schwerwiegendsten politischen Konzession an den Westen teuer begleichen lassen: Amadeus übte auf Johannes V. Druck in der Unionsfrage aus und wußte den Kaiser schließlich dazu zu bestimmen, persönlich die Reise nach Rom anzutreten, wo Johannes V. seinen Übertritt zur römischen Kirche im Oktober 1369 unterschriftlich vollzog. In der hierüber ausgestellten Urkunde wird ausdrücklich betont, daß dies lediglich ein individueller Schritt des Herrschers sein sollte und nicht die Union der griechischen Kirche bedeutete. Der Herrscher wies gegenüber seinen westlichen Gesprächspartnern auf die großen Schwierigkeiten hin, die sich zumindest augenblicklich einer Vereinigung der beiden großen Kirchen unter römischer Führung im Osten entgegenstellten. Der Kaiser reiste nach Venedig weiter, um der Signorie neue Unterstützung für das bedrängte Kaiserreich abzuringen. Die Verhandlungen ließen sich, um den Preis byzantinischen Verzichts auf die Insel Tenedos, günstig an. Unter dieser Voraussetzung zeigte sich die Republik auch geneigt, die einst (1343) von der Kaiserwitwe Anna verpfändeten Kronjuwelen zurückzugeben. Andronikos, der in Abwesenheit Johannes' V. in Konstantinopel regierende ältere Sohn des Kaisers, annullierte mit der Weigerung, Tenedos abzutreten, die Vereinbarungen seines Vaters. Statt der erhofften Unterstützung erwartete den Nachfahren ruhmvoller kaiserlicher Ahnen die Schuldhaft. Das byzantinische Kaisertum erfuhr die schmachvollste Erniedrigung seiner Geschichte. Erst das Eingreifen seines Sohnes Manuel befreite den Fürsten aus seiner Not.

Wenig später greifen die türkischen Eroberungen unter der Regierung Sultan Murads I. (seit 1362) auch auf bulgarisches und serbisches Territorium über. Byzanz hat den neuen Entwicklungen ohnmächtig zusehen müssen, ja war geradezu konträr zu seinen eigenen Interessen gezwungen, in Ausübung tributärer Verpflichtungen (etwa seit 1373), den Türken Heeresfolge zu leisten und damit seinen eigenen politischen Todfeind noch zu stärken. Der Sieg an der Marica über den serbischen Despoten Ivan Uglješa und den mit ihm verbündeten serbischen König Vukašin (September 1371) brachte das eine Generation zuvor von Stefan Dušan den Byzantinern entrissene Makedonien unter türkische Herrschaft. In den achtziger Jahren unterwerfen die Osmanen nach und nach ganz Bulgarien (bis 1388). Für das Land beginnt eine fünf Jahrhunderte währende Periode drückender Fremdherrschaft, begleitet von osmanischer Einwanderung und Islamisierung. Ein Jahr später kommt es auf dem Amselfeld am 15. Juni 1389 zu einer gewaltigen Schlacht zwischen Türken und Serben. Das erbitterte Gefecht kostet den Sultan selbst das Leben, bringt aber den Türken den Sieg. Er bedeutet das Ende serbischer Souveränität, Verpflichtung zur Heeresfolge und Leistung der Türkensteuer. Die Unterwerfung etlicher noch unabhängiger dalmatinischer Herren blieb nur noch eine Frage der Zeit. Um die gleiche Zeit fällt auch Thessalonike, das türkische Belagerer drei Jahre lang umzingelt hielten (April 1387), in Westkleinasien die letzte befestigte Stadt, Philadelphia, in die Hand der Osmanen.

Die Jahrzehnte der politischen Agonie des Reiches waren im Inneren begleitet von weiter Verelendung der Bevölkerung, gärender sozialer Unruhe und Aufruhr im Kaiserhaus. Der älteste Sohn Johannes' V., Andronikos (IV.), hatte sich schon im Jahre 1373 im Komplott mit dem Osmanenprinzen Saudschi Tschelebi, wie dieser gegen den Sultan, so er gegen seinen Vater erhoben. War dieser Staatsstreich durch das entschlossene Eingreifen des türkischen Sultans Murad mißglückt, so gelang es dem byzantinischen Prinzen drei Jahre später, im August 1376, die gesamte Kaiserfamilie im Anemasturm einzukerkern. Der Usurpator dankte seinen türkischen Bundesgenossen ihre Hilfe mit der Übergabe der von Amadeus V. rückgewonnenen Stadt Kallipolis; die Genuesen erhielten die für die Kontrolle der ägäischen Seerouten unentbehrliche Insel Tenedos, um deren

Besitz sich auch die Venezianer seit langem am griechischen Kaiserhof bemüht hatten. Andronikos' schwaches, vom Wohlwollen fremder Mächte abhängiges Regime ging knapp drei Jahre später, als Kaiser Johannes V. und sein Sohn Manuel mit venezianischer Hilfe aus dem Verlies entkamen, nach kurzem Kampf zu Ende. Bei der Reinstallation Johannes' V. auf den Thron spielten die Türken eine entscheidende Rolle: nur um den Preis unveränderter tributärer Abhängigkeit und der Leistung der Heeresfolge erlaubten sie dem Herrscher die Rückkehr auf den Thron. Mit den eingegangenen Konzessionen verlor Byzanz wesentliche Teile seiner Souveränität. Das geschwächte Kaiserreich blieb den Türken bis zum Siege des Mongolenchans Timur bei Ankara über die Osmanen (1402), danach nach nur ephemerer Unterbrechung erneut bis ans Ende byzantinischer Geschichte tributär. Den Restbesitz des Reiches teilte Johannes: Andronikos IV. erhielt Selymbria und Herakleia samt weiteren Städten als Apanage, Johannes V. selbst übte die Herrschaft über die Hauptstadt. Zu einer erneuten Erhebung kam es mit Unterstützung des Sultans Bajezid im April 1390: die Revolte des Usurpatorenkaisers Johannes' VII., eines Sohnes Andronikos' IV., war nichts anderes als der Versuch des Osmanenherrschers, mit Hilfe einer politischen Marionette mühelos in den Besitz der alten Kaiserstadt zu gelangen. Mit Unterstützung der Johanniter von Rhodos konnte Manuel Palaiologos seinen Vater Johannes V. auf den Thron zurückführen. Auch in dieser Situation war eine Entscheidung dem Eingreifen einer fremden Macht zu verdanken. Die regenerierende Kraft des byzantinischen Staates hatte sich erschöpft. Der einzige machtpolitische Zuwachs, den Johannes V. während seiner ein halbes Jahrhundert währenden Herrschaft erlangte, blieb der Rückgewinn des seit dem Jahre 1348 von der Sippe der Kantakuzenen verwalteten byzantinischen Restbesitzes auf Morea: seit dem Jahre 1383 begann auch in Mistra mit der Übernahme der Regierungsgeschäfte durch den Despot Theodoros I., dritten Sohn Kaiser Johannes' V., die Herrschaft des Palaiologenhauses. Allerdings blieb sie ein Regime von Gnaden der Türken, deren Oberhoheit Theodor mit der Leistung der Heeresfolge und der Türkensteuer anzuerkennen hatte. Als Kaiser Andronikos III. im Juni 1341 verstarb, hatte er dem Thronerben Johannes V. einen zusammenhängenden Landbesitz vom Schwarzen Meer bis zur Adria, mit den Ländereien Thrakiens, Makedoniens, Thessaliens und dem eben erst zurückgewonnenen Epeiros hinterlassen. Als Johannes V. im Februar 1391 verschied, bestand der Besitz des byzantinischen Reiches aus der Hauptstadt, einigen Städten am Marmarameer, wenigen Inseln in der Ägäis und weniger als der Hälfte Moreas. Byzanz lebte nur noch dank seiner Mauern und weil dem Sultan im Augenblick andere Eroberungsziele vor Augen schwebten.

Byzanz' außenpolitische Machtlosigkeit dokumentiert sich kaum deutlicher als in den Umständen, unter denen sich der Regierungswechsel in Konstantinopel vollzog: nur die tollkühne Flucht des byzantinischen Prinzen Manuel von der türkischen Residenz in Brussa, wo er der Tribut- und Heerespflicht des ohnmächtigen griechischen Reiches gegenüber den Osmanen genügte, erlaubte seine Sukzession auf dem Throne der Hauptstadt.

Manuel II. hat damals schon das vierzigste Lebensjahr überschritten. Die Undankbarkeit seines älteren Sohnes Andronikos, der kurzzeitig den Thron von Konstantinopel usurpiert hatte (1376–79), hatte Johannes V. bewogen, Manuel als Nachfolger in Aussicht zu nehmen. Im Jahre 1373 zum Mitkaiser ausgerufen, konnte er sich schon vor dem Regierungsantritt bewähren, seit er Thessalonike, die von den Türken bedrohte zweite Stadt des Reiches, als Sekundogenitur in Besitz nahm. Manuel hatte mitansehen müssen, wie die Stadt byzantinischer Souveränität entglitt, nachdem die türkische Heeresmacht zuvor die letzten Reste byzantinischer Herrschaft in Makedonien hinweggefegt hatte.

Am Beginn seiner langen Regierung (1391–1425) steht die längste Belagerung der Hauptstadt durch ein feindliches Heer zeit der gesamten byzantinischen Geschichte (1394–1402). Sultan Bajezid gab zu erkennen, daß es ihm ernst war mit der Beseitigung der letzten Reste byzantinischer Herrschaft. Die Versorgung Konstantinopels war bald ernstlich bedroht. Konstantinopel sollte ausgehungert werden, während man zur gleichen Zeit entscheidende Schläge gegen die Feinde auf dem Balkan führte: mit der Schlacht von Rovine (1395) geriet auch die Walachei in türkische Abhängigkeit. Die Einfälle der Türken auf der Halbinsel Morea nahmen kein Ende. Sie fügten der griechischen Herrschaft empfindliche territoriale Verluste zu.

Das Vordringen der Türken bis in die nördlichen Regionen der Balkanhalbinsel schreckte die abendländischen Königreiche und die römische Kurie, vor allem aber den deutschen Kaiser auf. Ein christliches Kreuzfahrerheer zog im Jahre 1396 durch Ungarn nach dem Südosten. Das Unternehmen endete in der Schlacht von Nikopolis (25. September 1396) mit der völligen Vernichtung der abendländischen Expedition.

Ende 1399 entschloß sich Kaiser Manuel zu einer Reise an die westeuropäischen Fürstenhöfe, um dort persönlich Hilfe für den bedrohten Eckpfeiler der Christenheit, Konstantinopel, zu erbitten. Johannes VII., der Sohn seines Bruders Andronikos, sollte mittlerweile die Regierungsgeschäfte in Konstantinopel führen. Die großangelegte Reise des Herrschers, von der Manuel erst im Jahre 1403 zurückkehrte, brachte weder finanziell noch politisch nennenswerten Gewinn. Vielmehr war es dem Erscheinen des Mongolenchans Timur zuzuschreiben, wenn Byzanz noch ein halbes Jahrhundert in der Geschichte weiterlebte.

Der Mongolenherrscher hatte im Jahre 1398 Indien und Persien überrannt und im Vorderen Orient ein gewaltiges Reich errichtet. Mit der Schlacht bei Ankara wurde das osmanische Reich von der Landkarte gefegt (28. Juli 1402); der Sultan endete in mongolischer Haft. Byzanz war seines schlimmsten Feindes ledig, die Hauptstadt aus der Umklammerung befreit. Thessalonike samt Umgebung, der Athos, dazu etliche Ägäisinseln und Besitzungen am Schwarzen Meer und an der Marmaraküste fielen an das griechische Reich zurück. Auch nachdem Timur Kleinasien verließ (1403) und wenig später im Fernen

Osten verstarb, blieben die osmanischen Prinzen Suleiman, Musa und Mehmed, die miteinander um die Sukzession kämpften, für Byzanz vorerst ungefährlich; als sich schließlich im Jahre 1413 Mehmed die Alleinherrschaft sicherte, kam mit ihm ein Sultan an die Macht, der mit Byzanz und seinem alternden Kaiser freundschaftliche Beziehungen unterhielt, in der Hoffnung, so freie Hand zu gewinnen für die innere Rekonsolidierung seines durch Mongolensturm und Diadochenkämpfe schwer erschütterten Staates. Erst unter Sultan Murad II. (seit 1421) nahm der Druck auf Byzanz erneut zu. Das Zusammenspiel des Thronfolgers Johannes mit dem türkischen Thronprätendenten Mustafa gab dem Osmanen willkommenen Vorwand, über Konstantinopel eine totale Blockade zu verhängen (1422 bis 1424) und gleichzeitig die byzantinischen Besitzungen auf Morea zu brandschatzen. Byzanz erkaufte sich den Frieden mit Murad II. mit der Rückkehr in tributäre Vasallität, in der es fortan bis zum Ende der byzantinischen Ära verblieb. Um die gleiche Zeit (1423) ging Thessalonike erneut und endgültig verloren; der Despot Andronikos überließ die Stadt den Venezianern; wenig später (1430) eroberten die Osmanen die bedeutende Hafenstadt. Während seiner beiden letzten Lebensjahre (1423–25) nahm Kaiser Manuel nur wenig an der Regierung teil. Für den entkräfteten und kränklichen Herrscher trug sein Sohn Johannes VIII. bereits die gesamte Verantwortung.

Der älteste Sohn Kaiser Manuels II. hatte sich in jungen Jahren staatsmännische Erfahrung in der Verwaltung der byzantinischen Besitzungen auf Morea verschafft, ehe sein Vater ihn im Jahre 1421 zum Mitkaiser krönte. Auf der Insel Morea war es Johannes im Kampf gegen das lateinische Fürstentum Achaia gelungen, dem Geschlechte der Zaccaria umfangreiche Ländereien zu entreißen. Die Herrschaft Sultan Mehmeds I. (1413 bis 1421), der mit Kaiser Manuel II. eine enge Freundschaft unterhielt, hatte dem entkräfteten griechischen Kaiserreich noch einmal eine Atempause vergönnt. Mit der Regierung Sultan Murads II. beginnt noch zur Zeit Kaiser Manuels die Endphase im Kampf um die politische Selbständigkeit. Kaiser Johannes VIII. hatte sich in die türkischen Thronwirren nach dem Tode Mehmeds eingemischt und auf die Seite des Verlierers Mustafa geschlagen. Murad rächt sich mit einer zweijährigen Belagerung Konstantinopels (vgl. schon S. 155). Gleichzeitig verwüsten seine Heere das südliche Griechenland und Morea, in dessen Besitz sich Griechen, Venezianer und Zaccaria teilten. Die Bastionen Konstantinopels hielten dem türkischen Ansturm stand: Byzanz erlangt um den Preis hohen Tributs Frieden. In Konstantinopel entschied schon in diesen Jahren ein türkischer Kadi über Untertanen des Sultans in Rechtsstreitigkeiten.

Das Konzil von Ferrara–Florenz – Union der orientalischen Kirchen mit Rom: Das große Ereignis der Alleinherrschaft Johannes' VIII. (1425–1448) bildet nicht etwa eine militärische Kraftprobe. Es war die alte kirchenpolitische Diskussion um eine Union mit Rom, die sich nach zahlreichen fruchtlosen Anläufen unter den Komnenenkaisern und den Angeloi, nach erneuten Bemühungen unter Johannes III., nach der kurzlebigen, von der östlichen Kirche widerrufenen Union Michaels VIII., nach der persönlichen Initiative Johannes' V. im September 1369, nunmehr nach jahrelangen Vorverhandlungen mit den Konzilsvätern der Kirchenversammlungen zu Konstanz und Basel ernsthaft erneuerte. Den Griechen ging es bei den Unionsgesprächen im wesentlichen darum, vom Westen militärische Hilfe gegen die Türken zu erreichen. Die Kirchenunion bildet das letzte politische Faustpfand, das Byzanz gegenüber dem Abendlande noch besaß. Die Union hatte einst für Michael VIII. im Abwehrkampf gegen Karl von Anjou entscheidende Hilfe bedeutet. An sie klammerten sich weltliche Hoffnungen, die in keinem Fall den Konzepten der Kurie entsprachen. Die Konzession, mit dem Westen nicht in Konstantinopel, sondern auf dem Boden Italiens zu verhandeln, mußte jedem griechischen Prälaten schon im voraus verständlichen, daß ein Zurück aus Italien nur über die Preisgabe der eigenen theologischen Positionen führte. Die griechische Delegation erreichte im Februar 1438 Chioggia und reiste weiter nach Ferrara. Am 9. April 1438 begannen die Verhandlungen, die sich schon bald in den bekannten Streitpunkten festliefen, wie der Frage der 'Azymen', d. h. der liturgischen Verwendung ungesäuerten Brotes, der Frage des Fegfeuers, das die griechische Kirche verwarf, der Frage der dritten göttlichen Person, mit dem Streit um die Formel *di* oder *ex hyou*, d. h. das Problem des Ausgangs des hl. Geistes aus den anderen göttlichen Personen, sowie im alten Streit um den römischen Primat über die übrigen christlichen Patriarchate. Kaiser Johannes VIII., von der außenpolitischen Not des Reiches bestimmt, übte massiven Druck auf die griechischen Bischöfe. Als am 6. Juli 1439 die in Ferrara begonnenen Verhandlungen in Florenz zum Abschluß kamen, war bereits abzusehen, daß die Konzilsbeschlüsse nur auf dem Papier standen. Im Osten bestand keine Chance zu ihrer Verwirklichung. Unter dem Druck des Herrschers und der Zeit hatte man schließlich in allen dogmatischen Streitpunkten den Lateinern nachgegeben. Es mußte für jeden Orthodoxen wie Hohn klingen, wenn man der Ostkirche ihre liturgischen Gebräuche beließ. Die einzige große politische Initiative Kaiser Johannes' VIII. erwies sich als völliger Fehlschlag: zur äußeren Not gesellte sich religiöse Zerrissenheit. Die Bevölkerung war für die Annahme der Florentiner Beschlüsse nicht zu gewinnen. Die Union von 1439 brachte darüber hinaus der griechischen Kirche einen schmerzlichen Prestigeverlust: der russische Großfürst Vasilij widersetzte sich den Beschlüssen der Kirchenversammlung und hieß Erzbischof Isidor, den Konstantinopel zum Metropoliten von Rußland ernannt und mit der Verkündung der Union in Rußland betraut hatte, kurzerhand verhaften und des Amtes entheben. Die russische Kirche erklärte sich für autonom: sie blieb es bis zur Gegenwart. Politische Erfolge erntete lediglich der Bruder Johannes' VIII., der Despot Konstantin, der zusammen mit seinen Brüdern Theodor und Thomas die griechischen Besitzungen Moreas verwaltete. Konstantin gelang es, den lateinischen Prinzipat Achaia zu erobern und damit nahezu die gesamte Halbinsel Morea unter griechische Botmäßigkeit zurückzuführen (1432). Zwischenzeitlich in den byzantinischen

Städten an der Marmaraküste Regent, nahm Konstantin in den 40er Jahren die Geschicke Moreas erneut in die Hand und griff nunmehr expansiv nach dem Norden aus. Das Haus Acciaiuoli, das die Landschaften Attika und Böotien beherrschte, mußte sich mit griechischer Oberhoheit abfinden.

Den großen militärischen Kraftproben um den Besitz der Balkanhalbinsel hat das geschwächte Kaiserreich als tatenloser Beobachter zugesehen. Die aufsehenerregenden glanzvollen Siege des Vojvoden von Transsilvanien, Hunyadi, der die Türken in der Walachei schlug und weit bis in die von den Türken besetzten Gebiete Serbiens vordrang, stachelten den Westen noch einmal zu einem Kreuzzug an. Es sollte der letzte Kreuzzug in der Geschichte des Mittelalters sein, knapp 50 Jahre nach jener unglücklichen Expedition, die mit der Schlacht bei Nikopolis ein unrühmliches Ende fand. Die neue Situation weckte im Westen die kühnsten Hoffnungen. Papst Eugen IV. rief die christlichen Völker zum Zug in den Osten: König Vladislav III. von Polen stellte sich an die Spitze der Kreuzritter; Hunyadi und der serbische, von den Türken vertriebene Fürst Branković schlossen sich dem Heere an. Unweit von Niš trug Hunyadi einen ersten großen Sieg über die Türken davon. Es gelang, Bulgarien zu besetzen (Herbst 1443). Während Murad II. Kämpfe in Kleinasien festhielten, drangen die Kreuzfahrer bis Thrakien vor. Der Weg nach Konstantinopel lag greifbar nahe, als der Winter die Abendländer zum Rückzug mahnte. Um die gleiche Zeit erfocht in Albanien Skenderbeg in einem klug geführten Kleinkrieg bedeutende Erfolge über die Osmanen. Die neue Situation bewog den in Anatolien bedrängten Sultan im Jahre 1444 zu einer zehnjährigen Waffenruhe mit den Kreuzrittern. Nicht genug damit, sollte auch Georg Branković seine Ländereien wieder in Besitz nehmen. Der Westen zeigte sich von der Abmachung enttäuscht. Vorab erneuerte die römische Kurie ihre Kreuzzugspropaganda durch ihren Legaten Kardinal Cesarini, die schließlich auch den Jagellonenkönig Vladislav ungeachtet der mit den Türken beschworenen Vereinbarung zu einem neuen Feldzug bewog. Indes waren die christlichen Kontingente stark geschwächt, da die Serben weitere Kämpfe mieden. Die militärische Entscheidung fiel am 10. November 1444 an der Schwarzmeerküste. Vladislav und Cesarini fielen in dem erbitterten Treffen. Das Kreuzfahrerheer fand nahezu völligen Untergang. Die osmanische Vorherrschaft auf dem Balkan war über Jahrhunderte nicht mehr in Frage gestellt. Die Türken militärisch herausfordern hieß es, wenn Konstantin, der Despot von Morea, trotz der veränderten politischen Situation nach der Schlacht von Varna in Griechenland weiter nach Norden drang. Murad nahm die Fehde an: türkische Heerscharen überfluteten Griechenland, zerstörten die einst von Kaiser Manuel II. am Golf von Korinth erbaute, von Konstantin erneuerte Sperrmauer und drangen sengend und raubend in Morea ein (1446). Um den Preis hoher tributärer Leistungen erlangte Konstantin einen gnädigen Frieden. Im Herbst 1448 ereilte auch Hunyadi in einer Schlacht gegen die Türken auf dem Amselfeld, auf dem einst die serbische Freiheit im Kampfgetümmel untergegangen war, das Schicksal. Allein der Albanerführer Skenderbeg vermochte sich den Osmanen noch auf längere Sicht zu widersetzen. Nach dem Tode Johannes' VIII. gelangte Despot Konstantin auf den Thron von Konstantinopel.

Konstantins XI. (1448–1453) Regierungszeit stand unter den schlimmsten Vorzeichen. Auf die alte Hauptstadt am Bosporus reduziert, abgeschnürt durch ein gigantisches türkisches Großreich, konnte Byzanz eine Wende der politischen Ereignisse nicht mehr erwarten. Es war nicht damit zu rechnen, daß sich das Abendland noch einmal zu einem rettenden Unternehmen entschloß. Die italienischen Seerepubliken, Venedig und Genua, hatten sich in kluger Abschätzung der Lage mit den Machthabern des osmanischen Reiches arrangiert, um für den Fall der Eroberung Konstantinopels ihre Handelsrechte in der Ägäis und im Schwarzen Meer zu behaupten. Allein der Stärke seiner Mauern hatte Konstantinopel seit den neunziger Jahren des 14. Jh. sein politisches Überleben verdankt. Die Versuche, die Stadt auszuhungern, waren regelmäßig gescheitert; es galt die Belagerungstechnik zu verbessern und Fortschritte in der Ballistik zu erzielen, wollte man der Perle unter den Städten des östlichen Mittelmeeres habhaft werden. Konstantins XI. großer Gegenspieler war zunächst Sultan Murad II. Der Sultan hatte dem Osmanenreich zu gewaltiger Expansion verholfen. Bei seinem Tode (Febr. 1451) hinterließ er ein im Innern und nach außen hin gefestigtes Großreich. Der Thronfolger Sultan Mehmed II. befahl, seinen noch unmündigen Bruder zu ermorden. Der Brudermord war seither auf Jahrhunderte im Osmanenreich politisches Instrument zur Sicherung der Reichseinheit. Die Eroberung der alten byzantinischen Kaiserstadt war von allem Anfang an Ziel des Osmanenherrschers. Die Vorbereitungen der Türken fanden im Bau einer Festung an der Bosporusküste (Rumeli Hisari), deren Kanonen die gesamte Breite der Meerengen bestrichen, ihren ersten Ausdruck. Je deutlicher die Absichten des Osmanensultans wurden, desto dringlicher wurden die Hilfeersuchen der Byzantiner an die großen westlichen Fürsten: an die römische Kurie, an König Alfons V. von Aragon und Neapel, an Venedig, an Ungarn. Die nach dem Konzil von Florenz wegen des Widerstands der griechischen Bevölkerung und Geistlichkeit gescheiterte Kirchenunion wurde zum Zwecke der Gewinnung westlicher militärischer Hilfe reaktiviert.

Der päpstliche Legat Kardinal Isidoros verkündet im Dezember 1452 in der Hagia Sophia von Konstantinopel die kirchliche Union und feiert die Messe im römischen Ritus. Wenn der Kaiser glaubte, mit diesem Schritt noch einmal die römische Kurie für ein Kreuzzugsunternehmen in den Osten aufzurütteln, so hatte er sich getäuscht. Der griechischen Bevölkerung bemächtigte sich in einer Zeit größter Not erneut tiefe religiöse Unruhe. Dem genuesischen Krieger Giovanni Giustiniani bot der Kaiser für Hilfe bei Verteidigung der Hauptstadt die Übertragung aller Besitzrechte an der Insel Lemnos. Wie Giustiniani, so liebäugelte auch König Alfons V. von Neapel-Aragon mit dem Gedanken, gegen Hilfeleistungen in den Genuß territorialer Besitzungen im Osten zu gelangen. Er spielte mit dem alten Traum eines lateinischen Kaisertums am Bosporus, wie es 1204 verwirklicht worden war, wie es Karl von Anjou erfolglos neu zu begründen hoffte; aber der Fürst war wiederum auch zu klug, um sich persönlich oder politisch zu exponieren. Das Abendland nahm eine abwartende Haltung ein. Man war nicht gewillt, große Opfer zu bringen.

Die Türken hatten mittlerweile eine der gewaltigsten militärischen Kräfteballungen der mittelalterlichen Geschichte vollzogen.

Das Ende der Stadt und des Reiches: Am 7. April 1453 eröffneten die Türken die Feindseligkeiten. Nur das Goldene Horn blieb zunächst, dank der berühmten Kette, welche die inneren Gewässer verschloß, unbehelligt; wenig später, am 22. April, ließ Sultan Mehmed auf dem Landweg osmanische Kriegsschiffe dorthin schaffen; die Entscheidung über das Schicksal der Stadt fiel dank der Überlegenheit der türkischen Artillerie; Kaiser Konstantin hatte noch wenig zuvor das Anerbieten eines ungarischen Ballistikers, für griechische Rechnung gewaltige Geschütze zu bauen, ausgeschlagen; der Ungar war in den Dienst des Sultans getreten und hatte für ihn jene Kanonen geschaffen, die in die vor Beginn des ungleichen Kampfes flüchtig instandgesetzten Mauern der Stadt tiefe Breschen gruben. Der schier unermeßlichen Flut osmanischer Elite- und Hilfskontingente zu Wasser und zu Lande – zeitgenössische Schätzungen sprechen von 100 000 Kriegern, doch dürfte die tatsächliche Zahl etwas niedriger gelegen haben – standen 5000 Griechen, 2000–3000 ausländische Söldner und 700 Genuesen als Verteidiger gegenüber. In den frühen Morgenstunden des 29. Mai bliesen die Osmanen zum Generalangriff auf die zermürbten Mauern. Ein Nebenportal des Romanostores ging durch Unachtsamkeit der Verteidiger in den Besitz des Gegners; Kaiser Konstantin selbst fiel im erbitterten Kampf wider die eindringenden Janitscharen; wenig später erfüllte das Siegesgeschrei der Eroberer die Stadt. Drei Tage und Nächte zogen ungeordnete Haufen mordend und brennend durch Gassen und Straßen. Unwiederbringliche Kunstschätze wurden verschleppt oder vernichtet. Das alte Kaiserreich war ausgelöscht. Sultan Mehmed II. zog als Sieger in die

Stadt. Große Teile der überlebenden Bevölkerung wurden verschleppt oder in die Sklaverei verkauft.

Mit dem Untergang der Stadt war der südöstliche Pfeiler der Christenheit in die Hand des Islam gefallen. Die übrigen Patriarchate des Ostens, Alexandreia, Jerusalem und Antiocheia, waren bereits viele Jahrhunderte zuvor unter fremde Herrschaft geraten. Nunmehr übernahm der Großfürst von Moskau, Iwan III., die Rolle des Schutzherrn der orthodoxen Christenheit. Das Bewußtsein der neuen Rolle bestärkte sich im Denken Iwans seit der Eheschließung mit der byzantinischen Prinzessin Zoë, einer Tochter des Despoten von Morea, Thomas, der seinerseits ein Bruder des letzten byzantinischen Kaisers war. Moskau übernimmt das Emblem des byzantinischen Kaiserhauses, den Doppeladler, und byzantinisches Zeremoniell. Der junge russische Staat und seine späteren mächtigen Herrscher, herauf bis zu den Zaren des 19. und frühen 20. Jh., empfanden sich als legitime Erben der byzantinischen Reichsidee. Wie Konstantinopel sich seit den Tagen Konstantins des Großen als das neue, zweite Rom verstand, so nannte sich Moskau nunmehr 'drittes Rom'. Die russische Staatsidee sollte die Ereignisse der neueren europäischen Geschichte folgenschwer bestimmen.

Das Kaiserreich Byzanz ist im Jahre 1453 in Schutt und Asche gefallen. Zuvor aber hat es seine aus welthistorischer Perspektive größte Leistung zum Abschluß gebracht, die Vermittlung der Geistesschätze der griechischen Antike an das durch die Bewegungen des Humanismus und der Renaissance geistig neu orientierte Abendland.

Wenige Jahre nach dem Untergang Konstantinopels wurden auch die letzten Reste griechischer Autonomie von der Landkarte getilgt. Im Jahre 1456 eroberten die Osmanen Athen, 1460 Morea, 1461 das Kaiserreich Trapezunt. Gegen Ende des 15. Jh. waren auch alle südslawischen Ländereien und Albanien in türkischer Hand. Erst nahezu vier Jahrhunderte später kam es zu einer neuen, souveränen griechischen Staatenbildung. Serben und Bulgaren aber harrten ein halbes Jahrtausend des Rückgewinns politischer Freiheit.

LITERATUR IN AUSWAHL

Die Auswahl und Reihenfolge der Titel richten sich nach sachlich-didaktischen Gesichtspunkten.

1. Allgemeine Darstellungen

G. Ostrogorsky, Geschichte des byzantinischen Staates, 3. Aufl., München 1963 (Nachweis der wichtigsten Quellen, zahlreiche bibliographische Nachweise; grundlegend für jedes detailliertere Studium).

Cambridge Medieval History, Vol. IV, Teil 1 und 2, Cambridge 1966 (umfassende Gesamtdarstellung einschließlich der Wirtschafts-, Sozial-, Kirchen-, Kultur- und Wissenschaftsgeschichte).

2. Teildarstellungen

Frühbyzantinische Epoche

E. Stein, Histoire du Bas-Empire, Tome I, II, Paris–Brüssel–Amsterdam 1949–1959.

B. Rubin, Das Zeitalter Justinians, I, Berlin 1960.

J. Bury, A History of the Later Roman Empire from Arcadius to Irene (395–800), 2 Bde., London 1889.

J. Bury, A History of the Later Roman Empire from the Death of Theodosius I to the Death of Justinian (395–565), 2 Bde., London 1923.

A. N. Stratos, Byzantium in the Seventh Century, I–II, Amsterdam 1968–1972.

J. Bury, A History of the Eastern Roman Empire from the Fall of Irene to the Accession of Basile I (802–867), 2 Bde., London 1912.

A. Toynbee, Constantine Porphyrogenitus and his World, Oxford 1973.

Mittelbyzantinische Ära

R. Jenkins, Byzantium: The Imperial Centuries (610–1071), London–New York 1966.

F. Chalandon, Essai sur le règne d'Alexis I Comnène (1081–1118), Paris 1900.

F. Chalandon, Les Comnènes, II: Jean Comnène (1118–1143) et Manuel Comnène (1143–1180), Paris 1912.

Ch. Brand, Byzantium Confronts the West, Cambridge Mass. 1968.

Ära des Lateinischen Kaiserreichs

A. Gardner, The Lascarids of Nicaea. The Story of an Empire in Exile, London 1912.

J. Longnon, L'Empire latin de Constantinople et la principauté de Morée, Paris 1949.

Spätbyzantinische Ära

D. Geanakoplos, Emperor Michael Palaeologus and the West, Cambridge Mass. 1959.

U. V. Bosch, Kaiser Andronikos III., Amsterdam 1965.

O. Halecki, Un empereur de Byzance à Rome. Vingt ans de travail pour l'union des églises et pour la défense de l'Empire d'Orient 1355–1375, Warschau 1930.

J. W. Barker, Manuel II Palaeologus, New Brunswick 1969.

F. Babinger, Mehmed II. der Eroberer und seine Zeit, München 1953.

3. Geschichte einzelner Reichsteile

Griechisches Festland

D. Zakythinos, Le despotat grec de Morée, I–II, Paris 1932, Athen 1953.

A. Bon, La Morée franque, I, II, Paris 1969.

Epirus

D. M. Nicol, The Despotate of Epiros, Oxford 1957.

Italien

J. Gay, L'Italie méridionale et l'Empire byzantin depuis l'avénement

de Basile I jusqu'à la prise de Bari par les Normands (867–1071), Paris 1904.
V. von Falkenhausen, Untersuchungen über die byzantinische Herrschaft in Süditalien, Wiesbaden 1967.
Ch. Diehl, Etudes sur l'administration byzantine dans l'exarchat de Ravenne (568–751), Paris 1888.
L. M. Hartmann, Untersuchungen zur Geschichte der byzantinischen Verwaltung in Italien (540–750), Leipzig 1889.

Zypern
G. Hill, A History of Cyprus, I–IV, Cambridge 1949–1952.

Afrika
Ch. Diehl, L'Afrique byzantine. Histoire de la domination byzantine en Afrique (533–709), Paris 1896.

Ägypten
A. C. Johnson, L. C. West, Byzantine Egypt, Princeton 1949.

4. *Politische Beziehungen*

Bulgaren
V. Zlatarski, Istorija na Bůlgarskata Důržava prez srednite vekove I, 1 u. 2, II, III, Sofia 1918–1940.
V. Zlatarski, Izvestijata za Bůlgarite v chronikata na Simeona Metafrasta i Logoteta, Sbornik za narodni umotvorenija, nauka i knižnina 24 (1908) 1–161.

Albaner
G. Stadtmüller, Forschungen zur albanischen Frühgeschichte, 2. Aufl., Wiesbaden 1966.

Serben
K. Jirecek, Geschichte der Serben, I (bis 1371), II (bis 1537), Gotha 1911, 1918.

Ungarn
Gy. Moravcsik, Byzantium and the Magyars, Amsterdam 1970.

Mähren
F. Dvorník, Les légendes de Constantin et de Méthode vues de Byzance, Prag 1933.

Tschechen
M. Paulová, L'empire byzantin et les Tchèques avant la chute de Constantinople, Byzantinoslavica 14 (1953) 158–225.

Polen
O. Halecki, La Pologne et l'empire byzantin, Byzantion 7 (1932) 41–67.

Venedig
H. Kretschmayr, Geschichte von Venedig, 3 Bde., Gotha 1905, 1920.

Genua
G. Caro, Genua und die Mächte am Mittelmeer (1267–1311), I–II, Halle 1895–99.
Ph. Argenti, The Occupation of Chios by the Genoese 1346–1566, I–III, Cambridge 1958.

Italien und Deutsches Kaiserreich
W. Ohnsorge, Abendland und Byzanz, Darmstadt 1958.
W. Ohnsorge, Konstantinopel und der Okzident, Darmstadt 1966.
P. Lamma, Comneni e Staufer, I, II, Rom 1955, 1957.

Papsttum
E. Caspar, Geschichte des Papsttums, I, II, Tübingen 1930–33.
F. Dvorník, The Photian Schism. History and Legend, Cambridge 1948.
A. Michel, Humbert und Kerullarios, 2 Bde., Paderborn 1925, 1930.
W. Norden, Das Papsttum und Byzanz, Berlin 1903.

Normannen
F. Chalandon, Histoire de la domination normande en Italie et en Sicile, 2 Bde., Paris 1907.

Katalanen
G. Schlumberger, L'expédition des 'Almugavares' ou routiers catalans en Orient, Paris 1902.

K. M. Setton, Catalan Domination of Athens 1311–1388, Cambridge Mass. 1948.

Spanien (Aragon)

F. Dölger, Die Urkunden des byzantinischen Kaisers Andronikos II. für Aragon–Katalonien unter der Regierung König Jakobs II., in: Byzanz und die europäische Staatenwelt, 2. Aufl., Ettal 1953.

C. Marinescu, Contribution à l'histoire des relations économiques entre l'Empire Byzantin, la Sicile et le royaume de Naples de 1419 à 1453, Atti del V Congresso Intern. di Studi Bizantini (= Studi bizantini e neoellenici I) (1939) 209–219.

Mameluken

P. Schmid, Die diplomatischen Beziehungen zwischen Konstantinopel und Kairo zu Beginn des 14. Jahrhunderts im Rahmen der Auseinandersetzung Byzanz – Islam, München 1956.

Neupersisches Reich

P. Goubert, Byzance et l'Orient sous les successeurs de Justinien, Paris 1951.

N. V. Pigulevskaja, Vizantija i Iran na rubeže VI i VII vekov, Moskau–Leningrad 1946.

Araber

A. A. Vasiliev, Byzance et les Arabes I: La dynastie d'Amorium (820–867), Brüssel 1935.

A. A. Vasiliev, Byzance et les Arabes II: La dynastie macédonienne (867–959), Brüssel 1950.

Seldschuken

C. Cahen, La première pénétration turque en Asie Mineure, Byzantion 18 (1948) 5–67.

Osmanen

P. Wittek, Das Fürstentum Mentesche, Istanbul 1934.

P. Lemerle, L'Emirat d'Aydin. Byzance et l'Occident, Paris 1957.

N. Jorga, Geschichte des osmanischen Reiches, I, II, Gotha 1908–09.

Mongolen
B. Spuler, Die Mongolen im Iran, 2. Aufl., Berlin 1955.
Ders., Die Goldene Horde. Die Mongolen in Rußland 1223–1502, 2. Aufl., Wiesbaden 1965.
A. Alexandrescu-Dersca, La campagne de Timur en Anatolie, Bukarest 1942.

Armenien
R. Grousset, Histoire de l'Arménie, Paris 1947.

Trapezunt
W. Miller, Trebizond, the last Greek Empire, London 1926.

Russen
M. V. Levčenko, Očerki po istorii russko-vizantijskich otnošenij, Moskau 1956.

Ostgoten
L. Schmidt, Geschichte der deutschen Stämme bis zum Ausgang der Völkerwanderung. Die Ostgermanen, 2. Aufl., München 1941.
W. Ensslin, Theoderich der Große, 2. Aufl., München 1959.

Vandalen
L. Schmidt, Geschichte der Vandalen, 2. Aufl., München 1942.

Hunnen
F. Altheim, Geschichte der Hunnen, I, II, Berlin 1959/60.

Chazaren
G. Vernadsky, Ancient Russia, 4. Aufl., New Haven 1952.

Kumanen
D. Rasovskij, Die Polovcer, Seminarium Kondakovianum 7 (1935) 245–262; 8 (1936) 161–182; 9 (1937) 71–85; 10 (1938) 155–178; 11 (1940) 95–128.

Petschenegen
G. Vernadsky, Kievan Russia, New Haven 1948.

Slavische (awarische) Einwanderung
M. Vasmer, Die Slaven in Griechenland, Berlin 1941.

Kreuzfahrer
S. Runciman, Geschichte der Kreuzzüge, I–III, München 1957–1960.
K. M. Setton, A History of the Crusades, I–II, Philadelphia 1958–1962.
A. S. Atiya, The Crusade of Nicopolis, London 1934.
O. Halecki, The Crusade of Varna, New York 1943.

5. Kirchengeschichte (Gesamtüberblick)

Antikes Christentum
H. Lietzmann, Geschichte der Alten Kirche, Bd. 1–4, Bd. 1, 4. Aufl.; Bd. 2–4, 3. Aufl., Berlin 1961.

Antike und Mittelalter
K. Baus, E. Ewig, F. Kempf, H.-G. Beck, J. A. Jungmann, K. A. Fink, J. Glazig, E. Iserloh, H. Wolter, Handbuch der Kirchengeschichte, Bd. II, III, 1–2, Freiburg–Basel–Wien 1966, 1968, 1973.
Vgl. auch H.-G. Beck, Kirche und theologische Literatur im byzantinischen Reich, München 1959.

6. Verfassungsgeschichte

O. Treitinger, Die oströmische Kaiser- und Reichsidee nach ihrer Gestaltung im höfischen Zeremoniell, Jena 1938 (Neudruck Darmstadt 1956).
R. Guilland, Recherches sur les institutions byzantins, I–II, Berlin–Amsterdam 1967.
H.-G. Beck, Senat und Volk von Konstantinopel. Probleme der byzantinischen Verfassungsgeschichte, Sitzungsberichte der Bayer. Akad. d. Wiss., Jahrgang 1966, Heft 6, München 1966.
E. Stein, Untersuchungen zur spätbyzantinischen Verfassungs- und Wirtschaftsgeschichte, Mitteil. z. Osman. Gesch. 2 (1925) 1–62.

7. Verwaltungsgeschichte

E. Kornemann, Doppelprinzipat und Reichsteilung im Imperium Romanum, Leipzig–Berlin 1930.

J. Bury, The Imperial Administrative System in the Ninth Century, London 1911, 2. Aufl., New York o. J.

J. Karayannopulos, Die Entstehung der byzantinischen Themenordnung, München 1959.

G. Ostrogorskij, Pronija, Beograd 1951.

8. Finanzwesen

J. Karayannopulos, Das Finanzwesen des frühbyzantinischen Staates, München 1958.

F. Dölger, Beiträge zur Geschichte der byzantinischen Finanzverwaltung, 2. Aufl., Darmstadt 1960.

9. Sozial- und Wirtschaftsgeschichte

A. C. Johnson, L. C. West, Byzantine Egypt, Princeton 1949.

W. Heyd, Histoire du commerce du Levant au moyen–âge. Ed. franç., considér. augmentée par l'auteur, publiée par F. Raynaud, Tome 1, 2, Leipzig 1923.

G. Ostrogorskij, Pour l'histoire de la féodalité byzantine. Traduction franç. de H. Grégoire et de P. Lemerle, Brüssel 1954.

G. Rouillard, La vie rurale dans l'empire Byzantin, Paris 1953.

G. Ostrogorskij, Quelques problèmes d'histoire de la paysannerie byzantine, Brüssel 1956.

D. Zakythenos, Crise monétaire et crise économique à Byzance du XIIe au XVe siècle, Athen 1948.

10. Rechtsinstitutionen und -quellen

C. E. Zachariae von Lingenthal, Geschichte des griechisch-römischen Rechts, 3. Aufl., Berlin 1892.

L. Wenger, Die Quellen des römischen Rechts, Wien 1953.

11. Unterricht

P. Speck, Die kaiserliche Universität von Konstantinopel, München 1974.

12. Kulturgeschichte

H. Hunger, Das Reich der Neuen Mitte, Graz–Wien–Köln 1965.

13. Philosophie

B. Tatakis, La philosophie byzantine, Paris 1949.

14. Wissenschaftsgeschichte

G. Sarton, Introduction to the History of Science, Vol. I–III, Baltimore 1927–47.

15. Literaturgeschichte

K. Krumbacher, Geschichte der byzantinischen Litteratur, 2. Aufl., München 1897.

H.-G. Beck, Kirche und theologische Literatur im byzantinischen Reich, München 1959.

Ders., Geschichte der byzantinischen Volksliteratur, München 1971.

16. Paläographie

V. Gardthausen, Griechische Paläographie, I–II, 2. Aufl., Leipzig 1913.

17. Urkundenwesen

F. Dölger, J. Karayannopulos, Byzantinische Urkundenlehre, München 1968.

F. Dölger, Byzantinische Diplomatik, Ettal 1956.

Ders., Regesten der Kaiserurkunden des Oströmischen Reiches, I–V, München–Berlin 1924–1965.
V. Grumel, V. Laurent, Les regestes des actes du patriarcat de Constantinople, I–IV, Kadiköy–Paris 1932–1971.
J. Darrouzès, Recherches sur les ὀφφίκια de l'église byzantine, Paris 1970.

18. Siegelkunde

G. Zacos, A. Veglery, Byzantine Lead Seals, I, 1–4, Basel 1972.
V. Laurent, Le Corpus des sceaux de l'empire byzantin, Tome V, 1–3, Paris 1963–1972.

19. Geldgeschichte

H. Goodacre, A Handbook of the Coinage of the Byzantine Empire, London 1957.

20. Musik

E. Wellesz, A History of Byzantine Music and Hymnography, 2. Aufl., Oxford 1961.

21. Kunst

W. Volbach, J. Lafontaine-Dosogne, Byzanz und der christliche Osten (Propyläen-Kunstgeschichte, 3), Berlin 1968.
C. Mango, Byzantinische Architektur, Stuttgart 1975.
D. Talbot Rice, Byzantine Icons, London 1959.
K. Weitzmann, M. Chatzidakis, K. Miatev, Sv. Radojčić, Frühe Ikonen, Sinai – Griechenland – Bulgarien – Jugoslawien, Wien–München 1965.
O. Demus, Byzantine Mosaic Decoration, Boston 1950.
C. Mango, Materials for the Study of the Mosaics of St. Sophia at Istanbul, Washington 1962.
A. Goldschmidt, K. Weitzmann, Die byzantinischen Elfenbeinskulpturen des 10.–13. Jahrhunderts, I–II, Berlin 1930–1934.
W. Volbach, Elfenbeinarbeiten der Spätantike und des frühen Mittelalters, 2. Aufl., Mainz 1952.

K. Wessel, Die byzantinische Emailkunst, Recklinghausen 1967.
O. Pächt, Byzantine Illumination, Oxford 1952.
F. W. Deichmann, Ravenna, I–III, Wiesbaden 1969 ff.
O. Demus, The Church of San Marco in Venice, Washington 1960.

Einen detaillierten Literaturnachweis zu den angeschnittenen Fragen bietet die Bibliographie der Byzantinischen Zeitschrift Bd. 1 ff., 1892 ff. (zuletzt Bd. 68, 1975).

KARTENANHANG

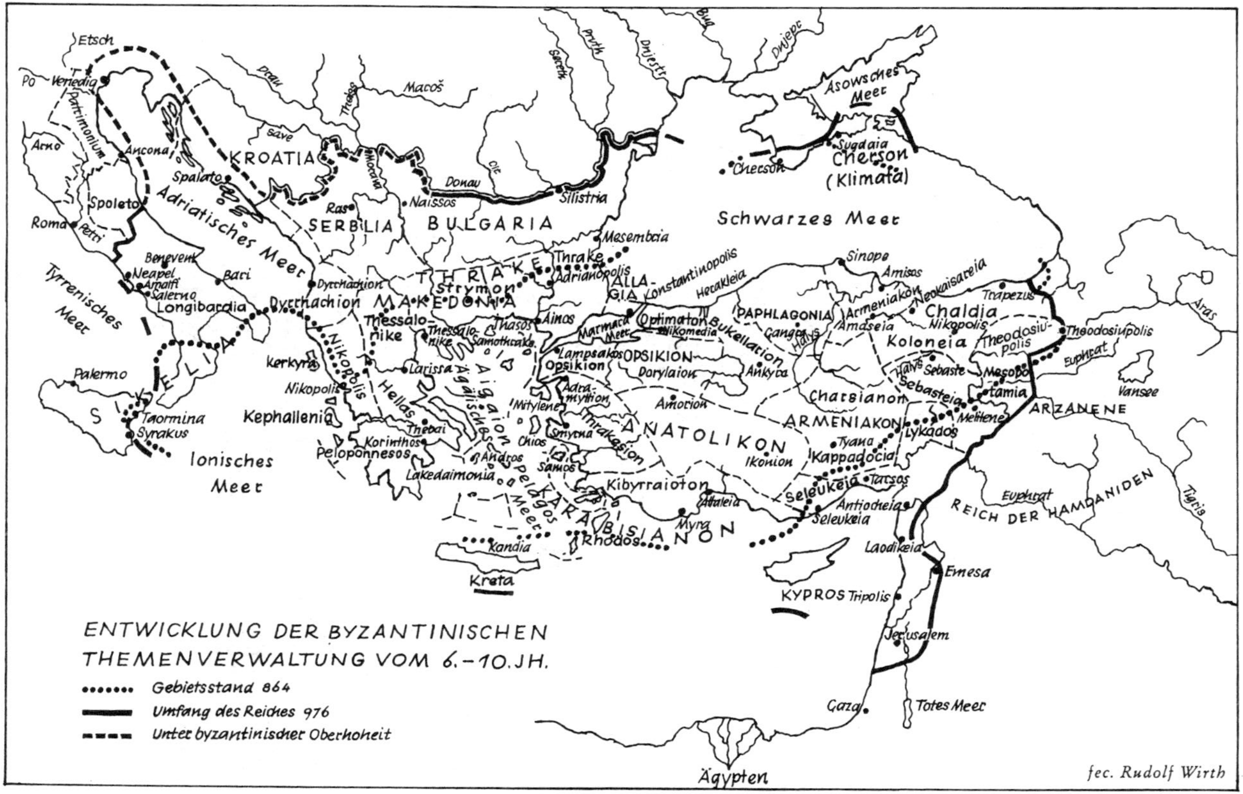
ENTWICKLUNG DER BYZANTINISCHEN
THEMENVERWALTUNG VOM 6.–10. JH.
Gebietsstand 864
Umfang des Reiches 976
Unter byzantinischer Oberhoheit
fec. Rudolf Wirth
Schwarzes Meer
Adriatisches Meer
Tyrrenisches Meer
Ionisches Meer
Aigaion Pelagos
Ägäisches Meer
Asowsches Meer
Totes Meer
KROATIA
SERBLIA
BULGARIA
THRAKE
MAKEDONIA
Strymon
ALLAGIA
OPSIKION
PAPHLAGONIA
Bukellarion
Optimaton
Armeniakon
Chaldia
Koloneia
Chatsianon
ARMENIAKON
ANATOLIKON
Thrakesion
Kibyrraioton
KARABISIANON
Kappadocia
Seleukeia
Sebasteia
Lykados
Mesopotamia
ARZANENE
REICH DER HAMDANIDEN
Cherson (Klimata)
Longibardia
SIKELIA
Hellas
Peloponnesos
Nikopolis
Dyrrhachion
Thessalonike
Kephallenia
Patrimonium
Spoleto
KYPROS
Kreta
Ägypten
Venedig
Ancona
Spalato
Roma
Petri
Benevent
Neapel
Amalfi
Salerno
Bari
Palermo
Taormina
Syrakus
Kerkyra
Larissa
Thebai
Korinthos
Lakedaimonia
Andros
Chios
Samos
Mitylene
Smyrna
Kandia
Rhodos
Myra
Attaleia
Tarsos
Antiocheia
Laodikeia
Emesa
Tripolis
Jerusalem
Gaza
Naissos
Ras
Silistria
Mesembria
Thrake
Adrianopolis
Konstantinopolis
Herakleia
Ainos
Thasos
Samothrake
Lampsakos
Marmara Meer
Nikomedia
Dorylaion
Amorion
Ankyra
Ikonion
Tyana
Adramyttion
Gangra
Halys
Amaseia
Sinope
Amisos
Neokaisareia
Trapezus
Nikopolis
Theodosiupolis
Sebaste
Melitene
Euphrat
Tigris
Aras
Vansee
Sugdaia
Cherson
Donau
Morava
Save
Drau
Theiss
Macoš
Olt
Sereth
Pruth
Dnjestr
Bug
Dnjepr
Etsch
Po
Arno

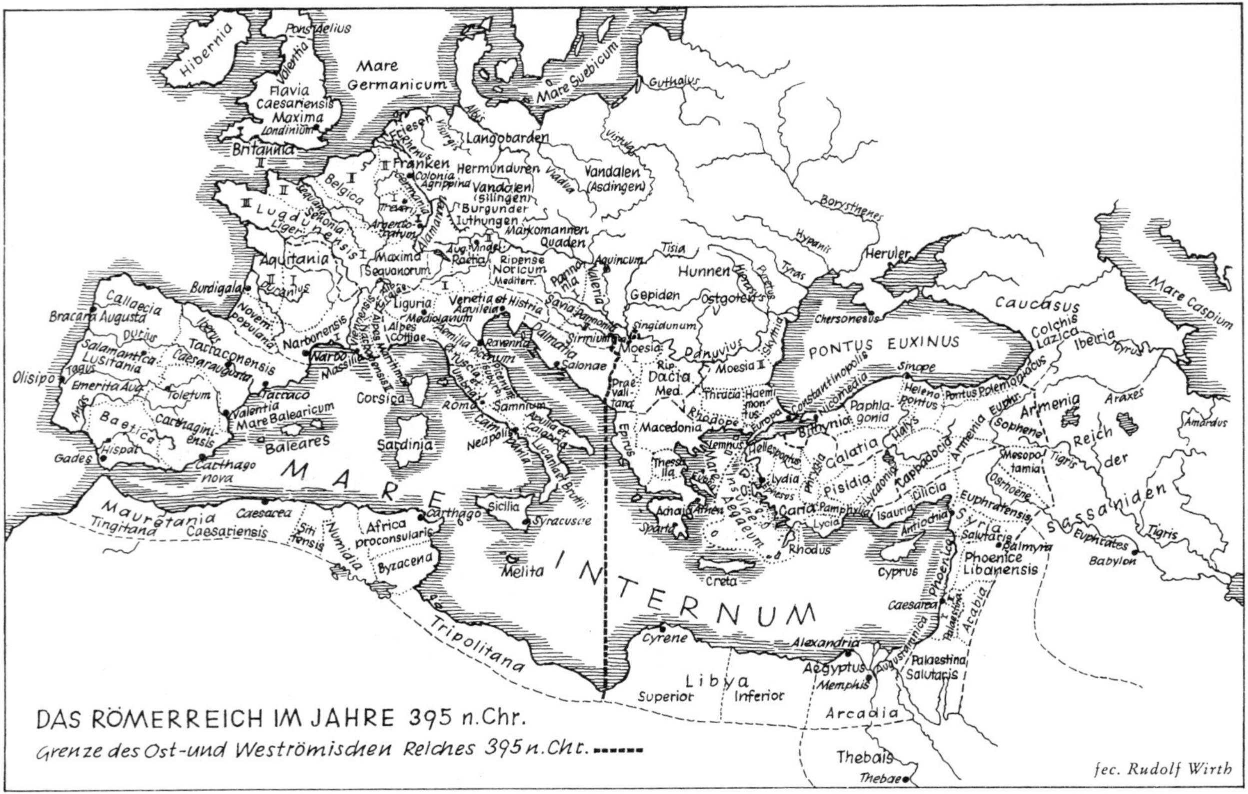
DAS RÖMERREICH IM JAHRE 395 n.Chr.
Grenze des Ost-und Weströmischen Reiches 395 n.Chr.
fec. Rudolf Wirth
Hibernia
Mare Germanicum
Flavia
Caesariensis
Maxima
Londinium
Britannia
Mare Suebicum
Langobarden
Franken
Hermunduren
Vandalen (Silingen)
Burgunder
Iuthungen
Vandalen (Asdingen)
Markomannen
Quaden
Belgica
Lugdunensis
Aquitania
Burdigala
Novem-populana
Narbonensis
Narbo
Massilia
Gallaecia
Bracara Augusta
Lusitania
Olisipo
Emerita Aug.
Tarraconensis
Caesaraugusta
Tarraco
Toletum
Baetica
Hispal
Gades
Carthaginiensis
Carthago nova
Valentia
Mare Balearicum
Baleares
Corsica
Sardinia
Liguria
Mediolanum
Venetia et Histria
Aquileia
Raetia
Noricum
Pannonia
Valeria
Aquincum
Ravenna
Dalmatia
Salonae
Roma
Samnium
Neapolis
Sicilia
Syracusae
Melita
MARE INTERNUM
Mauretania Tingitana
Mauretania Caesariensis
Caesarea
Numidia
Africa proconsularis
Carthago
Byzacena
Tripolitana
Cyrene
Libya Superior
Libya Inferior
Alexandria
Aegyptus
Memphis
Arcadia
Thebais
Thebae
Hunnen
Gepiden
Ostgoten
Tisia
Hypanis
Tyras
Borysthenes
Heruler
Chersonesus
PONTUS EUXINUS
Caucasus
Colchis
Lazica
Iberia
Mare Caspium
Armenia
Araxes
Reich der Sassaniden
Tigris
Euphrates
Babylon
Moesia
Dacia
Danuvius
Macedonia
Thracia
Constantinopolis
Bithynia
Paphlagonia
Galatia
Cappadocia
Pisidia
Lycia
Caria
Rhodus
Creta
Aegaeum
Athen
Sparta
Epirus
Cilicia
Antiochia
Syria
Palmyra
Phoenice Libanensis
Cyprus
Caesarea
Palaestina Salutaris

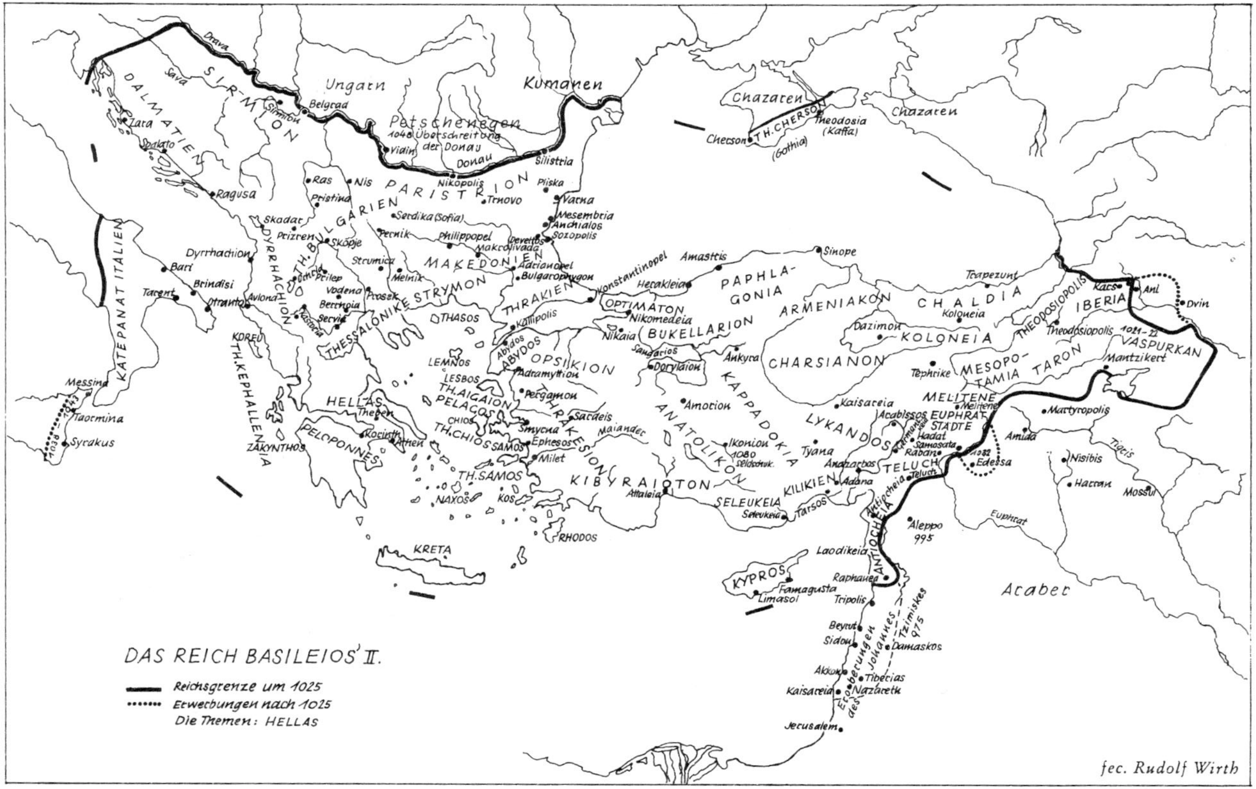
DAS REICH BASILEIOS' II.
Reichsgrenze um 1025
Erwerbungen nach 1025
Die Themen: HELLAS
fec. Rudolf Wirth
Drava
Sava
SIRMION
DALMATIEN
Zara
Spalato
Ragusa
Sirmion
Belgrad
Ungarn
Kumanen
Petschenegen
1048 Überschreitung der Donau
Donau
Vidin
Silistria
Nikopolis
PARISTRION
Trnovo
Pliska
Varna
Mesembria
Anchialos
Sozopolis
Ras
Nis
Pristina
Skadar
Prizren
Skopje
TH. BULGARIEN
Serdika (Sofia)
Pernik
Philippopel
Makrolivada
MAKEDONIEN
Adrianopel
Bulgarophygon
Strumica
Melnik
Prosek
Ochrid
Prilep
Vodena
Berrhoia
Servia
Kastoria
DYRRHACHION
Dyrrhachion
Avlona
Bari
Brindisi
Tarent
Otranto
KATEPANAT ITALIEN
Messina
Taormina
Syrakus
1038–1043
KORFU
TH. KEPHALLENIA
ZAKYNTHOS
THESSALONIKE
STRYMON
THASOS
THRAKIEN
Kallipolis
Konstantinopel
LEMNOS
LESBOS
TH. AIGAION PELAGOS
CHIOS
TH. CHIOS
SAMOS
TH. SAMOS
NAXOS
KOS
RHODOS
KRETA
HELLAS
Theben
Korinth
Athen
PELOPONNES
Abydos
ABYDOS
Adramyttion
OPSIKION
Pergamon
THRAKESION
Smyrna
Sardeis
Ephesos
Milet
Maiander
KIBYRAIOTON
Attaleia
OPTIMATON
Nikomedeia
Nikaia
BUKELLARION
Sangarios
Dorylaion
Ankyra
Amorion
ANATOLIKON
KAPPADOKIA
Ikonion
1080 Seldschuk.
Amastris
Herakleia
PAPHLAGONIA
Sinope
ARMENIAKON
CHARSIANON
Dazimon
KOLONEIA
Trapezunt
CHALDIA
Koloneia
THEODOSIOPOLIS
Theodosiopolis
IBERIA
Kars
Ani
Dvin
1021–22
VASPURKAN
Mantzikert
Tephrike
MESOPOTAMIA
TARON
MELITENE
Melitene
Kaisareia
LYKANDOS
Tyana
Anazarbos
Adana
TELUCH
Teluch
EUPHRAT STÄDTE
Hadat
Samosata
Raban
Edessa
1032
Martyropolis
Amida
Nisibis
Harran
Mossul
Tigris
Euphrat
Aleppo
995
Antiocheia
ANTIOCHEIA
KILIKIEN
Tarsos
SELEUKEIA
Seleukeia
KYPROS
Famagusta
Limasol
Laodikeia
Raphanea
Tripolis
Beyrut
Sidon
Akkon
Kaisareia
Jerusalem
Damaskos
Tiberias
Nazareth
Eroberungen des Johannes Tzimiskes 975
Araber
Chazaren
Chazaren
TH. CHERSON
Cherson
Theodosia (Kaffa)
(Gothia)

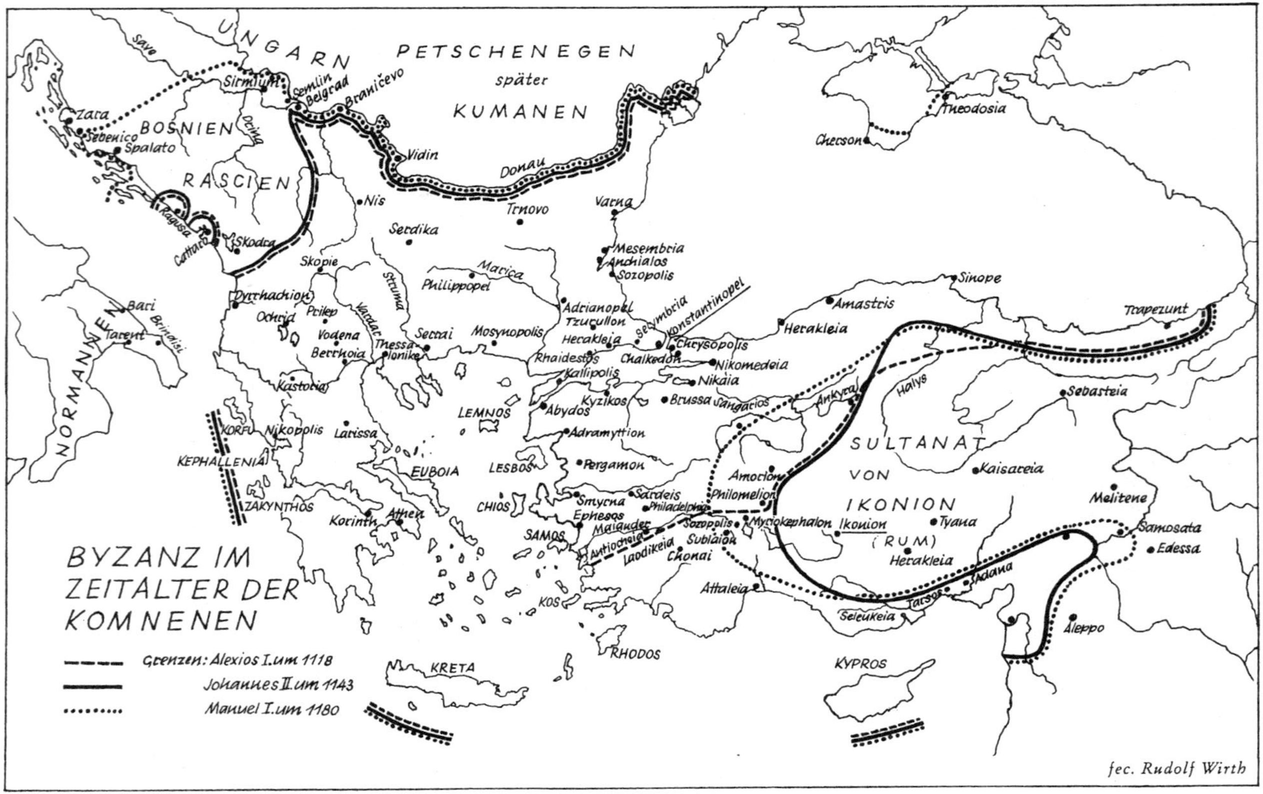
BYZANZ IM
ZEITALTER DER
KOMNENEN
Grenzen: Alexios I. um 1118
Johannes II. um 1143
Manuel I. um 1180
UNGARN
PETSCHENEGEN
später
KUMANEN
BOSNIEN
RASCIEN
NORMANNEN
SULTANAT
VON
IKONION
(RUM)
Save
Drina
Donau
Struma
Vardar
Marica
Halys
Sangarios
Zara
Sebenico
Spalato
Ragusa
Cattaro
Skodra
Sirmium
Semlin
Belgrad
Braničevo
Vidin
Nis
Serdika
Trnovo
Varna
Mesembria
Anchialos
Sozopolis
Skopie
Dyrrhachion
Ochrid
Prilep
Vodena
Berrhoia
Kastoria
Thessalonike
Serrai
Philippopel
Mosynopolis
Adrianopel
Tzurullon
Herakleia
Rhaidestos
Kallipolis
Selymbria
Konstantinopel
Chrysopolis
Chalkedon
Nikomedeia
Nikaia
Brussa
Kyzikos
Abydos
Adramyttion
Pergamon
Smyrna
Ephesos
Sardeis
Philadelphia
Maiander
Antiocheia
Laodikeia
Chonai
Sozopolis
Subiaion
Myriokephalon
Philomelion
Amorion
Ankyra
Ikonion
Tyana
Herakleia
Kaisareia
Sebasteia
Melitene
Samosata
Edessa
Aleppo
Adana
Tarsos
Seleukeia
Attaleia
Amastris
Herakleia
Sinope
Trapezunt
Cherson
Theodosia
Bari
Brindisi
Tarent
KORFU
Nikopolis
KEPHALLENIA
ZAKYNTHOS
Larissa
Korinth
Athen
EUBOIA
LEMNOS
LESBOS
CHIOS
SAMOS
KOS
RHODOS
KRETA
KYPROS
fec. Rudolf Wirth

DAS ZEITALTER DER LATEINISCHEN HERRSCHAFT IN KONSTANTINOPEL

fec. Rudolf Wirth

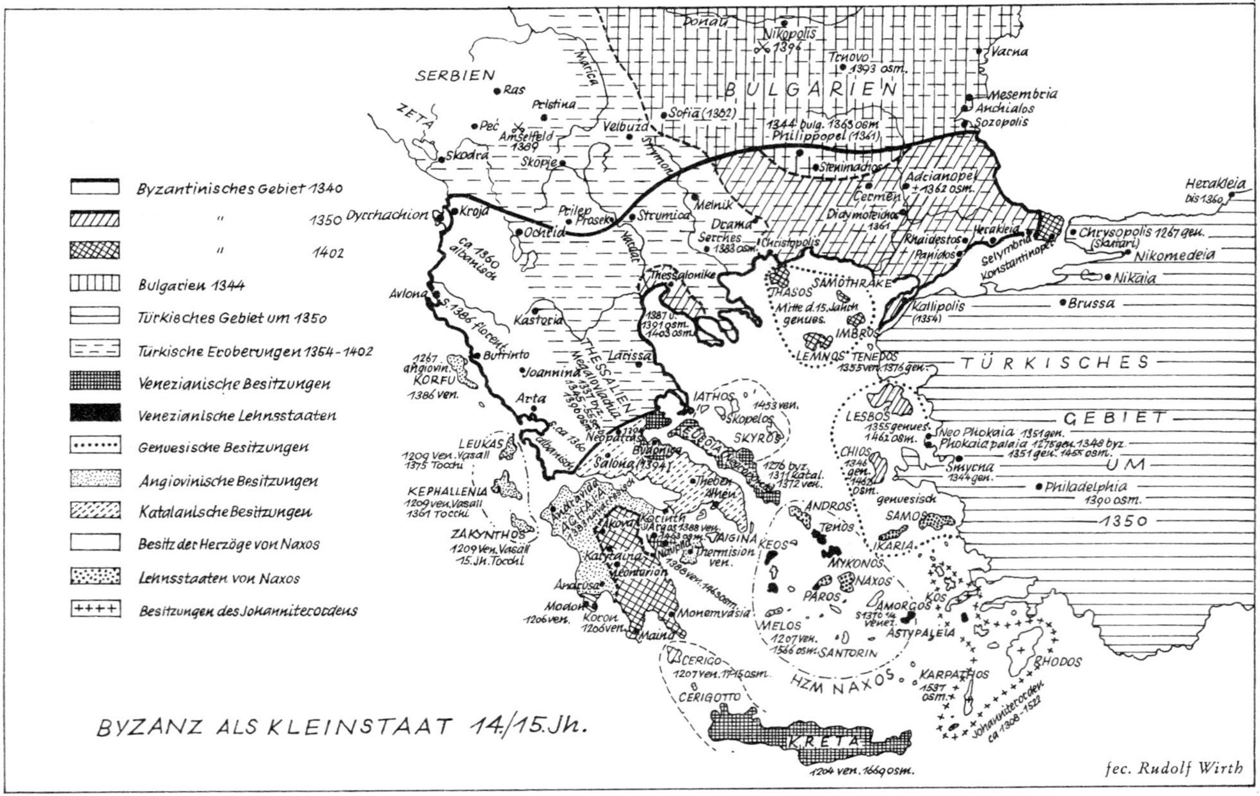
Byzantinisches Gebiet 1340
" 1350
" 1402
Bulgarien 1344
Türkisches Gebiet um 1350
Türkische Eroberungen 1354-1402
Venezianische Besitzungen
Venezianische Lehnsstaaten
Genuesische Besitzungen
Angiovinische Besitzungen
Katalanische Besitzungen
Besitz der Herzöge von Naxos
Lehnsstaaten von Naxos
Besitzungen des Johanniterordens
SERBIEN
BULGARIEN
TÜRKISCHES GEBIET UM 1350
THESSALIEN
Donau
Nikopolis 1396
Tirnovo 1393 osm.
Varna
Mesembria
Anchialos
Sozopolis
Ras
Pristina
Sofia (1382)
Philippopel (1361)
1344 bulg. 1363 osm.
Stenimachos
Adrianopel 1362 osm.
Cermen
Didymoteichos 1361
Heraklea bis 1360
Chrysopolis 1267 gen. (Skutari)
Nikomedeia
Nikaia
Brussa
Rhaidestos
Panidos
Herakleia
Selymbria
Konstantinopel
Kallipolis (1354)
ZETA
Skodra
Peć
Amselfeld 1389
Skopje
Velbuzd
Strymon
Marica
Dyrrhachion
Kroja
Prilep
Prosek
Strumica
Melnik
Drama
Serres 1383 osm.
Christopolis
Ochrid
Vardar
ca 1360 albanisch
Avlona
S. 1386 florent.
Kastoria
Thessalonike
1387 u. 1391 osm. 1403 osm.
Larissa
Joannina
Butrinto
Arta
Megalovlachia 1337 byz. 1345-55 serb. 1390 osm.
S. ca 1360 albanisch
1267 angiovin. KORFU 1386 ven.
LEUKAS 1209 Ven. Vasall 1375 Tocchi
KEPHALLENIA 1209 ven. Vasall 1361 Tocchi
ZAKYNTHOS 1209 Ven. Vasall 15. Jh. Tocchi
Neopatras
Salona (1394)
Budonitza
EUBOIA
Theben
Athen
1276 byz. 1311 katal. 1372 ven.
ATHOS
Skopelos
SKYROS
1453 ven.
THASOS
SAMOTHRAKE
Mitte d. 15. Jahrh. genues.
IMBROS
LEMNOS
TENEDOS 1355 ven. 1376 gen.
LESBOS 1355 genues. 1462 osm.
CHIOS 1346 gen. 1462 osm.
genuesisch
SAMOS
IKARIA
Neo Phokaia 1351 gen.
Phokaia palaia 1275 gen. 1348 byz. 1351 gen. 1455 osm.
Smyrna 1344 gen.
Philadelphia 1390 osm.
ACHAIA
Andravida
Korinth
Argos 1388 ven. 1463 osm.
Nauplia
Thermision ven.
AIGINA
KEOS
ANDROS
Tenos
MYKONOS
NAXOS
PAROS
AMORGOS
ASTYPALEIA
KOS
MELOS 1207 ven. 1566 osm.
SANTORIN
HZM NAXOS
KARPATHOS 1537 osm.
RHODOS
Johanniterorden ca 1308-1522
Karytaina
Leontarion
Andrusa
Modon 1206 ven.
Koron 1206 ven.
Maina
Monemvasia
1388 ven. 1463 osm.
CERIGO 1207 ven. 1715 osm.
CERIGOTTO
KRETA 1204 ven. 1669 osm.
BYZANZ ALS KLEINSTAAT 14./15. Jh.
fec. Rudolf Wirth

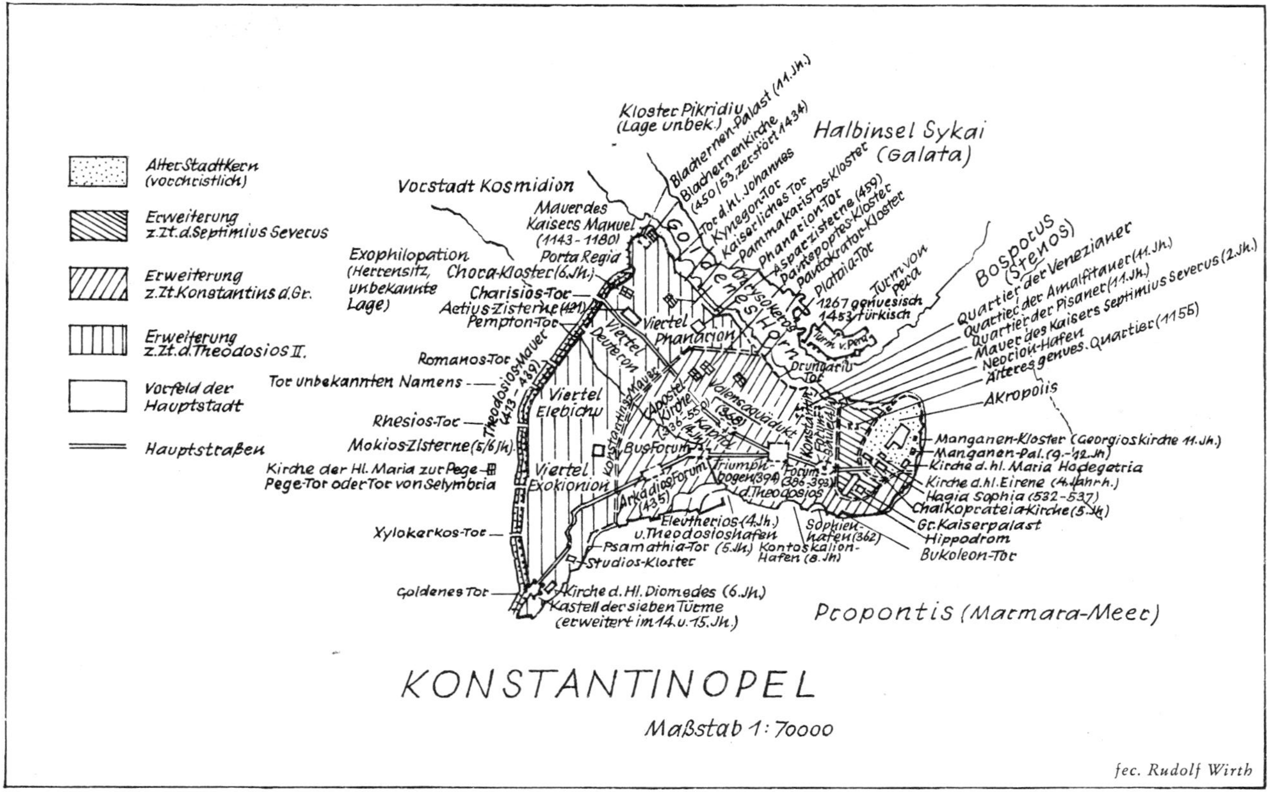

Alter Stadtkern (vorchristlich)
Erweiterung z.Zt.d.Septimius Severus
Erweiterung z.Zt.Konstantins d.Gr.
Erweiterung z.Zt.d.Theodosios II.
Vorfeld der Hauptstadt
Hauptstraßen
Vorstadt Kosmidion
Kloster Pikridiu (Lage unbek.)
Blachernen-Palast (11.Jh.)
Blachernenkirche (450/53, zerstört 1434)
Halbinsel Sykai (Galata)
Mauer des Kaisers Manuel (1143-1180)
Tor d.hl. Johannes
Kynegon-Tor
Kaiserliches Tor
Pammakaristos-Kloster
Phanarion-Tor
Aspar-Zisterne (459)
Pantepoptes-Kloster
Pantokrator-Kloster
Plataia-Tor
Turm von Pera
1267 genuesisch
1453 türkisch
Turm v. Pera
Exophilopation (Herrensitz, unbekannte Lage)
Porta Regia
Chora-Kloster (6.Jh.)
Charisios-Tor
Aetius-Zisterne (421)
Pempton-Tor
Romanos-Tor
Theodosios-Mauer (413-439)
Tor unbekannten Namens
Rhesios-Tor
Mokios-Zisterne (5/6 Jh.)
Kirche der Hl. Maria zur Pege
Pege-Tor oder Tor von Selymbria
Xylokerkos-Tor
Goldenes Tor
Goldenes Horn
Chrysokeras
Viertel Deuteron
Viertel Phanarion
Viertel Elebichu
Viertel Exokionion
Konstantins-Mauer
Apostel-Kirche (336-550)
Kapitol (4.Jh.)
Valensaquädukt (368)
Drungariu-Tor
Bosporus (Stenos)
Quartier der Venezianer
Quartier der Amalfitaner (11.Jh.)
Quartier der Pisaner (11.Jh.)
Mauer des Kaisers Septimius Severus (2.Jh.)
Neorion-Hafen
Älteres genues. Quartier (1155)
Akropolis
Bus-Forum
Arkadios-Forum (435)
Triumphbogen (394)
Forum d.Theodosios (386-393)
Konstantin-Forum Säule (4.Jh.)
Manganen-Kloster (Georgioskirche 11.Jh.)
Manganen-Pal. (9.-12.Jh.)
Kirche d.hl. Maria Hodegetria
Kirche d.hl. Eirene (4.Jahrh.)
Hagia Sophia (532-537)
Chalkoprateia-Kirche (5.Jh.)
Gr. Kaiserpalast
Hippodrom
Bukoleon-Tor
Eleutherios- (4.Jh.) u. Theodosioshafen
Sophienhafen (362)
Kontoskalion-Hafen (8.Jh.)
Psamathia-Tor (5.Jh.)
Studios-Kloster
Kirche d. Hl. Diomedes (6.Jh.)
Kastell der sieben Türme (erweitert im 14.u.15.Jh.)
Propontis (Marmara-Meer)
KONSTANTINOPEL
Maßstab 1:70000
fec. Rudolf Wirth